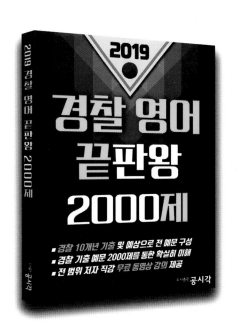

마왕보카-공무원 영어단어 끝판왕

- 10개년 공무원 기출 단어 완벽 수록
- 기출 통계 빅데이터를 통한 예상 단어 완벽 수록
- 표제어에 대한 파생어와 동의어 수록
- 유사한 뜻의 단어들을 묶어 테마별로 구성
- 한글 발음 기호, 인덱스 수록

단어 테스트지 생성기, 듣기 Mp3 무료 다운
정가 17,500원

마왕영어-공무원 영어문법 끝판왕

- 공무원 영어 시험 7개년 기출 완전 분석 반영
- 공무원 영어 문법&독해 한 번에 완성
- 확실한 이해와 기출 동형 훈련으로 90% 이상 완성

정가 18,000원

마왕한자-공무원 빈출순 한자

- 최신 8개년 기출 빅데이터 빈출순 공무원 한자
- 기출 1,011자, 예상 658자 성어,숙어 100% 수록
- 순서대로 500자 암기시 공무원 한자 80% 이상 완성

한자 테스트지 생성기, 듣기 MP3 무료 다운
정가 9,500원

http://cafer.naver.com/790net

마왕보카

2019 공무원 영어단어 끝판왕, 마왕보카

저자   김수현, Katy Mason
감수   Louis Cladwell
편집   도서출판 공시각
발행인   도서출판 공시각
발행처   도서출판 공시각
발행일   초판 1쇄 2019년 1월 2일
홈페이지   http://cafe.naver.com/790net

단어장 소개

마왕보카는 공무원 시험 전용 단어장입니다. (7급, 9급 공무원, 경찰, 소방 등)

1. 2,800단어의 공무원 전직렬 공통 기출 표제어와 연관된 파생어와 동의어를 수록하였습니다. (공무원 시험에 필수적인 9,000여 기출 단어 모두 수록)

2. 표제어는 언어 통계학적으로 가장 많이 사용되는 표현을 중심으로 최대한 중첩된 내용 없게 구성하였고, 직관적인 동의어 배치로 학습시간을 줄일 수 있도록 하였습니다. 또한 비슷한 뜻의 표현들을 테마별로 구성하여 실질적인 학습 효과를 높였습니다.

3. 정확한 한글 발음기호를 포함하여 단어의 발음을 명확히 알 수 있게 하였습니다.

단어테스트지 & MP3 듣기 파일 제공

마왕보카는 간단하게 출력하여 사용할 수 있는 단어 테스트지 출력 프로그램을 무료로 제공합니다. 본 교재와 1:1 매칭하여 출력이 가능하며, 다양한 양식의 문제로 무한 생성 가능합니다. 또한, 듣기 MP3파일을 무료 제공하여 듣기를 통해 이동중에도 단어 학습을 원활하게 할 수 있습니다. (해당 프로그램은 MS 엑셀로 구동됩니다.)

무료 다운로드 주소
http://cafe.naver.com/790net

영어단어 테마별 목차

에빙하우스의 망각곡선

심리학자 **헤르만 에빙하우스**는 인간의 기억력이 시간이 지남에 따라 희미해지는 정도를 실험을 통해 망각곡선으로 나타냈다. 그 결과에 따르면 첫 암기 후 20분이 지나면 전체 암기량의 58%만을 기억했다, 1시간이 지난 후에는 44%, 9시간 후에는 36%, 1일 후에는 33%, 2일 후에는 28% 등, 사람의 기억은 시간이 지남에 따라 망각이 증가한다.

영어 단어의 암기에서도 마찬가지로, 1번만 외워서 영어단어를 계속 기억하는 사람은 없으며, 시간이 지남에 따라 자연스럽게 잊을 수밖에 없다. 그 때문에 주기적으로 반복 암기해야 한다.

마인드맵의 창시자이자 기억법으로 유명한 **토니 부잔**은 에빙하우스의 망각곡선을 토대로 최적의 복습시간을 도출해냈다. 그에 따르면, 첫 복습 시간은 첫 암기 10분 뒤, 두 번째는 24시간 뒤, 세 번째는 일주일 뒤, 네 번째는 1개월 후이다. 이렇게 최소한 4번은 복습해야 암기한 것이 장기기억으로 보존된다고 주장했다.

이외에도 에빙하우스는 충분한 수면과 컨디션, 집중력 등이 암기에 영향을 주는 요인 임을 발견했으며, 짧은 시간의 집중력 있는 암기가 한 번에 장시간을 투자하는 것보다 더 효율적이라는 사실도 알아냈다.

이렇듯 영어단어 암기에도 효과적이며 과학적인 학습 방법이 존재한다.

암기 효율성 극대화 10대 원칙

1. 지속해서 여러 차례 반복 암기한다.

2. 한 번에 장시간 암기하기보다는 짧게 여러번 나누어 암기한다.

3. 잠자기 전과 깨어난 후에 암기한다.

4. 자투리 시간을 최대한 활용한다.

5. 연관된 단어들을 한 번에 몰아서 암기한다.

6. 쓰면서 외우기보다는 눈으로 빠르게 암기한다.

7. 잠을 충분히 자고 규칙적인 생활을 하여 컨디션을 좋게 유지한다.

8. 시간을 정해놓고 주어진 시간 내에 최대한 집중하여 암기한다.

9. 암기한 것을 차례차례 머릿속에서 떠올려 본다.

10. 잘 나오지 않는 단어보다 잘 나오는 단어에 집중한다.

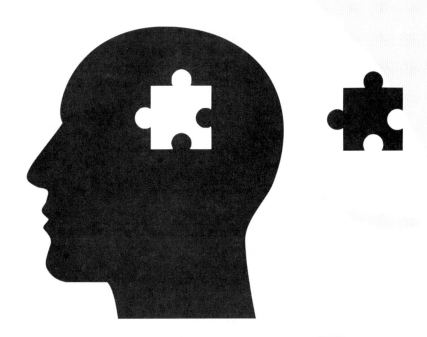

마왕보카
단어장 구성 및 사용설명

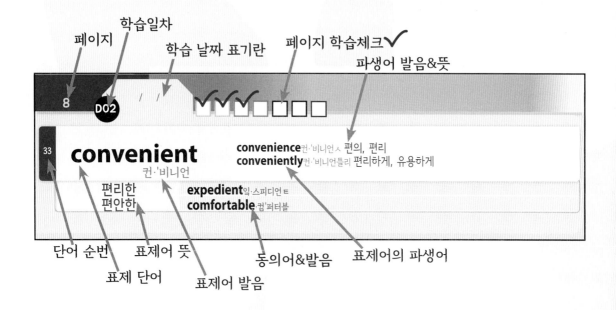

단어테스트지 생성기를 통해 해당 **페이지**와 1:1 매칭되는 테스트지를 출력할 수 있습니다.

학습일차와 **학습 날짜 표기란**, **페이지 학습체크**를 통해 자신의 영어 단어 학습 스케쥴과 성취를 철저하게 관리할 수 있습니다.

표제어 뜻 우측에 표제어의 다양한 뜻 별로 각각의 **동의어**를 나열한 직관적인 구성입니다.

모든 영어단어에 한글로 표기된 정확한 **발음기호**가 있습니다.

1. 심리, 동정, 예의, 성실

1 **emotion** ·이·모우션
emotional이·모우셔널 감정적인

감정 — sentiment·센티먼ㅌ feelings·'필링ㅈ
감동 — sensation센·세이션 impression·임·프뤠션

2 **ego** ·이고우

자아 — self·쎌'ㅍ

3 **spiritual** ·스피뤼츄얼
spirit·스피륕 정신, 영혼

정신적인, 마음의 — internal·인·터-늘 moral·모럴 mental·멘틀
영적인 — pneumatic뉴·매틱 ghostly·고우스틀리
종교적인 — religious뤌·리져ㅅ solemn·쌀럼

4 **psychologist** 싸이·칼러지스ㅌ
psychology싸이·칼러지- 심리학
psychological·싸이칼·라지클 심리학의

심리학자

5 **character** ·케뤽터-
characteristic·케뤽터·뤼스틱 특징, 특징적인, 독특한

성격 — personality·퍼-서·낼러티 individuality·인·디'비쥬·앨러티
특성 — characteristic·케뤽터·뤼스틱 peculiarity피·큘리·어뤼티 property·프롸퍼티 trait·트뤠이ㅌ
individuality·인·디'비쥬·앨러티 idiosyncrasy·이디오우·신크뤄씨 attribute·애트뤼뷰ㅌ
등장인물

6 **introvert** ·인트로·버-ㅌ

내성적인(사람) — introspective·인트뤄·스펙티'ㅂ

7 **extrovert** ·엑스트뤄버-트
extraversion·엑스트뤄·'붜젼 외향성

외향적인 — outgoing·아웉고우잉

8 **empathy** ·엠파θ이

공감 — sympathy·씸페θ이
동정, 연민 — pity·피티 mercy·머-씨 commiseration커·미저·뤠이션

9 **pity** ·피티

동정, 연민 — sympathy·씸페θ이 compassion컴·패션 commiseration커·미저·뤠이션
유감

10 compassionate 컴·패셔너트

| 인정 많은 | philanthropic 필린·θ롸픽 tender-hearted 텐더·하·티드 |
| 동정적인 | sympathetic 심퍼·θ에틱 |

11 courtesy ·커–테씨

courteous 커–티어ㅅ 예의 바른, 공손하게

예의	politeness 펄·라이트네ㅅ manners 매내ㅈ decorum 디·코룀 civility 서·'빌리티 niceness 나이스네ㅅ
	etiquette ·에티커트
호의, 친절	favor ·페이버– kindness 카인드네ㅅ goodwill 굳·윌 grace 그뤠이ㅅ

12 polite 펄·라이트

politeness 펄·라이트네ㅅ 공손함, 예의바름
politely 펄·라이틀리 공손히

| 공손한, 예의바른 | gracious 그뤠이셔ㅅ respectful 뤼·스펙트'펄 hospitable 하·스피터블 courteous ·커–티어ㅅ civil ·시'블 |
| | obliging 어·블라이징 |

13 condescending ·칸디·센딩

| 겸손한 | humble ·험블 modest ·마디스트 |
| 생색내는 듯한 | |

14 humility 휴·밀리티

| 겸손 | humbleness 험블·네ㅅ |

15 humble ·험블

| 비천한, 겸손한 | lowly 로울리 |

16 moderate ·마더레이트

moderation 마더·뤠이션 중용, 알맞음
moderately 마더뤄틀리 적당히, 합리적으로

온화한	gentle ·잰틀 clement 클레먼트 benign 비·나인 genial 쥐니얼 benignant 비·니그넌트 temperate ·템퍼륏
적당한	modest ·마디스트 proper ·프라퍼 appropriate 어·프라프뤼에이트 condign 컨·다인 fit ·핕 suitable ·수터블
	temperate ·템퍼륏
절제하는	abstemious 앱·스티미어ㅅ temperate ·템퍼륏 abstinent ·앱스터넌트
완화하다	assuage 어·스웨이쥐 mitigate ·미티게이트

17 loyalty ·러이얼티

loyal 러이얼 충성스러운

| 충성 | fidelity 퍼·델리티 devotion 디·'보우션 |
| 성실 | sincerity 씬·쎄뤼티 fidelity 퍼·델리티 integrity 인·테그러티 honesty ·아네스티 faithfulness ·페이θ'플네ㅅ |

18 goodness ·굳네ㅅ

선량	
친절	goodwill 굳·윌 kindness ·카인드네ㅅ friendliness ·프뤤들리네ㅅ
우수, 우량	excellence ·엑설런ㅅ superiority ·쑤피뤼·어뤄티

19 benign
비·나인

친절한, 상냥한	kind·카인드 sweet·스윗 attentive·어·텐티'ㅂ accommodating·어·카머·데이팅 decent·디슨트 amiable·에이미어블 amicable·애미커블 affable·애'퍼블
온화한	genial·쥐니얼 clement·클레먼트 mild·마일드 bland·블랜드 gentle·잰틀 soft·써'프트
길조의	auspicious·아·스피셔스 lucky·러키

20 diligent
·딜리젼트

diligently·딜리젼틀리 부지런하게
diligence·딜리젼스 부지런함

| 근면한, 성실한 | industrious·인·더스트뤼어스 hard-working·하·드·워·킹 painstaking·페인·스테킹 conscientious·칸싀이·엔셔스 assiduous·어·씨듀어스 |

21 conscientious
·칸싀이·엔셔스

conscience·칸션스 양심
conscientiously·칸취·엔취슬리 양심적으로

| 양심적인 성실한 | scrupulous·스크루·퓰러스 religious·뤼·리져스 industrious·인·더스트뤼어스 hard-working·하·ㄷ·워·킹 painstaking·페인·스테킹 diligent·딜리젼트 |

22 obey
오우·베이

obedience·오우·비디언스 복종
obedient·오우·비디언트 복종[순종]하는

| 복종하다, 순종하다 | submit·섭·밑 surrender·서·뤤더 be obedient (to)·비 오·비디언트 (투) |

23 amenable
어·미너블

| 순종하는 | obedient·오우·비디언트 tractable·트뢕터블 conformable·컨·'풔뭐블 submissive·섭·미시'ㅂ supple·써플러먼트 acquiescent·애퀴·에슨트 docile·도우싸일 |
| 복종할 의무가 있는 | |

24 supple
·써플

| 나긋나긋한, 유연한 | limber·림버- lithe·라이ð |

25 docility
다·씰리티

docile·도우싸일 온순한

| 온순함 | |

26 acclimated
·애클러메티드

| 순응한 익숙한 | accustomed·어·커스텀드 familiar·퍼·밀리어- |

27 innocent
·이너쎈트

innocence·이너쎈스 순결, 결백, 무죄

| 순진한 결백한, 무죄의 | naive·나·이-'ㅂ single-hearted·싱글·하티드 heart whole·하·트 호울 credulous·크뤠듈러스 blameless·블레임레스 guiltless·길트리스 faultless·'풜틀레스 impeccable·임·페커블 immaculate·이·매큘렡 sinless·신레스 |

2. 격려, 존경, 아첨

28 boost
·부스트

| 격려, 지지 | encouragement엔·커-뤼지먼트 prompting프람프팅 upholding엎·호울딩 |
| 밀어올리다 | push up푸쉬 엎 raise뤠이즈 upheave엎·히'ㅂ |

29 encourage
엔·커-뤼지

encouragement엔·커-뤼지먼트 장려, 격려

| 격려[고무] 하다 | cheer·취어 inspire·인·스파이어 elate일·레이트 |

30 console
컨·소울

| 위로하다 | solace·쌀레·스 comfort·컴'퍼트 soothe·쑤ð |

31 compliment
·캄플레멘트

complimentary·캄플러·멘트뤼 무료의, 칭찬하는

| 칭찬, 찬사 | praise·프뤠이즈 applause어·플러즈 admiration·애드머·뤠이션 laudation러·데이션 panegyric·패·너직뤽 eulogy·유리쥐- compliment·캄플레멘트 commendation·카먼·데이션 |

32 praise
·프뤠이즈

| 칭찬하다 | applaud어·플러드 admire애드·마이어 extol(l)익·스토울 exalt익·절트 glorify·글러뤼'파이 talk up·텁 엎 compliment·캄플레멘트 commend커·멘드 laud·러드 |

33 extol
익·스토울

| 칭찬하다, 찬양하다 | exalt익·절트 praise·프뤠이즈 applaud어·플러드 glorify·글러뤼'파이 |

34 laudable
·러더블

laudatory·러더터뤼 칭찬하는

| 칭찬할 만한 훌륭한 | commendable커·멘더블 praiseworthy·프뤠이·즈워ð이 admirable·애드미뤄블 |

35 admire
애드·마이어

admiring애드·마이링 감탄하는, 찬양하는
admiration·애드머·뤠이션 감탄, 찬양

감탄하다	wonder·원더 marvel·마-'블
동경하다	yearn·여-은 desire디·자이어 long·렁
존경하다	respect뤼·스펙트 admire애드·마이어 esteem이·스팀 revere뤼·'비어

36 applause 어·플러ㅈ

applaud어·플러ㄷ 박수 갈채하다
applausive어플로어시'ㅂ 박수갈채의, 칭찬의

박수 갈채	**handclap**·핸드클랩
칭찬	**praise**·프레이ㅈ **commendation**·카먼·데이션 **laudation**러·데이션

37 acclaim 어·클레임

acclamation·애클러·메이션 환호, 갈채

박수 갈채하다	**clap**·클랩 **applaud**어·플러ㄷ **cheer**·취어
환호(하다)	**cheer**·취어

38 celebrate ·셀러브뤠ㅌ

celebrity셀·레브뤼티 유명인사, 유명

축하하다	**congratulate**컨·그뤠쳘레이ㅌ **felicitate**필·리씨테잍

39 greet ·그륄

환영하다	**welcome**·웰컴 **receive ~ into**뤼·시'ㅂ ~ ·인·투 **hail**·헤일
인사하다	**say hello**·세이 헬·로우

40 worship ·워-쉽

숭배(하다)	**adoration**·애더·뤠이션
예배	

41 adore 어·도-어

동경하다	**yearn**·여-은 **long for**·렁 '풔 **admire**애드·마이어 **desire**디·자이어-
숭배하다	**revere**뤼·'비어 **idolize**·아이덜라이ㅈ **worship**·워-쉘 **praise**·프레이ㅈ

42 totem ·토우텀

토템 *자연숭배물

43 icon ·아이칸

우상	**idol**·아이들
상징	**symbol**·심블
[컴퓨터] 아이콘	

44 respect
뤼·스펙 ㅌ

respectable뤼·스펙터블 존경할만한
respectful뤼·스펙트'펄 존중하는, 정중한

존경(심), 경의	admire에드·마이어	esteem이·스팀	revere뤼·'비어 worship워-셥
존중	esteem이·스팀	estimation·에스터·메이션	regard뤼·가-ㄷ
(측)면, 점, 사항			
존경하다	hono(u)r아너-	venerate'베너·뤠ㅌ	reverence'뤠버런ㅅ esteem이·스팀
존중하다	esteem이·스팀	appreciate어·프뤼시-에이ㅌ	

45 revered
뤼·'비어ㄷ

존경받는   admired에드·마이어-ㄷ

46 impressed
·임·프뤠스ㅌ

impress임·프뤠ㅅ 깊은 인상을 주다
impression임·프뤠션 인상, 감명

감명받은   moved·무'브ㄷ touched·터치ㅌ affected어·'펙테ㄷ graven·그뤠이번

47 hospitable
·하·스피터블

대접이 좋은
친절한

48 flattering
·'플래터링

flatter'플래터- 아첨하다, 알랑거리다
flattery'플래터뤼 아첨, 아부

아첨하는   adulatory애둘·레터뤼 obsequious엡·씨퀴어ㅅ fawning'퐈닝 courtly·코어틀리 sugary·슈거뤼
좋아 보이게 하는

49 cajole
커·죠울

아첨하다   flatter·'플래터- fawn upon·'퐌 어·퐌 adulate·애져레이ㅌ blandish·블랜디싀 butter up·버터 엎
make fair weather·메이ㅋ·'페어·웨ð어
감언이설로 속이다

50 Brownie point
·브롸우니 ·퍼인ㅌ

아부해서 얻은 것

3. 자랑, 지지

51 proud ·프라우ㄷ

pride·프라이ㄷ 자존심, 자부심
proudly·프라우들리 자랑스럽게, 오만하게

자랑스러운
거만한, 오만한

arrogant·에뤄건ㅌ conceited·컨·씰에ㄷ haughty·허티 lofty·러'프티 bumptious·범ㅍ셔ㅅ

52 boast 보우스ㅌ

boastful·보우스ㅌ'펄 자랑하는, 어풍떠는

자랑하다
호언장담하다

brag·브뢔ㄱ be proud of·비·프라우ㄷ 어'ㅂ pride oneself·프라이ㄷ 원쎌'ㅍ take pride·테익·프라이ㄷ

53 support 써·풔ㅌ

supportive·써·풔티'ㅂ 지원하는, 도와주는

지지하다
유지하다

underpin·언더·핀 bolster·보울스터 defend·디·'펜ㄷ encourage·엔·커-뤄쥐 help·헬ㅍ
maintain·멘·테인 reserve·뤼·저-'ㅂ retain·뤼·테인 conserve·컨·써-'ㅂ sustain·서·스테인 uphold·엎·호울ㄷ

54 advocate ·애드버케잍

advocacy·애드버커씨 옹호, 변호
advocative·애드버커티'ㅂ 옹호하는, 주장하는

지지자
변호사
옹호하다

supporter·써·포어터- upholder·엎·호울더 backer·배커-
lawyer·러이어- attorney·어·터-니 barrister·배뤼스터-
defend·디·'펜ㄷ assert·어·써-ㅌ maintain·멘·테인 vindicate·'빈디케이ㅌ

55 sustain 서·스테인

sustenance·써스터넌ㅅ 생계, 생명유지, 지지
sustainable·서·스테인이블 지속 가능한

떠받치다
유지하다
견디다

support·써·포어ㅌ brace·브뤠이ㅅ
maintain·멘·테인 keep up·킾 엎 uphold·엎·호울ㄷ support·써·포어ㅌ
bear·베어 endure·엔·듀어 withstand·위ㅎ·스탠ㄷ stand·스탠ㄷ

56 pursue 퍼-·쑤

pursuit·퍼-·쑤ㅌ 추구, 추적

추구하다
추적하다

seek·씩 chase·최에이ㅅ
track·트뢕 trail·트뤠일 chase·최에이ㅅ

57 comply 컴·플라이

compliant·컴·플라이언ㅌ 순종하는, 고분고분한
compliantly·컴·플라이언틀리 고분고분하게, 비굴하게

따르다, 순응하다

conform·컨·'폼 adjust oneself·어·져스ㅌ 원쎌'ㅍ adapt oneself·어·댚ㅌ 원쎌'ㅍ accommodate·어·카머·데이ㅌ
acclimate·애클러메이ㅌ

4. 집중, 열정

58
intently
·인·텐틀리

집중하여
의도적으로

59
preoccupied
프뤼·아큐파이드

preoccupy 프뤼·아큐파이 뇌리를 사로잡다, 몰두하다
preoccupation 프뤼·아큐·페이션 사로잡힘, 집착

몰두한, 열중하는   **intent**·인·텐트 **devoted** 디·'보우티드 **drowned**·드라운드 **engrossed** 인·그롸우스트
선취된

60
infatuation
·인·'패츄·에이션

열중   **enthusiasm** 엔·θ우지·애즘 **absorption** 앱·즈오·옆션 **ardor**·아-더 **craze**·크뤠이즈

61
passion
·패션

열정, 정열   **ardor**·아-더 **enthusiasm** 엔·θ우지·애즘 **fervor**·'퍼-버-
격정, 격노   **anger**·앵거- **fury**·'퓨뤼 **rage**·뤠이쥐 **violence**·'바이얼런스
예수의 수난

62
zeal
·질

열심   **enthusiasm** 엔·θ우지·애즘 **ardor**·아-더
열정   **passion**·패션 **enthusiasm** 엔·θ우지·애즘 **fervor**·'퍼-버-

63
fever
·'피버-

열기   **heat**·힡
열광   **enthusiasm** 엔·θ우지·애즘 **fanaticism** 퍼·내티씨즘

64
enthusiasm
엔·θ우지·애즘

enthusiastic 엔·θ우지·애스틱 열렬한

열광, 열정   **passion**·패션 **ardo(u)r**·아-더 **fanaticism** 퍼·내티씨즘 **zealotry**·젤러트뤼 **craze**·크뤠이즈 **mania** 메이니어

65
ecstatic
엑·스태틱

ecstasy·엑스터씨 황홀경

열광하는, 열렬한   **rapt**·뢮트 **rapturous**·뢮쳐어스 **rhapsodic**·뢮·싸딕 **fervent**·'퍼-번트 **passionate**·패셔넽
황홀해하는   **enraptured** 엔·뢮쳐드 **enchanted** 엔·최앤티드 **captivated**·퀩티·'베이티드 **fascinated**·'패서·네티드

5. 호의, 기쁨

66 grateful ·그뤠잍'펄
gratefully·그뤠잍'펄리 감사하여, 기꺼이
감사해하는　appreciative어·프뤼쉬-티'ㅂ thankful·θ앵ㅋ'펄

67 prefer 프리·'퍼-
preference·프뤠'퍼런ㅅ 선호, 애호
preferable·프뤠'퍼뤄블 더 좋은, 선호되는
preferably·프뤠'퍼뤄블리 선호할 만 하게
~을 더 좋아[선호]하다　favor·'페이버- give preference to 기'ㅂ ·프뤠'퍼런ㅅ 투

68 fond ·'판ㄷ
좋아하는　partial·퐈-셜 liking·라익잉 loving·러'빙 adoring어·도-어잉
다정한　affectionate어·'펙셔너ㅌ sentimental·센티·멘틀 tender·텐더-

69 goodwill 굳·윌
호의　favor·'페이버- kindness·카인드네ㅅ
친선　friendship·'프뤤드·쉽 amity·애미티

70 favor ·'페이버-
favorite·'페이버뤼ㅌ 가장 좋아하는
favorable·'페이버뤄블 호의적인, 유리한, 유망한
호의(를 보이다)　goodwill굳·윌 friendliness·'프뤤들리네ㅅ
찬성(하다)　approval어·프루-'블
선호하다　prefer프리·'퍼-
베풀다　dispense·디·스펜ㅅ distribute·디·스트뤼뷰ㅌ

71 glad ·글래ㄷ
gladly·글래들리 기꺼이, 즐거이
기쁜　delight딜·라이ㅌ joyful·쥐'펄 rejoicing뤼·쥐잉 joy·쥐이 happy·햅이 gladsome·글래드섬
반가운　gladsome·글래드섬 welcome·웰컴 joyful·쥐'펄

72 rejoice 뤼·쥐이ㅅ
기쁘다, 기쁘게 하다　please·플리ㅈ

73 cozy ·코우지
기분 좋은　agreeable어·그뤼어블 cheery·최뤼 comfortable·컴'퍼터블
편안한　comfortable·컴'퍼터블

74 facetious 퍼·씨셔ㅅ
익살맞은, 우스운　farcical·'파-써클 funny·'퍼니 laughable·래'퍼블 facetious퍼·씨셔ㅅ waggish·왜기쉬

75 jubilance
·쥬빌런ㅅ

환희
환호

joy·줘이 **delight**딜·라이ㅌ **gladness**·글래드네ㅅ

76 refresh
뤼·'프뤠쉬

refreshment뤼·'프뤠싀먼ㅌ 원기 회복

상쾌하게 하다
새롭게 하다

dulcify·덜써·'파이
renovate·뤠녀·'베이ㅌ **renew**뤼·뉴

77 mirthful
·머-θ'펄

즐거운
유쾌한

joyful·줘이'펄 **gladsome**·글래드섬 **blithe**·블라이ð **jolly**·쟐리 **joyous**·줘이어ㅅ **happy**·햅이
pleasant·플레전ㅌ **pleasing**·플리징 **festal**·'페스틀 **glorious**·글러뤼어ㅅ **merry**·메뤼

78 exhilarated
익·질러뤠티ㄷ

명랑한

joyful·줘이'펄 **cheerful**·치어'펄 **happy**·햅이 **merry**·메뤼 **vivacious**버·'베이셔ㅅ **convivial**컨·'비'비얼
sanguine·쌩·귄

79 exciting
익·싸이팅

excite익·싸잍 흥분시키다, 자극하다, 일깨우다
excitement익·싸잍먼ㅌ 흥분, 자극

신나는, 흥분시키는
자극적인

stimulating·스티뮬레이팅 **thrilling**·θ릴링 **dynamic**다이·내믹 **exhilarating**이그·질러뤠팅
incentive·인·센티·ㅂ **lively**·라이블리

80 humorous
·휴머레ㅅ

humor·휴머- 유머, 익살
humorously·휴머레슬리 익살맞게

웃기는, 재미있는

funny·'퍼니 **amusing**어·뮤징 **hilarious**힐·레뤼어ㅅ **entertaining**·엔터–·테이닝 **comic**·카믹 **comical**·카믹을
witty·위티 **ridiculous**뤼·디큘레ㅅ **amusing**어·뮤징

81 urchin
·어-쳔

장난꾸러기

6. 매혹, 애정, 욕구

82	**glamour** ·글래머	
	매력	**charm**·챠암 **fascination**·패서·네이션 **allure**얼루어 **attraction**어·트뢕션 **attractiveness**어·트뢕티'브네스
	매혹하다	**allure**얼루어 **enchant**엔·최앤ㅌ **attract**어·트뢕ㅌ **fascinate**·패서·네이ㅌ **charm**·챠암 **tempt**·템프ㅌ **captivate**·캪티·'베이ㅌ

83	**attract** 어·트뢕ㅌ	**attraction**어·트뢕션 끌어당김, 매력 **attractive**어·트뢕티'ㅂ 매력적인, 흥미있는
	매혹하다, 유인하다	**fascinate**·패서·네이ㅌ **enchant**엔·최앤ㅌ **charm**·챠암 **captivate**·캪티·'베이ㅌ **allure**얼루어 **tempt**·템프ㅌ **glamour**·글래머
	이목을 끌다	

84	**enthral** 엔·θ얼	
	마음을 빼았다	**captivate**·캪티·'베이ㅌ **fascinate**·패서·네이ㅌ
	노예로 만들다	**enslave**엔슬·레이'ㅂ

85	**tempt** ·템프ㅌ	**temptation**템·테이션 유혹, 유인
	유혹하다	**entice**엔·타이스 **lure**·루어 **allure**얼루어 **seduce**씨·듀스 **attract**어·트뢕ㅌ
	부추기다	**entice**엔·타이스
	~하고 싶게 하다	

86	**enchantment** 엔·최앤트먼ㅌ	
	매혹	**fascination**·패서·네이션 **captivation**·캪티·'베이션
	강화 마법	

87	**trance** ·트뢘스	
	황홀	**rapture**·뢮쳐 **ecstasy**·엑스터씨
	실신, 혼수상태	**swoon**·스운 **faint**·페인ㅌ **blackout**·블랙·아웉 **slumber**슬·럼버 **lethargy**·레θ어쥐- **coma**·코우마
	최면상태	**hypnosis**힢프·노우씨스

88	**charisma** 커·뤼즈마	
	권능, 매력	
	통솔력	**leadership**·리더·슆

89	**wheedle** ·위들	
	구슬리다, 꾀다	**cajole**커·죄오울 **coax**코욱스

90 wink ·윙크

윙크(하다)

---

91 fascinating ·'패서·네팅

fascinate ·패서·네이트 매혹하다
fascination ·패서·네이션 매혹, 매력

흥미로운
매력적인

absorbing 엡·즈오·어빙 engrossing 인·그롸우싱 interesting 인트레스팅
captivating 캪티·베팅 entrancing 엔·트랜싱 enchanting 엔·최앤팅 charming 챠-밍 appealing 어·필링

---

92 curious ·큐뤼어ㅅ

curiously 큐뤼어슬리 호기심에서, 이상하게
curiosity 큐뤼·어서티 호기심

호기심이 강한
이상한

inquisitive 인·쿼지티'ㅂ
extraordinary 익·스트로·어디네뤼 aberrant 애·베어런트 whimsical 윔지클 odd 아ㄷ strange 스트뤠인쥐
eccentric 익·센트뤽 abnormal 앱·노-믈

---

93 wooing ·우잉

woo ·우 구애하다

구애(하는)
매혹적인

courtship 코어·쉽
riveting 뤼버팅 fascinating '패서·네팅 enchanting 엔·최앤팅 charming 챠-밍 attractive 어·트뢥티'ㅂ

---

94 romantic 뤄우·맨틱

romanticize 뤄우·맨티싸이ㅈ 낭만적으로 묘사하다
romance 뤄우·맨ㅅ 연애, 사랑, 로맨스
romantically 뤄우·맨티컬리 낭만적으로

낭만적인
연애의

amative 애머티'ㅂ amatory 애메터뤼

---

95 endearment 엔·디어먼ㅌ

친애, 애정
애정의 언행

affection 어·'펙션 love 러'ㅂ

---

96 desire 디·자이어-

desirous 디·자이뤄ㅅ 바라는, 원하는

욕구
원하다

craving 크뤠이'빙 urge 어-쥐 aspiration 애스퍼·뤠이션 want 완트
want 완ㅌ wish 위쉬

---

97 greed ·그뤼ㄷ

greedy 그뤼디 탐욕스러운
greedily 그뤼들리 탐욕스럽게

탐욕

avarice 애버뤼ㅅ desire 디·자이어- lust 러스ㅌ rapacity 뤄·패씨티 voracity 버·뢔서티 edacity 이·대씨티

98　avid ·애'비ㄷ

탐욕스러운	**greedy**·그뤼디 **avaricious**·애'버·뤼셔스 **rapacious**뤄·패셔스 **vulturous**벌쳐뤄스 **grabby**·그뤠비 **acquisitive**어·퀴지티'ㅂ **insatiable**·인·세이셔블 **voracious**붜·레이셔스
열심인	**intent**·인·텐ㅌ **zestful**·제스트'펄 **solicitous**설·리서터스 **eager**·이거- **passionate**·패셔넽

99　appeal 어·필

애원하다, 간청하다	**beg**·베그 **beseech**비·씨최 **plead**·플리ㄷ **entreat**엔·트륖 **solicit**·설·리서ㅌ
애원, 간청	**entreaty**엔·트뤼티 **solicitation**설·리서·테이션 **supplication**·써플리·케이션 **adjuration**·애저·뤠이션

100　ambition 앰·비션

ambitious앰·비셔스 야심있는
ambitiously앰·비셔슬리 야심차게

야망, 포부	**aspiration**·애스퍼·뤠이션 **goal**고울 **dream**·드륌 **desire**디·자이어-

101　aspire 어·스파이어

갈망하다, 열망하다	**crave**·크뤠이'ㅂ **yearn**·여-은 **long**·렁 **thirst**·θ어-스ㅌ
동경하다	**yearn**·여-은 **desire**디·자이어- **long**·렁 **adore**어·도-어
높이 오르다	

102　eager ·이거-

eagerly·이글리 열망하여

갈망하는, 열망하는	**avid**·애'비ㄷ **desirous**디·자이뤄스 **wishful**·위쉬'펄

103　pathetically 퍼·θ에티컬리

애절하게
불쌍하게도

104　beg ·베그

구걸하다
간청하다

105　solicitor 설·리서터-

간청자
의뢰인
법무사

106　demand ·디·맨ㄷ

demandable·디·맨데·이블 요구할 수 있는

요구하다	**claim**·클레임 **request**뤼·퀘스ㅌ **require**·뤼·콰이어-
질문하다, 따지다	**ask**·애스ㅋ **question**·퀘스쳔 **inquire**·인·콰이어 **interpellate**인·터·펄레이ㅌ **query**·퀘뤼
요구	
수요	

107 **petition** 퍼·티션

청원, 탄원	request뤼·퀘스트 entreaty엔·트뤼티 appeal어·필 plea·플리 supplication·써·플리·케이션
청원하다, 탄원하다	appeal어·필 entreat엔·트륍 request뤼·퀘스트 solicit설·리서트 plead·플리드

108 **require** ·뤼·콰이어–

requirement뤼·콰이어먼트 필수조건, 요구
request뤼·퀘스트 부탁, 요청, 부탁하다

필요하다	behoove비·후'ㅂ require·뤼·콰이어– need·니드 want·완트
요구하다	demand·디·맨드 claim·클레임 require·뤼·콰이어– pretend to프리·텐드 투
규정하다	

109 **necessary** ·네서·세뤼

necessity너·세서티 필수품, 필요
necessarily ·네서·세럴리 필수적으로, 필연적으로
necessitate네·쎄서·테이트 필요로 하다

필요한	requisite·뤠퀴젵 required뤼·콰이어–드 needful·니드'펄
필수적인	essential에·센셜 requisite·뤠퀴젵 fundamental·펀더·멘틀 required뤼·콰이어–드 vital·바이틀
	indispensable·인디·스펜서블
필수품(-ies)	requisites·뤠퀴젵츠 necessities너·세서티즈

110 **premise** ·프뤠미ㅅ

전제, 기본 가정	prerequisite프뤼·뤠퀴젵
부동산 자산(-s)	real estate뤼얼 에·스테이트

111 **imperative** ·임·페뤄티'ㅂ

imperatively임·페뤄티'블리 단호하게, 부득이하게

필수적인	necessary·네서·세뤼 essential에·센셜 requisite·뤠퀴젵 fundamental·펀더·멘틀 required뤼·콰이어–드
	vital·바이틀 indispensable·인디·스펜서블
의무적인	obligatory어·블리게터뤼 compulsory컴·펄서뤼
긴급한	urgent어·전트 emergency·이·머·전씨 pressing·프뤠싱
강제적인	

112 **commodity** 커·마디티

상품	product·프롸덕트 goods·굳즈 merchandise·머·쳔·다이ㅈ wares·웨어즈
필수품	necessaries·네서서뤼ㅈ necessities너·세서티ㅈ requisites·뤠퀴젵츠

7. 사악, 잔인, 복수, 분노

113 **villain** ·'빌런

악당, 악인 | **rascal**·뢔스클 **desperado**·데스퍼·롸도우

114 **malicious** 멀·리셔스

악의적인 | **malevolent**멀·레벌런트 **sinister**·시니스터- **malicious**멀·리셔스 **malignant**멀·리그넌트 **ill**·일 **baleful**·베일'프를 **spiteful**·스파잍'펄 **evil**·이'블

고의의 | **deliberate**·딜·리버레이트 **intentional**·인·텐셔널

115 **wicked** ·위키드

wickedness·위키드네스 사악, 부정

못된, 사악한
위험한, 심한, 강력한 | **vicious**·'비셔스 **sinister**·시니스터-

116 **vicious** ·'비셔스

나쁜
악덕의, 악의적인 | **wrongful**·뢩'펄 **wrong**·뢩 **bad**·배드 **foul**·파울 **ill**·일 **negative**·네거티'브 **evil**·이'블
malicious멀·리셔스 **malevolent**멀·레벌런트 **malignant**멀·리그넌트 **ill**·일 **baleful**·베일'프를 **spiteful**·스파잍'펄
evil·이'블 **sinister**·시니스터-

117 **deteriorate** 디·티뤼어뤠트

나빠지다 | **go bad**·고우·배드 **lose ground**·루즈·그롸운드 **get nasty**·겥·내스티

118 **exasperate** 익·재스퍼뤠트

exasperating익·재스퍼뤠팅 분통 터지는

악화시키다 | **aggravate**·애그뤄'베이트 **complicate**·캄플리케이트 **impair**·임·페어 **make worse**·메이크·워-스
compound·캄파운드 **exacerbate**익·재서-·베이트 **worsen**·워-썬 **inflame**·인·'플레임 **deepen**·디펜

화나게하다 | **provoke**프러·'보우크 **vex**·'벡스 **aggravate**·애그뤄'베이트 **irritate**·이뤼테이트

119 **brutal** ·브루틀

잔인한 | **cruel**·크루-얼 **relentless**륄·렌틀레스 **atrocious**어·트롸우셔스 **savage**·새'비쥐 **sanguinary**·쌩귀네뤼
barbarous·바어버뤄스 **relentless**륄·렌틀레스 **ferocious**퍼·라우셔스

야만적인 | **barbarian**바-·베뤼언 **barbarous**·바어버뤄스 **savage**·새'비쥐 **bestial**·베스쳘

120 **barbarian** 바-·베뤼언

barbaric, barbarous바어·배뤽, 바어버뤄스 야만적인
barbarism·바-·버뤼즘 야만, 미개

야만인(의)
야만스러운, 잔인한 | **savage**·새'비쥐 **wildman**·와일드멘
savage·새'비쥐 **barbarous**·바어버뤄스 **brutal**·브루틀 **bestial**·베스쳘

121 **harsh** ·하-시

harshness·하-·시네스 거침, 엄격함
harshly·하-·실리 거칠게, 혹독하게

가혹한, 무자비한 | **ruthless**·루쎄레스 **merciless**·머-셜레스 **pitiless**·피틸레스 **cruel**·크루-얼 **uncompassionate**·언컴·패셔닡
bitter·비터 **uncharitable**·언·채뤼터블 **unmerciful**언·머-씨'펄 **heartless**·하-틀레스

122 inclement
·인·클레먼ㅌ

험악한　threatening θ웨튼잉 forbidding 풔·비딩 nasty·내스티

123 severe
씨·ˈ비어

severity 씨·베뤄티 격렬, 혹독, 중대성
severely 씨·ˈ비얼리 심하게, 엄하게

엄격한　strict·스트륍ㅌ stern·스터-은 rigid·뤼져ㄷ rugged·뤄게ㄷ taut·퉡 tight·타잍 austere 어·스티어
stringent·스트륀전ㅌ puritanical·퓨어리·태니클 grim·그림

심각한　grave·그뤠이ㅂ acute 어·큐ㅌ serious·씨뤼어ㅅ critical·크뤼티클 momentous 모·멘터ㅅ important·임·포어턴ㅌ

124 stringently
·스트륀젼틀리

엄격하게　strictly·스트륍틀리 severely 씨·ˈ비얼리 smartly·스마-틀리 sternly·스터-은리
가혹하게　severely 씨·ˈ비얼리 smartly·스마-틀리

125 retaliation
뤼·탤리·에이션

retaliate 뤼·탤리·에이ㅌ 보복하다, 앙갚음하다
retaliatory 뤼·탤리어퉈뤼 보복적인

복수, 보복　revenge 뤼·ˈ벤쥐 vendetta 벤·데터 vengeance·ˈ벤젼ㅅ reprisal 뤼·프라이즐

126 revenge
뤼·ˈ벤쥐

복수하다　avenge 어·ˈ벤쥐 retaliate 뤼·탤리·에이ㅌ

127 resentment
뤼·젠트먼ㅌ

resent 뤼·젠ㅌ 분개하다
resentful 뤼·젠트·펄 분개하고 있는

분노　indignation·인디그·네이션 rage·뤠이지 wrath·뢔θ anger·앵거- fury·ˈ퓨뤼
적개심, 악의　animosity·애너·마서티 enmity·엔미티 grudge·그러지 hostility 하·스틸리티

128 rage
·뤠이지

격노하다　get enraged·겥 인·뤠이지ㄷ be exasperated 비 이그·재스퍼뤠이티ㄷ
발광하다

129 furious
·ˈ퓨뤼어ㅅ

격노한　raging·뤠이지잉 infuriated·인·ˈ퓨뤼·에이티ㄷ
맹렬한　raging·뤠이지잉

130 annoy
어노이

annoyance 어노이언ㅅ 괴로움, 골칫거리

성가시게 [화나게] 하다　irritate·이뤼테이ㅌ enrage 엔·뤠이지 provoke 프러·보우ㅋ vex·ˈ벡ㅅ aggravate·애그뤄·베이ㅌ infuriate·인·ˈ퓨뤼·에이ㅌ

131 irascible
이·뢔세블

화를 잘 내는　fretful·ˈ프뤹·펄 irritable·이뤼터블 impatient·임·페이션ㅌ testy·테스티

8. 혐오, 질투, 조롱, 비난

132 disgust ·디·스거스트

disgusting·디·스거스팅 역겨운, 혐오스러운

혐오(감)
혐오를 유발하다

loathing·로우ð잉 antipathy앤·티퍼ð이 aversion어·'붜전 abomination어밤이·네이션 hatred·헤이트뤠ㄷ
repel뤼·펠 nauseate·뉘지·에이ㅌ

133 ugly ·어글리

uglily·어글릴리 추하게

못생긴, 추한

unattractive·언어·트뢕티'ㅂ shapeless·셰이플레ㅅ ugly·어글리

134 loathe 로우ð

싫어하다

dislike·디스·라잌 hate·헤이ㅌ abhor·앱·호어 detest디·테스ㅌ

135 aversion 어·'붜전

averse, aversely어·'붜ㅅ, 어·'붜슬리 싫어하여

아주 싫어함, 혐오

hatred·헤이트뤠ㄷ loathing·로우ð잉 abhorrence앱·호런ㅅ scunner·스커너

136 abhor 앱·호어

혐오하다

detest디·테스ㅌ despise·디·스파이ㅈ loathe로우ð hate·헤이ㅌ disrelish디스·뤨리쉬 abominate어·봐미네이ㅌ

137 abominable 어·밤이너블

혐오스러운, 역겨운

끔찍한

disgusting·디·스거스팅 repellent뤼·펠런ㅌ repulsive뤼·펄시'ㅂ detestable디·테스티블 abhorrent앱·호런ㅌ odious·오우디어ㅅ revolting뤼·'보울팅 distasteful·디·스테이스트'펄 hateful·헤이ㅌ'펄
horrible·호어어블 terrible·테러·블 dreadful·드뤠ㄷ'펄 frightful·'프롸일'펄 hideous·히디어ㅅ

138 heinous ·헤이너ㅅ

가증스러운
극악한

hateful·헤이ㅌ'펄
atrocious어·트라우셔ㅅ

139 lash ·래쉬

채찍 끈, 채찍질하다
비난(하다)

censure·센슈어 rebuke뤼·뷰ㅋ reproach뤼·프라우치

140 jealousy ·쟬레씨

jealous·쟬레ㅅ 질투하는

질투

envy·엔'비

141 envy
·엔'비

envious ·엔'비어ㅅ 부러워하는, 질투하는

부러워하다, 질투하다
질투, 선망

be envious 비 ·엔'비어ㅅ **be jealous** 비 ·잴러ㅅ

142 ashamed
어·셰임ㄷ

ashamedly 어·셰이미들리 부끄럽게, 수줍게

부끄러운, 수치스러운

shameful 셰임'펄 **disgraceful** 디·스그뤠이ㅅ'펄 **dishonorable** 디·스아너뤄블 **inglorious** 인·글러뤼어ㅅ

humiliating 휴·밀리·에이팅 **scandalous** 스캔덜레ㅅ **abashed** 어·배쉬 **ignominious** 이그너·미니어ㅅ

143 mortify
·모어티'파이

창피를 주다

humiliate 휴·밀리·에잍 **dishonor** 디·스아너- **disgrace** 디·스그뤠이ㅅ **insult** 인·썰ㅌ

144 humiliation
휴·밀리·에이션

굴욕, 망신, 창피

disgrace 디·스그뤠이ㅅ **shame** 셰임

145 unabashed
·언어·배쉬

부끄러움을 모르는
태연한

nonchalant 난첼·런ㅌ

146 tease
·티ㅈ

놀리다

banter 밴터- **laugh at** 래'프 애ㅌ **make fun of** 메이ㅋ ·'펀 어'ㅂ **pull one's leg** 풀 원ㅈ ·레ㄱ **kid** 키ㄷ

147 mockery
·마커뤼

조롱, 비웃음
흉내, 가짜

ridicule 뤼디큘 **sneer** 스니어 **derision** 디·뤼즌 **scorn** 스코언

imitation 이미·테이션 **mimicry** ·미밀뤼 **mock** 마ㅋ

148 deride
디·롸이ㄷ

비웃다, 조롱하다

mock 마ㅋ **ridicule** 뤼디큘

149 denunciation
디넌시·에이션

denunciate, denounce 디넌씨·잍, 디·나운ㅅ 탄핵하다, 공공연히 비난하다

비난

criticism 크뤼티씨즘 **censure** ·센슈어 **disapproval** 디서·프루-벌 **blame** 블레임 **reproach** 뤼·프라우치

lash ·래쉬 **rebuke** 뤼·뷰ㅋ **invective** 인·'벡티ㅂ **calumny** 캘럼니 **reprimand** ·뤠프레·맨ㄷ

탄핵

150 condemn
·컨·뎀

condemnation 칸덤·네이션 비난, 유죄 판결

비난하다   **criticize** 크뤼티싸이즈 **censure** 센슈어 **blame** 블레임 **disparage** 디·스페뤼쥐 **reproach** 뤼·프라우치
     rebuke 뤼·뷰ㅋ **lash** 래시 **calumny** 캘럼니 **deprecate** 데프러·케잍 **denounce** 디·skdnst

유죄 선고하다   **penalize** 페널·라이즈 **convict** 칸'빅ㅌ

151 reprehensible
·레프뤼·헨써블

비난할 만한   **condemnable** 컨·뎀너블 **blameful** 블레임'펄 **reprovable** 리프루버블

152 flak
·'플랙

격렬한 비난
대공포화

153 invective
·인·'벡티'ㅂ

욕설(하는)
비난, 독설

154 contempt
·컨·템ㅍㅌ

contemptuous 컨·템ㅍ츄어ㅅ 업신여기는, 경멸적인

경멸, 모욕
무시   **disdain** 디·스데인 **scorn** 스코언 **insult** 인·썰ㅌ **indignity** 인·디그너티 **affront** 어·'프런ㅌ

155 scorn
·스코언

scornful 스코언'펄 경멸하는, 조소하는

경멸하다   **despise** 디·스파이즈 **disdain** 디·스데인 **look down on** 룩 ·다운 안 **slight** 슬라이ㅌ **think meanly of** θ잉ㅋ · 민리 어'ㅂ

156 despicable
·디·스피커블

경멸할 만한   **contemptible** 컨·템프터블
비열한   **contemptible** 컨·템프터블 **mean** 민 **abject** 앱잭ㅌ **vile** '바일 **squalid** 스콸리드

157 derogatory
·디·뤄게터뤼

모욕적인   **slanderous** 슬·랜더뤄ㅅ **humiliating** 휴·밀리·에이팅 **insulting** 인·썰팅 **opprobrious** 어·프뤄브뤼어ㅅ
     offensive 어·'펜시'ㅂ **demeaning** 디·미닝

158 insult
·인·썰ㅌ

모욕하다   **affront** 어·'프런ㅌ **slander** 슬·랜더-

9. 걱정, 압박, 당황, 공포, 용기

159 concern
컨·써-은

걱정(하다)	**anxiety**앵·자이어티 **apprehension**·애프뤼·헨션 **worry**·워뤼 **suspense**서·스펜 ㅅ **care**·케어
관심(을 갖다)	**interest**·인트레스트
영향을 미치다	**infect**·인·'펙트

160 anxiety
앵·자이어티

anxious·앵셔ㅅ 걱정하는, 열망하는
anxiously·앵셔슬리 걱정하여, 열망하여

근심, 걱정	**concern**컨·써-은 **solicitude**설·리서·투드 **apprehension**·애프뤼·헨션 **fear**·'피어 **uneasiness**·언·이지니어ㅅ **angst**·앵스트

161 fret
·'프뤳

초조하게 하다	**be irritated**비·이뤄·테이티드 **vex**·'브엑ㅅ

162 nervous
·너-버ㅅ

nerve·너-'ㅂ 신경, 긴장, 불안
nervously·너-버슬리 초조히, 긴장하여

불안한	**anxious**·앵셔ㅅ **worried**·워뤼ㄷ **insecure**·인씨큐어- **restless**·뤠스틀레ㅅ
신경질의	**high-strung**·하이·스트뤙 **jittery**·쥐터뤼
신경의	**neural**·뉴럴

163 constrain
컨·스트뤠인

압박하다	**oppress**어·프뤠ㅅ **press**·프뤠ㅅ **push**·푸쉬
억제하다	**suppress**써·프뤠ㅅ **restrain**뤼·스트뤠인

164 stress
·스트뤠ㅅ

stressful·스트뤠ㅅ'플 스트레스가 많은
stressless·스트뤠슬·레ㅅ 악센트가 없는, 긴장이 없는

긴장, 압박감	**tension**·텐션 **strain**·스트뤠인
강조	**emphasis**·엠'퍼·씨ㅅ

165 tension
·텐션

tense·텐ㅅ 긴장한, 신경이 날카로운
tensely·텐슬리 팽팽히

긴장	**strain**·스트뤠인 **stress**·스트뤠ㅅ
팽팽하게 하다	**strain**·스트뤠인

166 oppression
어·프뤠션

압박	**pressure**·프뤠셔 **coercion**코우·어션
억제	**repression**뤼·프뤠션

167 burden
·버-든

burdensome ·버-던섬 부담스러운, 힘든

짐, 부담지우다   load 로우드   charge 챠-지

168 hesitate
·헤지테이ㅌ

hesitative ·헤지테이티'ㅂ 망설이는
hesitation ·헤지·테이션 망설임

망설이다, 주저하다   falter ·'펄터-   waver ·웨이버-   vacillate ·'배서레이ㅌ

169 skittish
·스키티쉬

잘 놀라는
소심한   spooky ·스푸키

170 timid
·티미ㄷ

timidity 티·미디티 겁 많음, 소심

겁 많은, 소심한
내성적인   cowardly ·카우어들리   fearful ·'피어'펄   tremulous 트뤠뮬레ㅅ   sheepish 쉬--피쉬
introverted ·인트로·버-티ㄷ   bashful ·배쉬'프를   reserved 뤼·저-'브ㄷ

171 coward
·카우어ㄷ

겁쟁이   milquetoast 밀크·토우스ㅌ

172 diffident
·디'피던ㅌ

자신 없는   tentative ·텐터티'ㅂ   unsure 언·슈어-

173 quandary
·퀀더뤼

당황   puzzlement ·퍼즐멘ㅌ   baffle ·배'프를   dismay ·디·스메이

174 embarrass
엠·베뤄ㅅ

embarrassed 엠·베뤄스ㅌ 당황한, 어색한

당황하게 하다   bewilder 비·윌더   shame ·셰임   fluster ·'플러스터-   confuse 컨·'퓨즈   perplex 퍼-·플렉ㅅ   baffle ·배'프를
dismay ·디·스메이   discomfit 디스·컴'핕

175 marvel ·마-'블
marvelous·마-벌레스 놀라운, 믿기 어려운, 훌륭한
marvelously·마-벌레슬리 놀라울 만큼, 불가사의하게

놀라다 **be astounded**비 어 스타운디드 **be surprised**비 서-프라이즈드 **be astonished**비 어 스터니쉬
be amazed비 어 메이즈드 **be shocked**비 샥트 **be startled**비 스타-틀드

경이로움 **wonder**·원더 **admiration**·애드머·뤠이션

176 remarkable 뤼·마-커블
remarkably뤼·마-커블리 놀랍게, 두드러지게

놀라운 **surprising**서-프라이징 **astonishing**어·스타니슁 **frightening**·프라이트닝 **marvelous**·마-벌레스
wonderful·원더'펄 **staggering**·스태거링 **incredible**·인·크뤠더블

주목할 만한 **notable**·노우테블 **observable**엡·저-'버블

177 astound 어·스타운드
astounding어·스타운딩 놀라게하는, 놀라운

깜짝 놀라게 하다 **startle**·스타-틀 **astonish**어·스타니쉬 **amaze**어·메이즈 **surprise**서-프라이즈 **frighten**·프라이튼 **stun**·스턴
affright어'프라잍 **petrify**·페트러·파이

178 scream ·스크륌

비명 **shriek**·쉬뤽

비명을 지르다 **shout**·샤웉 **yell**·옐 **shriek**·쉬뤽

179 horror ·호얼-
horrible·호어러블 무서운, 끔찍한
horrify·호뤼'파이 소름끼치게 하다

공포, 경악 **dread**·드뤠드 **fear**·피어 **terror**·테러 **scare**·스케어 **fright**·프라잍
참상(-s) **devastations**·데'버·스테이션즈

180 fear ·'피어
fearful·피어'펄 무서운, 끔찍한, 두려운
fearless·피얼리스 무서워하지 않는, 대담한

공포, 두려움 **dread**·드뤠드 **horror**·호얼- **terror**·테러 **fright**·프라잍
불안, 걱정 **anxiety**앵·자이어티 **uneasiness**언·이지니어스 **unrest**언·뤠스트 **insecurity**·인씨·큐어리티 **misgiving**·미·스기빙

181 adventure 애드·'벤쳐
adventurous애드·'벤쳐어스 모험을 좋아하는
adventuresome애드·'벤쳐섬 모험적인, 대담한

모험 **venture**·'벤쳐 **hazard**·해저-드 **risk**·뤼스크
위험을 무릅쓰다 **venture**·'벤쳐

182 dread ·드뤠드

두려워하다 **fear**·피어 **be afraid**비 어·'프레이드 **be scared**비 ·스케어드
걱정하다 **fear**·피어 **worry**·워뤼 **concern**컨·써-은 **care**·케어 **be afraid**비 어·'프레이드
공포

183 afraid
어·'프뤠이ㄷ

두려워하는	**fearful**·피어'펄 **frightened**·'프라이튼ㄷ **scared**·스케어ㄷ
걱정하는	**worried**·워뤼ㄷ **concerned**컨·써-은ㄷ **anxious**·앵셔ㅅ **alarming**알·라밍
유감인	**be regrettable**비 뤼·그뤠터블 **be lamentable**비 러·멘테블

184 formidable
·'풔·미더블

무서운	**fearful**·피어'펄 **dreadful**·드뤠드'펄 **terrible**·테러-블 **frightful**·프라잍'펄 **scary** 스케뤼 **afraid**어·'프뤠이ㄷ **dire**·다이어
엄청난	**exorbitant**이그·조-어비턴ㅌ **extortionate**익·스토-셔너ㅌ **sublime**서·블라임
강력한	**forcible**·풔서블 **powerful**·파우어'펄

185 terrible
·테러-블

terribly·테러-블리 몹시, 무섭게
terror·테러 공포, 테러

끔찍한, 무서운	**hideous**·히디어ㅅ **horrific**호어·뤼'픽 **awful**·아'플 **fearful**·피어'펄

186 appalling
어·펄링

appall어·펄 소름끼치게 하다

소름 끼치는	**chilly**·칠리

187 courage
·커-뤼지

encourage엔·커-뤼지 용기를 북돋다
courageous커·뤠이져ㅅ 용감한

용기, 담력	**bravery**·브뤠이버뤼 **valor**·'밸러 **pluck**·플럭 **boldness**·보울드네ㅅ **gallantry**·갤런트뤼 **prowess**·프라우어ㅅ

188 plucky
·플러키

용감한	**valiant**·'밸리언ㅌ **courageous**커·뤠이져ㅅ **bold**보울ㄷ **gallant** ·갤런ㅌ **brave**·브뤠이'ㅂ **intrepid**·인·트뤠핃
기운찬	**lively**·라이'블리 **spanking** 스팽킹 **youthful**·유θ'펄

189 bold
보울ㄷ

boldly·보울들리 대담하게, 뚜렷이

대담한	**audacious**아·데이셔ㅅ **daring**·데어링 **fearless**·피얼리ㅅ **drastic**·드뢔스틱 **undaunted**언·던티ㄷ
뻔뻔스러운	**audacious**아·데이셔ㅅ **impudent**·임퓨던ㅌ **nervy**·너-'비 **presuming**프리·주밍 **presumptuous**프리·점프츄어ㅅ
두드러진, 뚜렷한	**striking**·스트롸잌잉 **marked**·마-크ㅌ **distinguished**·디·스팅귀쉳 **outstanding**·아웉·스탠딩

190 unflinching
언·'플린칭

움츠리지 않는

191 rash
·뢔쉬

무모한	**reckless**·뤠클레ㅅ **foolhardy**·'풀하-디
두드러기	**hives**·하이'브ㅈ

10. 혼란, 진정, 평안

192 confuse 컨·ˈ퓨즈

confusion컨·ˈ퓨즌 혼동, 혼란
confusable컨·ˈ퓨저블 혼란시킬 수 있는
confused컨·ˈ퓨즈ㄷ 혼란스러운

혼란시키다　**fluster**·ˈ플러스터- **muddle**·머들 **confound**컨·ˈ파운드

193 jam ·쟤앰

혼잡
걸림　**confusion**컨·ˈ퓨즌 **disorder**·디·ˈ소어-더
[음식] 잼

194 chaos ·ˈ케이아ㅅ

혼돈　**disorder**·디·ˈ소어-더 **confusion**컨·ˈ퓨즌
무질서　**disorder**·디·ˈ소어-더 **confusion**컨·ˈ퓨즌 **anarchy**·ˈ애나-키

195 mess ·ˈ메ㅅ

messy·ˈ메씨 지저분한, 엉망인

엉망　**muddle**·머들 **wreck**·뤡
혼란　**muddle**·머들 **confusion**컨·ˈ퓨즌 **disorder**·디·ˈ소어-더 **chaos**·ˈ케이아ㅅ **mess up**·메ㅅ 엎 **distraction**·디·ˈ스트뢕션
망치다(- up)　**ruin**·루인 **mar**·마- **destroy**디스트뤄이 **frustrate**·ˈ프뤄스트뤠잍

196 panic ·ˈ팬잌

panicky·ˈ팬이키 공황의, 당황한, 겁에 질린

공황상태(의)

197 dizzy ·ˈ디지

어지러운, 현기증 나는　**swimming**·ˈ스위밍 **giddy**·ˈ기디 **faint**·ˈ페인ㅌ

198 stun ·ˈ스턴

기절시키다
멍하게 하다　**daze**·데이ㅈ **bewilder**비·ˈ윌더 **muddle**·머들

199 daze ·ˈ데이ㅈ

멍하게 하다
눈부시게 하다

200 awkward
·억워 ㄷ

awkwardly·억워들리 어색하게, 서투르게

어색한	**gauche**고우쉬 **uneasy**언·이지 **clumsy**·클럼지
곤란한	**difficult**·디'퍼컬 ㅌ **troublesome**·트뤄블썸
서투른	**unskilful**언·스킬'풀 **inexpert**인·엘쓰포어 ㅌ **incompetent**·인·캄페텐 ㅌ **clumsy**·클럼지

201 relieve
륄·리'ㅂ

relief륄·리'ㅍ 완화, 경감

| 진정하다 | **become calm**비·컴·캄 |
| 구제하다 | **save**·세이'ㅂ **rescue**·뤠스큐 **salvage**·샐비쥐 **redeem**뤼·딤 |

202 appease
어·피ㅈ

| 진정시키다 | **allay**얼레이 **ease**·이지 **soothe**·쑤ð **settle**·세틀 **calm**·캄 **placate**·플레이케이 ㅌ **defuse**디·'퓨ㅈ |

203 sedation
서·데이션

| 진정제 | **calmative**·카머티'ㅂ **sedative**·세더티'ㅂ |
| 진정작용 | |

204 subside
썹·싸이 ㄷ

| 가라앉다, 진정되다 | **smooth**·스무ð **calm (down)**·캄 (·다운) **cool (down)**·쿨 (·다운) |
| 함몰하다 | |

205 soothing
·쑤ð잉

soothingly·쑤ð잉리 달래며, 진정시켜

| 달래는 | **conciliatory**컨·씰·리어터뤼 **placatory**플레이·케터뤼 **appeased**어·피즈ㄷ **propitiatory**프뤄·피시-에터뤼 |
| 진정시키는 | **calmative**·카머티'ㅂ **composing**컴·포우징 **lenitive**·레니티'ㅂ |

206 alleviate
얼리'비·에이 ㅌ

alleviation얼리'비·에이션 완화, 경감
alleviative얼리'비·에이티'ㅂ 완화하는

| 완화하다 | **moderate**·마더에이 ㅌ **mitigate**·미티게이 ㅌ **assuage**어·스웨이쥐 **attemper**어·템퍼- **temper**·템퍼- **allay**얼레이 **liberalize**·리버뤌라이ㅈ **ease**·이지 **abate**어·베이 ㅌ |

207 assuage
어·스웨이쥐

| 누그러뜨리다 | **soften**·소어'픈 **relieve**륄·리'ㅂ **mitigate**·미티게이 ㅌ |
| 완화하다 | |

208 sink
·싱ㅋ

| 가라앉다 | **go down**·고우·다운 **settle down**·세틀·다운 **go to the bottom**·고우·투·ð어·바텀 |

209 pacific 퍼·씨'픽

pacify·패서··파이 진정시키다

태평양
태평한

peaceable·피서블

210 peace ·피ㅅ

peaceful·피스'펄 평화로운

평화
고요

silence·싸일런ㅅ **stillness**·스틸네ㅅ **tranquility**트랭·퀼리티 **quietness**·콰이어트네ㅅ **calmness**·캄네ㅅ
serenity서·뤠너티 **quietude**·콰이튜ㄷ

211 expediency 익·스피디언씨

편의
편법

convenience컨·'비니언ㅅ **accommodation**어캄어·데이션 **facility**퍼·씨리티 **accommodation**어캄어·데이션

212 convenient 컨·'비니언ㅌ

convenience컨·'비니언ㅅ 편의, 편리
conveniently컨·'비니언틀리 편리하게, 유용하게

편리한
편안한

expedient익·스피디언ㅌ
comfortable·컴'퍼터블

213 comfortable ·컴'퍼터블

comfortably·컴'퍼터블리 편안하게, 여유롭게

안락한, 편안한
만족하는

comfy·컴'파이 **easy**·이지
content·칸텐ㅌ **satisfied**·새티스·'파이ㄷ **pleased**·플리즈ㄷ **complacent**컴·플레이슨ㅌ

214 stable ·스테이블

stabilize·스테이빌라이ㅈ 안정[고정]시키다 **stably**·스테블리 확고히, 안정적으로
stability스터·'빌러티 안정(성) **unstable**언·스테이블 불안정한

안정된
마구간

stabile·스테이바일 **secure**씨·큐어 **settled**·세틀ㄷ
barn·바–은

215 flop ·'플랖

주저 앉다

216 nestle ·네슬

편히 눕다, 자리잡다

217 saddle ·새들

(말) 안장
올라타다

11. 의심, 주의, 지루, 무관심

218 suspicion 서·스피션

혐의
의심 — **distrust**·디·스트러스트 **mistrust**·미·스트라스트 **suspiciousness**·서·스피셔스·네ㅅ **misgiving**·미·스기빙

219 skeptical ·스켑티클

의심 많은 — **suspicious**서·스피셔ㅅ **sceptic**·스켑틱 **sceptical**·스켑티클 **distrustful**·디·스트러스트'펄 **skeptic**·스켑틱
mistrustful·미·스트라스트'펄

220 suspect 서·스펙ㅌ

suspicion서·스피션 혐의, 용의
suspicious서·스피셔ㅅ 의심 많은
suspectless서·스펙틀·레ㅅ 의심 없는

의심하다 — **doubt**·다우ㅌ **misdoubt**미스·다우ㅌ **misbelieve**·미스빌·리'ㅂ **wonder**·원더 **misbelieve**·미스빌·리'ㅂ
disbelieve·디스빌·리'ㅂ
용의자
추측하다 — **guess**·게ㅅ **conjecture**컨·잭쳐- **surmise**서-·마이ㅈ **mistrust**·미·스트라스ㅌ

221 dubious ·두비어ㅅ

의심스러운 — **doubtful**·다우ㅌ'펄 **dubitable**듀비·터블 **questionable**·퀘스쳐너블 **suspect**서·스펙ㅌ

222 attention 어·텐션

attend어·텐ㄷ 참석하다, 주의를 기울이다
attentive어·텐티'ㅂ 주의 깊은, 예의 바른

주의, 주목 — **notice**·노우티ㅅ **note**노우ㅌ **watch**·와치 **care**·케어
배려 — **consideration**컨·씨더·웨이션 **concern**컨·써-은 **care**·케어

223 notable ·노우테블

주목할 만한 — **remarkable**뤼·마-커블 **observable**엡·저-'버블
뛰어난 — **eminent**·에메넌ㅌ **surpassing**서-·패싱 **standout**·스탠·다우ㅌ **distinguished**·디·스팅귀쉬ㅌ
accomplished어·캄플리쉬ㅌ **outstanding**·아웃·스탠딩 **superb**쑤·퍼-ㅂ
유명한 — **noted**·노우티ㄷ **well-known**·웰노운 **famous**'페임어ㅅ **renowned**뤼·나운ㄷ

224 notice ·노우티ㅅ

notify·노우티'파이 통보하다, 알리다
noticeable·노우티서블 눈에 띄는, 분명한

주의하다 — **note**노우ㅌ **heed**·히ㄷ **regard**뤼·가-ㄷ
알아채다 — **sense**·센ㅅ **perceive**퍼-·시'ㅂ **recognize**·뤠커그·나이ㅈ **discern**·디·써-은
통지 — **notification**·노우티'프이·케이션 **advice**애드·'바이ㅅ
경고

225 discreet ·디·스크륄

신중한 — **deliberate**딜·리버레이ㅌ **studious**·스튜디어ㅅ **careful**·케어'펄 **cautious**·커셔ㅅ **prudent**·프루-던ㅌ **wise**·와이ㅈ
modest·마디스ㅌ **prudent**·프루-던ㅌ
분별있는 — **prudent**·프루-던ㅌ **wise**·와이ㅈ
겸손한 — **modest**·마디스ㅌ **humble**·험블

226 prudence
·프루-던ㅅ

신중	**discretion**·디·스크뤠션 **circumspection**·서·컴·스펙션
절약	**parsimony**·퐈-서·모우니

227 gingerly
·쥐인절리

신중한, 신중하게

228 heedless
·히들레ㅅ

heedlessness·히들레스·네ㅅ 부주의함, 경솔함
heedlessly·히들리슬리 부주의하게, 경솔하게

부주의한	**careless**·케얼리ㅅ **reckless**·뤠클레ㅅ **thoughtless**·θ얼레ㅅ **unheeding**·언·히딩 **inadvertent**·인·애드버-튼ㅌ
무관심한	**indifferent**·인·디'프런ㅌ **uninterested**·언인트뤠스티ㄷ **unconcerned**·언컨·써-은ㄷ
	disinterested·디·스인터뤠스티ㄷ **careless**·케얼리ㅅ **nonchalant**·난챨·런ㅌ

229 intuitive
·인·투이티'ㅂ

intuitively·인·투이티'블리 직관적으로, 본능적으로

직관적인, 직관력 있는

230 keen
·킨

예민한	**exquisite**익·스퀴짙 **acute**어·큐ㅌ
날카로운, 예리한	**sharp**·샾 **exquisite**익·스퀴짙 **acute**어·큐ㅌ
열심인	**intent**·인·텐ㅌ **passionate**·패셔넽

231 susceptible
·서·셒터블

민감한	**sensitive**·센서티'ㅂ **delicate**·델리킽 **susceptive**·서·셒티'ㅂ
영향 받기 쉬운	**suggestible**·써·재스터블

232 hypersensitive
·하이퍼--센시티'ㅂ

과민한	**supersensitive**·쑤퍼--센서티'ㅂ

233 fastidious
·패·스티디어ㅅ

까다로운	**choosy**·츄지 **troublous**·트뤼블레ㅅ **particular**·퍼-·티큘러-
세심한	**careful**·케어'펄 **meticulous**·머·티큘레ㅅ **scrupulous**·스크루-·퓰러ㅅ **prudential**·프루--덴셜

234 beware
·비·웨어

조심하다	**take care**·테잌·케어 **watch out**·와취·아웉 **be careful**·비·케어'펄 **take precautions**·테잌 프뤼·커션ㅈ
	be watchful against·비·와취'펄 어·겐스ㅌ **be prudent**·비·프루-던ㅌ
경계하다	**take warning**·테잌·워-닝 **watch over**·와취·오우'버 **keep watch**·킾·와취 **keep a lookout for**·킾 어·룩·아웉 '풔
	be on the alert·비 안 ði 얼·러-ㅌ **take precautions**·테잌 프뤼·커션ㅈ

235 wary
·웨뤼

조심성 있는   cautious·커셔ㅅ circumspect·써-컴·스펙ㅌ careful·케어'펄 wary·웨뤼 shy·샤이 cautious·커셔ㅅ circumspect·써-컴·스펙ㅌ

236 alert
얼·러-ㅌ

alertly얼·러-틀리 조심히, 신속히

경고하다   warn·워-은 caution·카션 take warning·테익·워-닝 admonish애드·마니쉬
주의하는   attentive어·텐티'ㅂ nimble·님블 prompt·프람프ㅌ watchful·와치'펄 torpid·토-피ㄷ vigilant·비질런ㅌ

237 vigilance
·'비절런ㅅ

경계, 조심, 불침번

238 monotony
머·나터니

단조로움

239 dull
·덜

dully·덜리 둔하게, 지루하게

지루한, 따분한   monotonous머·나터네ㅅ tedious·티디어ㅅ prolix·프라울릭ㅅ boring·뷔륑 weary·위뤼 tiresome·타이어-섬 prosaic프뤄·제이익
무딘, 둔한   blunt·블런ㅌ sluggish슬·러기쉬
흐릿한, 칙칙한   hazy·헤이지 dim·딤 dirty·디-티

240 trite
·트롸잍

진부한   trivial·트뤼'비얼 well-worn·웰워-은 banal베·낼
평범한   common·카먼 well-worn·웰워-은 ordinary·오-디네뤼 usual·유쥬얼 normal·노-어믈 so so·소우·소우

241 cliche
·클리셰이

진부한 표현

242 stereotype
·스테뤼어타이ㅍ

틀에 박힘   banality베·낼러티 clich·클리셰이 platitude·플래티튜ㄷ bromide·브롸우마이ㄷ routine·루-틴 conventional컨·'벤셔널
상투적임, 진부함(생각, 언행)

243 persistent
퍼-·씨스텐ㅌ

persistence퍼-·씨스턴ㅅ 끈기, 고집, 지속
persistently퍼-·씨스텐틀리 고집스럽게, 끈질기게

고집 센   stubborn·스터번 obstinate·압스티닡 obdurate·업듀레ㅌ tenacious터·네이셔ㅅ
계속적인   continuous컨·티뉴어ㅅ constant·칸스턴ㅌ ceaseless·씨슬레ㅅ incessant·인·세슨ㅌ endless·엔들레ㅅ perpetual퍼-·페츄얼

244 **reluctant** 뤼·뤽턴트

reluctance뤼·뤽턴스 질색, 거부, 혐오,
reluctantly뤼·뤽텐틀리 마지 못해

내키지 않는, 마지못해 하는 **unwilling**언윌링 **perfunctory**퍼-·'펑터뤼

245 **passive** ·패시'ㅂ

passivity퍼·씨'비티 수동적 태도, 무저항
passively·패시'블리 수동적으로

수동적인
무저항의 **submissive**셥·미시'ㅂ

246 **idle** ·아이들

idly·아이들리 게으르게
idleness·아이들네스 게으름, 나태, 안일

게으른 **lazy**·레이지 **sluggard**·슬러거ㄷ **indolent**·인덜런ㅌ
일하지 않는 **inactive**·인·앤티'ㅂ

247 **gutless** ·거틀레스

무기력한 **lethargic**러·θ아-·직잌 **pathetic**퍼·θ에틱 **listless**·리스틀레스 **flabby**·'플래비 **torpid**·토-피ㄷ
enervated·에너'베이티ㄷ **languid**·랭궤ㄷ
패기가 없는

248 **neglect** 니·글렉ㅌ

negligence·네글리젼스 태만, 부주의
neglectful, negligent니·글렉트'펄, ·네글리젼ㅌ 태만한, 부주의한

무시하다 **disregard**·디스뤼·가-ㄷ **ignore**·이그·노-어 **disdain**·디·스데인 **discount**·디스카운ㅌ **snub**·스넙
무관심, 무시 **indifference**·인·디'퍼런스 **unconcern**·언컨·써-은 **apathy**·애퍼θ이 **disregard**·디스뤼·가-ㄷ

249 **nonchalance** ·난챨·란스

무관심, 냉담 **indifference**·인·디'퍼런스 **unconcern**·언컨·써-은 **apathy**·애퍼θ이

250 **blunt** ·블런ㅌ

무딘, 둔감한 **obtuse**업·투스 **dull**·덜 **insensitive**·인·센서티'ㅂ
퉁명스러운 **abrupt**·어·브뤞ㅌ **brusque**·브러스ㅋ **terse**·터-스 **testy**·테스티 **curt**·커-ㅌ

251 **numb** ·넘

무감각한 **apathetic**·애퍼·θ에틱 **insensitive**·인·센서티'ㅂ **unfeeling**·언·'필링 **callous**·캘러스
마비된 **paralyzed**·페뤌라이즈ㄷ

252 **paralysis** 퍼·랠러씨ㅅ

paralyze·페뤌라이ㅈ 마비시키다

마비 **palsy**·펄지 **numbness**·넘니스

12. 경솔, 거만, 변덕, 냉담

253 **frivolous** ·'프뤼벌레ㅅ

frivolously '프뤼벌리슬리 경박하게

경솔한   **careless** 케얼리ㅅ **rash** 뢔싀 **imprudent** 임·프루-던ㅌ **light-minded** 라이트·마인디ㄷ **flippant** '플리펀ㅌ

시시한, 하찮은   **trivial** 트뤼'비얼 **futile** '퓨틀 **negligible** 네글리져블

254 **insolent** ·인설런ㅌ

무례한   **impudent** 임퓨던ㅌ **impertinent** 임·퍼-티넌ㅌ **disrespectful** 디스뤼·스펙트'펄 **rude** 루ㄷ **impolite** 임펄라이ㅌ

indecorous 인·데커러ㅅ **unmannerly** 언·매널리

255 **impudent** ·임퓨던ㅌ

뻔뻔스러운   **bold** 보울ㄷ **shameless** 셰임레ㅅ **impertinent** 임·퍼-티넌ㅌ **insolent** 인설런ㅌ

건방진   **arrogant** ·에뤄건ㅌ **impertinent** 임·퍼-티넌ㅌ

256 **impertinent** ·임·퍼-티넌ㅌ

건방진   **arrogant** ·에뤄건ㅌ **impudent** 임퓨던ㅌ

주제넘은   **assuming** 어·쑤밍 **presumptuous** 프리·점프츄어ㅅ **officious** 어·'피셔ㅅ **obtrusive** 업·트루시'ㅂ

257 **arrogant** ·에뤄건ㅌ

arrogance ·에뤄건ㅅ 오만함, 거만
arrogantly ·에뤄겐틀리 건방지게, 오만하게

거만한, 오만한   **conceited** 컨·씰에ㄷ **haughty** 허티 **lofty** ·러'프티 **bumptious** 범프셔ㅅ **proud** 프롸우ㄷ **sublime** 서·블라임

pompous 퐘퍼ㅅ **insolent** ·인설런ㅌ

258 **haughtiness** ·허티네ㅅ

거만, 오만   **arrogance** 에뤄건ㅅ **insolence** ·인설런ㅅ **conceit** 컨·씰

건방짐

259 **whim** ·윔

whimsical ·윔지클 변덕스러운, 기발한

변덕   **caprice** 커·프뤼ㅅ **fickleness** '피클네ㅅ

260 **erratic** 이·뢔틱

변덕스러운   **quirky** 쿠어-키 **whimsical** ·윔지클 **capricious** 커·프뤼셔ㅅ **volatile** '발라틀 **fickle** '피클 **mercurial** 머·큐뤼얼

불규칙한   **irregular** 이·뤠귤러 **abnormal** 앺·노-믈

이상한   **odd** ·아ㄷ **aberrant** 애·베어런ㅌ **curious** 큐뤼어ㅅ **bizarre** 비·자-

261 stingy
·스틴쥐-

| 인색한 | miserly·마이절리 grudging·그러징 niggard·니거ㄷ niggardly·니거들리 illiberal·일·리버뤌 |
| 부족한 | scarce·스케어ㅅ sparse·스파-ㅅ deficient·디·피션ㅌ lacking·래킹 scant·스캔ㅌ scanty·스캔티 |

262 bitter
·비터-

embitter·엠·비터- 쓰라리게 하다, 비참하게 하다
bitterness·빝어네ㅅ 씀, 쓰라림, 신랄
bitterly·빝을리 쓰게, 몹시

신랄한	keen·킨 corrosive·커·롸우시'ㅂ caustic·카스틱 acrid·애크뤼ㄷ biting·바이팅 acid·애세ㄷ acerbic·어·세어빅
	acidulous·어·씨듈레ㅅ acrimonious·애크뤼·모우니어ㅅ
쓰라린	acrid·애크뤼ㄷ acerbate·어·써베잍
쓴(맛)	acrid·애크뤼ㄷ
지독한	

263 cynicism
·신어씨즘

cynical·시니클 냉소적인, 빈정대는
cynically·시니컬리 냉소적으로
cynic·시닉 냉소주의자, 냉소적인

| 냉소 | cold smile·코울ㄷ·스마일 |
| 비꼬는 버릇, 비꼼 | sarcasm·싸-·캐즘 satire·새·타이어- irony·아이뤄니 |

264 imperturbability
·임퍼터-버·빌리티

| 냉정 | calmness·캄네ㅅ |
| 침착 | self-possession·쎌'프퍼·재션 composure·컴·포우저 equanimity·이쿼·니머티 |

265 inexorable
·이·넥서뤄블

냉혹한	scathing·스케이ᵭ잉 unfeeling·언·필링
불변의	
움직일 수 없는	

266 aloof
얼·루'ㅍ

aloofness·얼·루'ㅍ네ㅅ 무관심
aloofly·얼·루'플·라이 냉담하게

| 떨어져서 | apart·어·퐈-ㅌ away·어·웨이 |
| 냉담한 | cold·코울ㄷ chilly·칠리 half-hearted·해'프하-티ㄷ callous·캘러ㅅ |

267 sober
·쏘우버

냉정한	self-possessed·쎌'프퍼·재스ㅌ self-collected·쎌'프컬·렉티ㄷ
취하지 않은	
제정신의	sane·세인 compos mentis·컴페스·멘티ㅅ well-balanced·웰·밸런스ㅌ

268 chilly
·칠리

chill·칠 냉기, 오한

| 차가운 | cold·코울ㄷ bleak·블릭 frozen·'프롸우즌 wintry·윈트뤼 |
| 오싹한 | |

13. 변명, 용서

269 excuse
익·스큐스

변명	**explanation** 엑스플러·네이션 **pretext** 프리·텍스ㅌ
용서하다	**pardon** 파-든 **forgive** 퍼--기'ㅂ **spare** 스페어

270 apologize
어·팔러·쟈이ㅈ

apology 어·팔러찌- 사과, 변명, 옹호

사과하다, 사죄하다	**beg pardon** 베그 ·파-든 **say sorry** 세이 ·싸뤼

271 forgive
퍼--기'ㅂ

용서하다	**pardon** 파-든 **excuse** 익·스큐스 **remit** 뤼·밑 **spare** 스페어 **condone** 컨·도운

272 pardon
·파-든

용서, 사면	**remission** 뤼·미션 **forgiveness** 퍼--기'브니ㅅ **absolution** 앱설·루션
용서하다	**forgive** 퍼--기'ㅂ **excuse** 익·스큐스 **remit** 뤼·밑 **spare** 스페어 **condone** 컨·도운

273 regret
뤼·그뤠ㅌ

regretful 뤼·그뤠트'펄 뉘우치는, 후회하는
regrettable 뤼·그뤠터블 유감스러운, 후회되는

후회하다	**repent** 뤼·펜ㅌ **remorse** 뤼·모어ㅅ
후회	**repentance** 뤼·펜턴ㅅ **sorrow** 써뤄우 **remorse** 뤼·모어ㅅ
유감	**remorse** 뤼·모어ㅅ **pity** ·피티

274 penitent
·페네텐ㅌ

뉘우치는, 회개하는	**regretful** 뤼·그뤠트'펄 **repentant** 뤼·펜턴ㅌ

275 reconciliation
·뤠컨·씰리·에이션

reconcile ·뤠컨·싸일 조화시키다, 화해시키다

화해	**accommodation** 어캄어·데이션 **compromise** ·캄프뤄마이ㅈ **composition** ·캄퍼·지션

14. 슬픔, 비극, 짖음, 울음

276 mourn ·모언
mournful·모언'펄 슬퍼하는, 애처로운

슬퍼하다, 탄식하다 **bemoan**비·모운 **grieve**·그뤼'ㅂ **bewail**비·웨일 **lament**러·멘ㅌ **sorrow**·써뤄우
애도하다 **grieve**·그뤼'ㅂ **deplore**디·플러- **lament**러·멘ㅌ **regret**뤼·그뤠ㅌ

277 sorrowful ·써뤄우'플

슬퍼하는
비참한 **abject**·앱줵ㅌ

278 grief ·그뤼'프

큰 슬픔 **sorrow**·써뤄우 **sadness**·새드네ㅅ **lamentation**래멘·테이션
재난

279 tragedy ·트뢔져디
tragic·트뢔쥐익 비극의, 비참한

비극
재앙, 참사 **disaster**·디·재스터- **catastrophe**커·태스트뤄'피 **calamity**컬·래머티

280 disaster ·디·재스터-
disastrous·디·재스트뤄ㅅ 처참한

재난 **calamity**컬·래머티 **catastrophe**커·태스트뤄'피 **fatality**페이·탤리티 **adversity**애드·'붜서티

281 drearily ·드뤼어뤼리
dreary·드뤼뤼 쓸쓸한, 따분한

쓸쓸하게 **solitarily**·쌀리테얼리

282 solitary ·쌀리·테뤼
solitude·쌀리·투ㄷ 고독
solitarily·쌀리테얼리 고독하게, 혼자서

혼자의 **single**·싱글 **individual**·인디·'비쥬얼 **lone**·로운 **isolated**·아이설·레이티ㄷ

283 condolence 컨·도울런ㅅ

애도 **grief**·그뤼'프 **mourning**·모어닝
조의

284 miserable ·미저뤄블
miserably·미저뤄블리 비참하게, 불쌍하게

불쌍한, 비참한 **pitiful**·피티'펄 **pathetic**퍼·θ에틱 **deplorable**디·플러뤄블 **distressing**·디·스트뤠싱
불행한 **unhappy**언·햅이 **infelicitous**인'펄·리씨터ㅅ
궁핍한 **destitute**·데스터투ㅌ

285 **depression** 디·프뤠션

depress 디·프뤠ㅅ 낙담시키다
depressive 디·프뤠시'ㅂ 우울한

우울함 **melancholy**·멜런·칼리 **dumpishness**·덤피쉬네ㅅ **somberness**·썸버·네ㅅ **gloom**·글룸
불황 **slump** 슬·럼ㅍ **recession** 뤼·세션
하락 **fall**·'풜 **degradation**·데그뤄·데이션 **decline** 디·클라인 **deterioration** 디·티뤼어뤠션

286 **gloomy** ·글루미

gloomily·글루멀리 우울하게, 어둡게

우울한 **melancholy**·멜런·칼리 **disconsolate** 디스·칸설레ㅌ **dumpish**·덤피쉬 **blue**·블루 **adust** 어·더스ㅌ **morbid**·모어베ㄷ
어두운 **dark**·다-ㅋ **obscure** 엡·스큐어 **dusky**·더스키 **dim**·딤 **dull**·덜

287 **bleak** ·블릭

bleakly·블리클리 쓸쓸하게

암울한, 절망적인 **dismal**·디즈멀 **depressing** 디·프뤠싱 **discouraging** 디스·커-리징 **gloomy**·글루미 **hopeless**·호우플리ㅅ
으스스한, 음산한 **sulky**·썰키 **creepy**·크뤼피 **sour**·싸우어
황량한, 삭막한 **barren**·배뤈 **desolate**·데설레ㅌ **dreary**·드뤼뤼 **stark**·스타-ㅋ

288 **frustration** 프뤄·스트뤠이션

frustrate·'프뤄스트뤠잍 좌절시키다

좌절 **breakdown**·브뤠이ㅋ·다운 **collapse** 컬·랩ㅅ **setback**·셑·백 **reverse** 뤼·'붜ㅅ
욕구불만

289 **dejection** 디·잭션

낙담, 실의 **discouragement** 디스·커-리쥐먼ㅌ **disappointment**·디서·퍼인트먼ㅌ **despair**·디·스페어 **depression** 디·프뤠션 **dismay**·디·스메이
우울 **depression** 디·프뤠션 **gloom**·글룸 **melancholy**·멜런·칼리 **dejection** 디·잭션

290 **despond** 디·스펀ㄷ

낙담하다 **lose heart**·루ㅈ ·하-ㅌ **dismay**·디·스메이

291 **despair** ·디·스페어

desperation·데스퍼·뤠이션 절망, 자포자기

절망 **hopelessness**·호우플리스네ㅅ
절망하다

292 **morbid** ·모어베ㄷ

침체된 **depressed** 디·프뤠스ㅌ **stagnant**·스태그넌ㅌ
슬픈 **sad**·새ㄷ **dolorous**·덜러러ㅅ **lamentable** 러·멘터블 **tearful**·티어'펄 **tristful**·트뤼스ㅌ'펄

293

sullen
·썰렌

| 뚱한, 시무룩한 | **huffish**·허'퍼식 |
| 음침한 | **dismal**·디즈멀 **gloomy**·글루미 **dark**·다-ㅋ |

294

stagnation
스태그·네이션

stagnant·스태그넌ㅌ 침체된, 흐르지 않는, 불경기의

침체	**dullness**·덜네ㅅ **slackness**·슬·액네ㅅ **inactivity**·인액·티'비티
부진	
불경기	**depression**디·프뤠션 **recession**뤼·세션

295

pessimism
·페씨·미즘

pessimist·페씨미스ㅌ 비관론자
pessimistic·페씨·미스틱 비관적인
pessimistically·페씨·미스티클리 비관적으로

비관주의, 염세주의

296

weep
·윞

| 눈물을 흘리다, 울다 | **cry**·크롸이 **wail**·웨일 **moan**·모운 |

297

whine
·와인

| 흐느끼다 | **sob**·쌉 **blubber**·블러버- **whimper**·윔퍼- **whinny**·윈이 |
| 투덜대다 | **grumble**·그럼블 **grouse**·그롸우ㅅ |

298

wail
·웨일

| 울부짖다 | **cry**·크롸이 **howl**·하울 |

299

yelp
·옐ㅍ

깨갱 울다

300

roar
·로-어

으르렁대다
고함치다
크게 웃다

301

bark
·바-ㅋ

짖다	**howl**·하울
짖는 소리	
나무 껍질	**barque**바-ㅋ

15. 기념, 추억, 기억

monument ·마뉴먼ㅌ
monumental·마·뉴·멘틀 기념비적인, 거대한, 커다란

기념비
기념물   memorial·메·뭐뤼얼 remembrance·뤼·멤브런ㅅ souvenir·쑤'·버·니어 trophy·트라우'피

anniversary ·애너·'붜서뤼
기념일   memorial day·메·뭐뤼얼 ·데이

souvenir ·쑤'·버·니어
기념품

retrospect ·뤠트뤄스펙트
회상[추억]하다   recollect·뤠컬·렉ㅌ retrace·뤼·트뤠이ㅅ recall·뤼·컬 reminisce·뤠머·니ㅅ
회상, 추억   recollection·뤠컬·렉션 reminiscence·뤠메·니슨ㅅ

nostalgia 노·스탤져
향수병
그리움   homesickness·호움식네ㅅ

remember 뤼·멤버-
기억하다   memorize·메머롸이ㅈ think of·θ잉ㅋ 어'ㅂ
회상하다   recall·뤼·컬 recollect·뤠컬·렉ㅌ reminisce·뤠머·니ㅅ retrace·뤼·트뤠이ㅅ

memory ·메머뤼
memorization·메머롸이·제이션 기억, 암기
memorable·메머뤄블 기억할 만한, 인상적인

기억(력)   remembrance·뤼·멤브런ㅅ memorization·메머롸이·제이션
추억, 추모   remembrance·뤼·멤브런ㅅ

forget 풔·겥
forgetful·퍼-·겥'펄 잘 잊는, 부주의한
forgettable·퍼-·게터블 잊기 쉬운, 잊어도 되는

잊다   be forgetful비 '퍼-·겥'펄 be oblivious비 어·블리'비어ㅅ

oblivion 어·블리'비언
oblivious어·블리비어ㅅ 잘 잊는

망각
무의식   unconsciousness·언·칸셔ㅅ네ㅅ

16. 그러나, 더욱이

311 however
·하·우에버-

그러나 그럼에도 불구하고	**but**벝 **though**·ð오우 **although**·얼·ð오우 **even though**·이'븐·ð오우 **nonetheless**·난ð어·레ㅅ **nevertheless**·네버-ð얼·레ㅅ **notwithstanding**·낱·위θ·스탠딩 **albeit**얼·비잍

312 despite
·디·스파잍

~에도 불구하고	**in spite of**인 ·스파잍 어'ㅂ **(in) despite of**(인) ·디·스파잍 어'ㅂ **with all**위θ 얼

313 hence
·헨ㅅ

그러므로	**thus**·ð어ㅅ **accordingly**어·코어딩글리 **consequently**·칸서퀀틀리 **in consequence**인 ·칸서퀸ㅅ **therefore**·ð에어·'풔 **so that**·소우 ð애ㅌ **as a result**에ㅈ 어 뤼·졀ㅌ **so**·소우
지금부터(~후에)	**from now (on)**프뤔 ·나우 (안) **from here**프뤔 히어- **hereafter**히어·애'프터 **henceforth**·헨ㅅ·'풔θ

314 furthermore
·'퍼-ð어·모어

더욱이, 게다가	**further**·'퍼-ð어 **besides**비·싸이ㄷㅈ **also**·얼소우 **in addition**인 어·디션 **moreover**모어·오우버 **into the bargain**·인·투 ð어 ·바-겐

17. 논리, 논쟁

315 logical
·라쥐클

logic·라쥐일 논리(학)
logicality·러쥐이·캐러티 논리성
logically·라쥐클리 논리적으로

논리적인   reasonable·뤼저네블 dialectic·다이얼·렉틱

316 argument
·아-규먼ㅌ

argue·아-규 언쟁하다, 다투다, 논하다
argumentative·아-규·멘어티'ㅂ 논쟁을 좋아하는

논쟁   dispute·디·스퓨ㅌ controversy·칸트뤄버-씨 altercation·알터·케이션 contention·컨·텐션
말다툼   dispute·디·스퓨ㅌ altercation·알터·케이션 quarrel·쿼럴
토론   debate디·베이ㅌ discussion·디·스커션

317 controversial
·칸트뤄·'뷔셜

controvert·칸트뤄·'붜ㅌ 다투다, 논쟁하다
controversy·칸트뤄버-씨 논쟁

논쟁을 좋아하는   argumentative·아-규·멘어티'ㅂ litigious·리·티져ㅅ

318 refute
뤼·'퓨ㅌ

논박하다   confute컨·'퓨ㅌ controvert·칸트뤄·'붜ㅌ argue·아-규 dispute·디·스퓨ㅌ rebut뤼·벝 disprove·디·스프루-'ㅂ

319 discuss
·디·스커ㅅ

discussion·디·스커션 토론, 대화

토론하다, 논의하다   debate디·베이ㅌ confer컨·'퍼- argue·아-규 dispute·디·스퓨ㅌ reason·뤼즌

320 debate
디·베이ㅌ

토론(하다)   discussion·디·스커션 contention컨·텐션 argumentation·아-규먼·테이션
논쟁(하다)   controversy·칸트뤄버-씨 dispute·디·스퓨ㅌ argument·아-규먼ㅌ contention컨·텐션

321 dispute
·디·스퓨ㅌ

disputation·디스퓨·테이션 논쟁, 토론

분쟁, 논란   argument·아-규먼ㅌ disagreement·디서·그뤼먼ㅌ controversy·칸트뤄버-씨 contention컨·텐션
반박하다, 이의 제기하다   argue·아-규 contest·칸테스ㅌ refute뤼·'퓨ㅌ contradict·칸트뤄·딕ㅌ retort뤼·토-ㅌ

322 syllogism
·실리쥐-즘

삼단논법   enthymeme *생략 삼단논법엔θ어밈

323 comment
·카멘ㅌ

commentator·카먼·테이터- 논평자

논평   criticism·크뤼티씨즘 review·뤼·'뷰
주석, 해설   notes노우ㅊ

324 treatise
·트뤼터ㅅ

논문 **thesis**·θ이씨ㅅ **paper**·페이퍼-
전문서적

325 thesis
·θ이씨ㅅ

논제 **subject**·썹·잭ㅌ **theme**·θ임
논문 **paper**·페이퍼-

326 subject
·썹·잭ㅌ

subjection·썹·잭션 정복, 복종
subjective·썹·잭티'ㅂ 주관적인, 개인의

주제 **issue**·이슈 **subject**·썹·잭ㅌ **topic**·타픽 **theme**·θ임
제목, 표제 **theme**·θ임 **title**·타이틀 **headline**·헤들·롸인 **heading**·헤딩
과목
학과

327 irony
·아이뤄니

ironic, ironical아이·롸닉, 아이·롸니클 반어적인, 빈정대는

아이러니, 모순되는 상황
반어법
풍자
비꼼

328 discrepancy
·디·스크뤠펀씨

모순 **contradiction**·칸트뤄·딕션 **inconsistency**·인컨·씨스턴씨
불일치 **dissonance**·디서넌ㅅ **discord**·디스코-어ㄷ **discordance**디스·코-어던ㅅ **disagreement**·디서·그뤼먼ㅌ
inconsistency·인컨·씨스턴씨 **disharmony**·디스·하-머니

329 contradictory
·칸트뤄·딕터뤼

contradictorily·칸트뤄·딕터릴리 모순되게, 반박하여

모순된 **repugnant**뤼·풔그넌ㅌ **conflicting**컨·'플릭팅 **paradoxical**·페뤄·닥씨클
반박하는 **at odds**엣·아ㅈ **conflicting**컨·'플릭팅 **opposed**어·포우즈ㄷ

330 oxymoron
·악시·모롼

모순 어법

331 paradox
·페뤄닥ㅆ

paradoxical·페뤄·닥씨클 역설적인

역설, 모순된 말

332 satire
·새·타이어-

satirize·새티롸이ㅈ 풍자화하다, 비꼬다
satiric서·티뤽 비꼬는, 풍자적인

풍자, 비꼼 **sarcasm**·싸-캐즘 **irony**·아이뤄니

18. 주장, 선동, 고무

333 perspective
퍼-·스펙티'ㅂ

perspectively퍼-·스펙티'블·리 원급법에 의해, 명료하게

견해, 관점
원근법

viewpoint '뷰·퍼인ㅌ opinion어·피니언 view·'뷰 angle·앵글 standpoint·스탠드·퍼인ㅌ

334 consensus
컨·센서ㅅ

의견 일치, 합의

concurrence컨·커-런ㅅ agreement어·그뤼먼ㅌ

335 dissident
·디세던ㅌ

의견이 다른

336 unanimous
유·내니머ㅅ

만장일치의
동의하는

337 mention
·멘션

언급하다
말하다

advert·애드버-ㅌ refer to뤼·'퍼- 투 allude to얼루드 투 notice·노우티ㅅ remark뤼·마-ㅋ
talk·털 speak·스픽 utter·어터- remark뤼·마-ㅋ tell·텔 state·스테이ㅌ relate륄·레이ㅌ

338 claim
·클레임

주장하다

insist·인·씨스ㅌ contend컨·텐ㄷ allege얼레쥐 assert어·써-ㅌ maintain멘·테인 protest프러·테스ㅌ urge·어·쥐
argue·아-규 profess프러·'페ㅅ

요구[청구]하다
주장, 권리

demand·디·맨ㄷ require·뤼·콰이어- postulate·파스철레이ㅌ pretend프리·텐ㄷ ask·애스ㅋ request뤼·퀘스ㅌ

339 assert
어·써-ㅌ

assertive어·써-티'ㅂ 단정적인, 주장이 강한
assertion어·써-션 주장, 단정

단언하다
주장하다

affirm어·'펌 declare디·클레어 protest프러·테스ㅌ aver·에이버- avouch어·'바우치
maintain멘·테인 contend컨·텐ㄷ claim·클레임 insist·인·씨스ㅌ

340 bombast
·밤배스ㅌ

호언장담, 허풍

boasting·보우스팅 exaggeration익·재저·뤠이션

341 propaganda
·프뢒어·갠다

선전, 선동 **propagandism**·프뢒어·갠디즘 **agitation**·애져·테이션

342 abet
어·벧

선동하다, 부추기다 **instigate**·인스티게이트 **agitate**·애쥐·테이트 **incite**·인·싸잍 **stir up**·스터-엎 **set on**·셑 안

343 exaggerate
익·재져·뤠트

exaggeration·익·재져·뤠이션 과장, 허풍
exaggerative·익·재져·뤠이티·ㅂ 과장적인

과장하다 **enlarge**·인·라어쥐 **magnify**·매그너·파이 **overdo**·오우·버·두 **overstate**·오우·버·스테이트

344 rhetorical
뤼·퉈뤼클

rhetorically·뤼·퉈뤼클리 수사학적으로, 과장적으로

수사학의, 미사여구의 **rhetoric**·뤠터뤽

345 hyperbole
하이·풔벌리

hyperbolic·하이퍼-·발릭 과장법의, 과장적인

과장 **heroics**·히·롸우익ㅅ **overstatement**·오우·버스테이트먼ㅌ **exaggeration**·익·재져·뤠이션
magnification·매그너·퍼·케이션

346 puffery
·퍼·퍼뤼

puff·퍼·ㅍ 부풀리다, 불다

과대광고, 과장된 칭찬

19. 거절, 부정, 찬반

347 **refuse**
뤼·'퓨즈

refusable뤼·'퓨·저블 거부할 수 있는

거절하다, 거부하다
쓰레기

decline디·클라인 **reject**뤼·잭ㅌ **repudiate**뤼·퓨디·에이ㅌ **deny**디·나이

---

348 **deny**
디·나이

denial디·나이얼 거부, 부인

부인하다
거절하다

refute뤼·'퓨ㅌ **contradict**·칸트뤄·딕ㅌ **repudiate**뤼·퓨디·에이ㅌ
decline디·클라인 **reject**뤼·잭ㅌ **repudiate**뤼·퓨디·에이ㅌ **refuse**뤼·'퓨ㅈ

---

349 **negative**
·네거티'ㅂ

negatively·네거티'블리 부정적으로
negation너·게이션 부정, 반대
negativity·네거·티'비티 부정성, 음성

부정(적인)
반대의, 거부하는
음성(의)

denial디·나이얼

---

350 **adverse**
애드·'붜ㅅ

adversely애드·'붜슬리 불리하게, 반대로

부정적인
반대하는, 거스르는
불리한

negative·네거티'ㅂ
conflicting컨·'플릭팅 **opposed**어·포우즈ㄷ

---

351 **uh-uh**
어–어

"아니"

no·노우 **nope**노웊

---

352 **pros and cons**
프뤄ㅅ 엔ㄷ ·칸ㅅ

찬반 양론
장단점

merits and demerits·메뤼ㅊ 엔ㄷ 디·메뤼ㅊ **strength and weakness**·스트뤵θ 엔ㄷ ·위크네ㅅ

---

353 **against**
어·겐스ㅌ

~에 반대하여
~에 대비하여

whereas웨어·애ㅈ **contrary to**·칸트뤠뤼 투

---

354 **cope with**
코옾위θ

~에 대항[대응]하다

oppose어·포우ㅈ **antagonize**앤·태거나이ㅈ **confront**컨·'프런ㅌ **counteract**·카운터랙ㅌ **encounter**인·카운터-
stand against·스탠ㄷ 어·겐스ㅌ

355 dissent ·디·센 ㅌ

반대[이의제기]하다　**be against**비 어·겐스ㅌ **oppose**어·포우즈 **object**압잭ㅌ **disapprove of**·디서·프루-'ㅂ 어'ㅂ
반대, 이의　**objection**엡·잭션

356 anti ·앤티

반대론자　**oppositionist**·아퍼·지셔니스ㅌ
반대하는　**opposed**어·포우즈ㄷ **adverse**애드·'붜ㅅ

357 opposite 아퍼젤

맞은편의　**the other side**ðㅇ이·아ðㅇ·싸이ㄷ
반대의　**inverse**·인·'붜ㅅ **reverse**뤼·'붜ㅅ **contrary**·칸트뤠뤼

358 inverse ·인·'붜ㅅ

inversely·인·'붜슬리 거꾸로, 반대로

반대(의), 역(의)　**opposite**아퍼젤 **reverse**뤼·'붜ㅅ **contrary**·칸트뤠뤼

359 resistance 뤠·지스턴ㅅ

resist뤠·지스ㅌ 저항[반대]하다
resistant뤠·지스턴ㅌ 저항력 있는

저항, 반대　**opposition**·아퍼·지션

360 withstand 위ð·스탠ㄷ

저항하다　**fight back**·파잍 ·백 **rebel against**·뤠블 어·겐스ㅌ **resist**뤠·지스ㅌ

361 prevent 프뤼·'벤ㅌ

prevention프뤼·'벤션 방지, 예방

막다, 방해하다　**block**·블락 **hinder**·힌더 **deter**디·터- **preclude**프뤼·클루ㄷ
예방하다

362 optimism 앞티미즘

optimistic·앞터·미스틱 낙관적인
optimist·앞티미스ㅌ 낙관주의자

낙관주의, 낙관론　**rosy view**·뢰우지 ·'뷰

363 positive ·퐈저티'ㅂ
positively 퐈저티'블리 긍정적으로, 분명히

긍정적인
확신하는
양성(의)
분명한, 결정적인

affirmative 어·'펌어티'ㅂ
certain ·써-튼 **assured** 어·슈어-ㄷ **sure** 슈어

364 affirmative 어·'펌어티'ㅂ
affirm 어·'펌 확언하다, 긍정하다
affirmatively 어·'펌어티'블리 확언하여, 긍정적으로

긍정의, 긍정하는
확언적인

favorable ·'페이버뤄블 **positive** ·퐈저티'ㅂ
predicative 프뤼·디커티'ㅂ

365 precaution 프뤼·커션
precautious 프뤼·커셔ㅅ 주의깊은

예방
prevention 프뤼·'벤션

366 opponent 어·포우넌ㅌ
oppose 어·포우즈 반대하다, 대항하다

적수, 적
상대편

enemy ·에너미 **foe** ·'포우 **rival** ·롸이'블 **adversary** ·애드버-세뤼 **competitor** 컴·페터터- **contestant** 컨·테스턴ㅌ

367 hostile ·하스틀
hostility 하·스틸리티 적의, 적개심

적대하는, 반대하는

opponent 어·포우넌ㅌ **antagonistic** 앤·태거·니스틱 **aggressive** 어·그뤠시'ㅂ **belligerent** 빌·리저런ㅌ
adverse 애드·'붜ㅅ **unfavorable** ·언·'페이버뤄블

368 impregnable ·임·프뤠그네블
난공불락의

invincible ·인·'빈서블 **unassailable** ·언어·쎄일레블 **unconquerable** 언·컨커뤄블 **unwinnable** 언·윈에블
inexpugnable ·인익·쓰퍼그네블 **undefeatable** 언디·'피·터블

수정[임신]가능한

369 invincible ·인·'빈서블
무적의

unbeatable ·언·비터블 **unrivaled** 언·롸이'벌ㄷ **unequaled** 언·이·퀄ㄷ **unconquerable** 언·컨커뤄블
inapproachable 인어·프뤄치블

불굴의

indomitable ·인·다미터블 **dauntless** ·던틀리ㅅ **strenuous** ·스트뤤유어ㅅ

20. 개념, 숙고, 의도, 가정

370 concept ·칸셉 ㅌ
conceptual컨·셉츄얼 개념의, 구성의
개념
notion노우션 idea아이·디어

371 philosophy 필·라서'피
철학

372 abstract 앱·스트랙 ㅌ
abstraction앱·스트랙션 추상, 추상적 개념
abstractly앱스트랙틀리 추상적으로
추상적인
추출하다
abstractive앱·스트랙티'ㅂ discrete디·스크륕 notional노우셔널
extract익·스트랙 ㅌ educe이·듀스

373 speculation ·스페큘·레이션
speculate·스페큘레이 ㅌ 추측하다, 사색하다, 투기하다
사색, 숙고
추측
contemplation·칸팀·플레이션 meditation·메디·테이션
guess·게 ㅅ conjecture컨·잭쳐– supposition·써퍼·지션 presumption프리·점ㅍ션

374 contemplate ·칸텀·플레이 ㅌ
contemplation ·칸텀·플레이션 사색, 명상
고려하다
심사숙고하다
consider컨·씨더 ponder·판더 regard뤼·가–ㄷ consult컨·설ㅌ think of·θ잉ㅋ·어'ㅂ
deliberate딜·리버레이 ㅌ ponder·판더 brood·브루ㄷ incubate·인큐베이ㅌ consider컨·씨더
muse over·뮤즈·오우'버 bethink비·θ잉ㅋ
응사하다
stare·스테어 gaze·게이즈

375 considering 컨·씨더링
~을 고려하면

376 meditation ·메디·테이션
meditate·메디테이ㅌ 명상하다
명상
contemplation·칸텀·플레이션

377 ruminant ·루미넌ㅌ
명상하는, 생각에 잠긴
반추 동물
ruminant·루미넌ㅌ thoughtful·θ얼'펄 contemplative컨·템플러티'ㅂ pensive·펜시'ㅂ

378 automatically ·어터·매티클리
automatic·어터·매틱 자동의, 반사적인
automatize·어터메티ㅈ 자동화하다
automation어터·메이션 자동화, 자동조작
무심결에, 자동적으로
기계적으로
mechanically머·캐니클리

379 deliberate
딜·리버레이트

deliberately딜·리버레틀리 신중히, 고의로
deliberative딜·리버뤠티'ㅂ 숙고하는

고의의	intentional·인·텐셔널
신중한	studious·스튜디어스 well-advised·웰에드·'바이즈ㄷ prudent·프루-던ㅌ cautious·커셔ㅅ
숙고하다	consider컨·씨더 bethink비·θ잉ㅋ incubate·인큐베이ㅌ ponder·퐌더

380 spontaneously
스판·테니어슬리

spontaneous스판·테니어ㅅ 자발적인

| 자발적으로 | voluntarily'봘런·테릴리 willingly·윌링리 of one's own accord어'ㅂ 원ㅈ·오운 어·코-어ㄷ |

381 intention
·인·텐션

intent·인·텐ㅌ 의도하다
intentional·인·텐셔널 의도적인, 고의적인

| 의도, 목적 | aim·에임 purpose·퍼-페ㅅ |

382 intend
·인·텐ㄷ

intention·인·텐션 의향, 의도

| ~할 작정이다, ~하려 하다 | mean to·민 투 aim·에임 drive at·드롸이'ㅂ 애ㅌ allot on얼랕 안 |
| 의도하다 | purpose·퍼-페ㅅ aim·에임 |

383 assume
어·쑴

assumptive어·썸ㅍ티'ㅂ 추정적인, 거만한
assumable어·쑴·어블 추정할 수 있는

| 가정하다 | suppose써·포우ㅈ presume프리·줌 postulate 퐈스철레이ㅌ |
| 추측하다 | guess·게ㅅ conjecture컨·쟄쳐- surmise서-·마이즈 speculate·스페큘레이ㅌ mistrust·미·스트라스ㅌ |

384 postulation
·퐈스철레이션

| 가정 | assumption어·섬ㅍ션 |
| 전제조건 | precondition 프뤼컨·디션 |

385 hypothesis
하이·퐈θ이세ㅅ

hypothetico-deductive·하이퐈·θ에티·코우 디·덕티'ㅂ 가설 귀납법의

| 가설, 가정 | supposition·써퍼·지션 assumption어·섬ㅍ션 presumption프리·점ㅍ션 |

386 consider
컨·씨더

consideration컨·씨더·뤠이션 심사숙고, 사려깊음
considerate컨·씨더에이ㅌ 사려깊은, 신중한

여기다, 생각하다	regard뤼·가-ㄷ think of·θ잉ㅋ 어'ㅂ reckon·뤠컨 look upon·룩 어·퐌 see·씨 deem·딤
고려하다, 숙고하다	deliberate·딜·리버레이ㅌ ponder·퐌더 brood·브루ㄷ contemplate·칸텀·플레이ㅌ muse over·뮤즈·오우'버
	incubate·인큐베이ㅌ bethink비·θ잉ㅋ

387 regard
뤼·가-ㄷ

여기다, 간주하다	think of·θ잉ㅋ 어'ㅂ reckon·뤠컨 look upon·룩 어·퐌 see·씨 consider컨·씨더 deem·딤
관심, 고려, 배려	concern컨·쎠-은 consideration컨·씨더·뤠이션
존경	respect뤼·스펙ㅌ esteem이·스팀

388 accredit 어크뤠딭

~로 간주하다	regard뤼·가-ㄷ look upon룩 어·퐌 think of θ잉ㅋ 어'ㅂ
~의 공으로 돌리다	attribute·애트뤼뷰ㅌ
승인하다, 인가하다	acknowledge앨·날리쥐 approve어·프루-'ㅂ sanction쌩션 authorize·어θ어롸이ㅈ

389 seem ·씸

seeming·씨밍 외견상의, 겉보기의
seemingly·씨밍리 겉보기에

~것 같다, ~처럼 보이다	appear어·피어 look룩

390 reckon ·뤠컨

(~라고) 생각하다	deem·딤 make of·메이ㅋ 어'ㅂ
여겨지다(수동형으로)	think of·θ잉ㅋ 어'ㅂ regard뤼·가-ㄷ look upon룩 어·퐌 see·씨
세다, 계산하다	calculate·캘큘레이ㅌ count·카운ㅌ figure·'피규어 compute컴·퓨ㅌ

391 suppose 써·포우ㅈ

(~라고) 생각하다, 추측하다	conceive컨·시'ㅂ think·θ잉ㅋ assume어·쑴
가정하다	assume어·쑴 guess·게ㅅ presume프리·쥼 postulate·퐈스철레이ㅌ
상상하다	imagine·이·매젼 envisage엔·'비짖이 think·θ잉ㅋ fancy·'팬씨

392 construe 컨·스트루

(~으로) 이해[해석]하다	interpret·인·터-프맅

393 surmise 서-·마이ㅈ

추측(하다)	guess·게ㅅ conjecture컨·잭쳐- deduce디·두ㅅ infer·인·'퍼- assume어·쑴 suppose써·포우ㅈ

394 deduction 디·덕션

deduct디·덕ㅌ 빼다, 공제하다

추론	inference·인'퍼런ㅅ corollary·콜뤄뤠뤼
빼기, 공제	subtraction섭·트뤡션

395 estimate ·에스티메이ㅌ

estimation·에스터·메이션 판단, 평가치

추산[추정]하다	presume프리·쥼 calculate·캘큘레이ㅌ assume어·쑴 guess·게ㅅ infer·인·'퍼- suppose써·포우ㅈ
평가하다	value·'밸류 evaluate이·'밸류·에이ㅌ assess어·쎄ㅅ measure·메져 esteem이·스팀
추정(치), 추산	
견적서	

396 extrapolation 익·스트뢔펄·레이션

추정	deduction디·덕션 presumption프리·쟘ㅍ션 assumption어·섬ㅍ션 inference·인'퍼런ㅅ conjecture컨·잭쳐- guess·게ㅅ

21. 가능, 조건

397 **afford**
어·'풔ㄷ

affordable어·'풔더블 형편이 되는

~할 수 있다(- to do)   **be able to do**비·에이블 투 두
여유가 있다

---

398 **deserve**
디·저-'ㅂ

deserving디·저-'빙 받을만한, 가치 있는

~할 만하다, ~받을 자   **merit**메륕 **earn**어-은 **be worth**비·워-θ **be eligible**비·엘러져블 **be qualified**비·콸러·파이ㄷ **be**
격이 있다   **competent**비·캄퍼텐ㅌ

---

399 **able**
·에이블

enable이·네이블 가능하게 하다

~할 수 있는   **capable**케이퍼블 **doable**두에블 **playable**플레이어블
유능한   **capable**케이퍼블 **competent**캄퍼텐ㅌ **consummate**칸섬에이ㅌ **useful**유스'펄
자격 있는   **qualified**·콸러·파이ㄷ

---

400 **possible**
·퐈서블

possibility퐈서·빌러티 가능성
possibly퐈세블리 아마, 어쩌면

가능한   **potential**퍼·텐셜 **feasible**·피저블 **able**·에이블

---

401 **potential**
퍼·텐셜

potent·포우튼ㅌ 강력한, 유력한
potentially퍼·텐셜리 잠재적으로

가능성이 있는, 잠재적인   **promising**·프라미싱 **possible**·퐈서블 **probable**·프라뷔블
가능성, 잠재력   **possibility**퐈서·빌러티 **capability**케퍼·빌러티 **likelihood**·라이클리후ㄷ **chances**·챈서ㅈ **prospect**·프라스펙ㅌ

---

402 **enable**
이·네이블

가능케하다   **allow**얼라우 **permit**퍼-·밑 **empower**임·파우어-

---

403 **prospect**
·프라스펙ㅌ

prospective프러·스펙티'ㅂ 기대되는, 예상된

가능성   **possibility**퐈서·빌러티 **likelihood**·라이클리후ㄷ **chances**·챈서ㅈ **potentialities**퍼텐시·앨리티ㅈ
   capability케퍼·빌러티 **odds**·아ㅈ
예상   **forecast**·풔어·캐스ㅌ **expectance**익스·펙턴ㅅ **expectancy**익·스펙텐씨 **cast**캐스ㅌ
전망   **outlook**·아웉·룩

---

404 **probably**
·프라뷔블리

probable·프라뷔블 있음직한, 그럴듯한

아마도   **perhaps**퍼-·햎ㅅ **likely**·라이클리 **presumably**프리·주메블리

405 plausible
·플러제블

그럴듯한   **probable**·프라붜블 **specious**·스피셔ㅅ **feasible**·피저블

406 occasion
어·케이즌

occasional·어·케이져널 때때로의

경우, 때   **situation**·씨츄·에이션
(특별한) 행사, 의식   **ceremony**·세뤄모우니 **ritual**·뤼츄얼
기회   **opportunity**·아퍼-·투너티 **chance**·챈ㅅ

407 attitude
·애티투ㄷ

태도   **mien**·민 **bearing**·베어잉 **manner**·매너 **posture**·퐈스쳐- **demeanor**·디·미너 **air**·에어

408 stance
·스탠ㅅ

입장, 자세, 위치   **position**퍼·지션

409 condition
컨·디션

conditional컨·디셔널 조건부의

조건   **term**·텀-
상태   **state**·스테이ㅌ **situation**·씨츄·에이션
상황   **situation**·씨츄·에이션 **circumstances**·써-·컴·스탠서ㅈ

410 article
·아-티클

조항   **stipulation**·스티퓰·레이션 **clauses**·클러즈ㅅ
(신문) 기사   **news**·뉴ㅈ
물품   **thing**·θ잉 **goods**·굳ㅈ **commodities**커·마디티ㅈ

411 unless
언·레ㅅ

만약 ~이 아니면   **if ... not**·이'프...·나ㅌ

412 lest
·레스ㅌ

~하지 않도록 (that)   **for fear that**풔 ·피어 ծ애ㅌ

22. 조언, 설득, 설명

413 advice 애드·'바이스
advise애드·'바이ㅈ 조언하다, 충고하다

| 조언 | counsel카운슬 suggestion써·쟤스천 hint힌ㅌ tip팊 |
| 충고 | monition모우·니션 rede뤼ㄷ expostulation잌·스퍼스츌·레이션 remonstrance뤼·뭔스트런ㅅ |

414 hortatory 호어터터뤼

| 충고하는 | advising애드·'바이징 |
| 권하는 | advising애드·'바이징 recommending 뤠커·멘딩 admonitory에드·머니터뤼 |

415 exhort 이그·조-어ㅌ

권고하다, 훈계하다   advise애드·'바이ㅈ urge·어-쥐 recommend 뤠커·멘ㄷ

416 sermon ·써-멘

| 설교 | preaching 프뤼칭 lecture·렉쳐- |
| 훈계 | admonition·애드머·니션 exhortation·이그·조-어·테이션 lecture·렉쳐- admonishment애드·마니시멘ㅌ |

417 nag ·내ㄱ

잔소리하다   scold스코울ㄷ quarrel·쿼럴 tell off·텔·어·ㅍ

418 recommend ·뤠커·멘ㄷ
recommendation 뤠커먼·데이션 추천, 권고, 충고

| 추천하다 | nominate·나미네이ㅌ propose프러·포우ㅈ indorse인·도-어ㅅ endorse엔·도-어ㅅ |
| 권하다 | ask·애스ㅋ exhort이그·조-어ㅌ advise애드·'바이ㅈ persuade퍼-·스웨이ㄷ urge·어-쥐 |

419 induce ·인·두ㅅ
inducement 인·두스먼ㅌ 유인(책), 권유

| 설득하다, 유도하다 | persuade퍼-·스웨이ㄷ convince컨·'빈ㅅ |
| 유발하다, 초래하다 | cause·커즈 effect이·'펙ㅌ generate·재너레이ㅌ bring about 브륑 어·바우ㅌ evoke이·'보욱 elicit일·리서ㅌ |

420 persuasive 퍼-·스웨이시'ㅂ
persuasively퍼-·스웨이시'블리 설득력있게
persuade퍼-·스웨이ㄷ 설득하다

설득력 있는   convincing컨·'빈싱 compelling컴·펠링

421 account
어·카운트

accounting어·카운팅 회계(학), 계산

설명	explanation엑스플러·네이션 description디·스크륍션 illustration일러·스트뤠이션 elucidation일·루시·데이션 interpretation인·터·프뤼·테이션
생각하다, 간주하다	consider컨·씨더 regard뤼·가-ㄷ
계좌, 계정, 장부	

422 demonstrate
·데먼·스트뤠잍

demonstration데먼·스트뤠이션 시위, 데모, 설명, 입증, 표명

설명하다	explain익·스플레인 illustrate·일러스트뤠이ㅌ clarify·클레뤼'파이 represent·뤠프뤼·젠ㅌ portray포-·트뤠이 account어·카운트
증명하다	prove·프루-'ㅂ testify·테스터'파이 verify'베뤼'파이 attest어·테스ㅌ certify·써-티'파이 evidence·에'베던ㅅ
시위하다	

423 expound
익·스파운ㄷ

자세히 설명하다
해석하다

424 describe
디·스크롸이ㅂ

description디·스크륍션 묘사, 기술

묘사하다	depict디·픽ㅌ portray포-·트뤠이 represent·뤠프뤼·젠ㅌ characterize·케뤽터롸이즈
설명하다	explain익·스플레인 elucidate일·루시·데잍 interpret인·터-프륍 illustrate·일러스트뤠이ㅌ explicate·엑스플리케이ㅌ

425 counseling
·카운슬링

counsel·카운슬 조언, 상담, 충고하다
counsellor·카운슬러 상담자, 조언자

상담	consultation컨설·테이션 counsel·카운슬 consult컨·설ㅌ
조언	advice애드·'바이ㅅ counsel·카운슬 suggestion써·줴스쳔 tip팁 hint힌ㅌ

426 consult
컨·설ㅌ

consultant컨·설턴ㅌ 상담가

상담하다	advise애드·'바이즈 counsel·카운슬 confer컨·퍼-
참고하다	refer to뤼·'퍼- 투

23. 촉발, 원인, 결과, 목적

427 expedite ·엑스퍼다잍
촉진시키다　**speed up**·스피ㄷ 엎 **accelerate**·앸·셀러뤠ㅌ **quicken**·쿠이큰

428 spur ·스퍼-
박차(를 가하다)
자극하다
충동　**urge**·어·쥐 **impulsion**·임·펄션 **instigation**·인스티·게이션

429 spark ·스퐈-ㅋ
촉발시키다
불꽃　**flame**·'플레임 **blaze**·블레이ㅈ

430 catalyst ·캐탈리스ㅌ
촉매　**catalyzer**·캐탈라이져
촉진제　**accelerant**·앸·셀러런ㅌ

431 generate ·쟤너웨이ㅌ
generation·쟤너·뤠이션 세대, 발생, 유발
generative·쟤네러티'ㅂ 생산하는, 생식하는
발생시키다, 초래하다　**produce**프러·듀ㅅ **bring about**·브륑 어·바우ㅌ **cause**·커ㅈ **originate**어·뤼젼에이ㅌ**create**크뤼·에이ㅌ
생성하다　**create**크뤼·에이ㅌ **produce**프러·듀ㅅ

432 incur ·인·커-
초래하다　**effect**이·'펰ㅌ **bring about**·브륑 어·바우ㅌ **encompass**인·컴퍼ㅅ

433 foment 포우·멘ㅌ
유발하다
촉진하다, 조장하다
찜질하다

434 happen ·해픈
일어나다, 발생하다　**occur**어·커- **arise**어·롸이ㅈ **transpire**트뤤·스파이어-

435 arouse 어·라우ㅈ
일으키다
깨우다
자극하다

436 trigger
·트뤼거-

방아쇠	
쏘다, 발사하다	**shoot**·슈ㅌ **fire**·파이어- **discharge**·디스챠-쥐
유발하다	**induce**·인·두ㅅ **cause**·커ㅈ **bring about**·브륑 어·바우ㅌ

437 summon
·써멘

소환하다	**call**·컬 **cite**·싸잍
불러일으키다	**recollect**·뤠컬·렠ㅌ

438 inspire
·인·스파이어

inspiration·인스퍼·뤠이션 자극, 영감, 격려

영감을 주다	
고무하다	**encourage**·엔·커-뤼쥐 **rouse**·롸우ㅈ

439 stimulus
·스티뮬러ㅅ

stimulate·스티뮬레이ㅌ 자극시키다, 격려가 되다
stimulation·스티뮬·레이션 자극, 격려, 흥부
stimulative·스티뮬레이티ㅂ 자극적인, 흥분시키는

자극	**motivation**·모우티·'베이션 **spur**·스퍼- **incentive**·인·쎈티'ㅂ **stimulation**·스티뮬·레이션 **excitement**잌·싸잍먼ㅌ **incitement**·인·싸잍먼ㅌ
격려	**encouragement**·엔·커-뤼지먼ㅌ **incitement**·인·싸잍먼ㅌ

440 prompt
·프람프ㅌ

promptly·프람프틀리 즉각적으로, 재빨리

자극하다	**arouse**·어·라우ㅈ **incite**·인·싸잍 **excite**잌·싸잍 **stimulate**·스티뮬레이ㅌ **spur**·스퍼-
즉석의, 즉시의	**instant**·인스턴ㅌ **immediate**·이·미디에이ㅌ **speedy**·스피디 **offhand**·어프·핸ㄷ **extemporary**엑·스템퍼러뤼 **swift**·스위'프ㅌ
신속한	**swift**·스위'프ㅌ **quick**·쿠잌 **rathe**·뤠이ð **speedy**·스피디

441 impulse
·임펄ㅅ

impulsive·임·펄시'ㅂ 충동적인, 고무적인

충동	**urge**·어-쥐 **impulsion**임·펄션 **instigation**·인스티·게이션
충격	**shock**·샭 **impact**·임·팩ㅌ **percussion**퍼--커션

442 impetuous
·임·페츄어ㅅ

충동적인	**impulsive**·임·펄시'ㅂ
격렬한	**fierce**·피어ㅅ **acute**·어·큐ㅌ **strenuous**·스트뤤유어ㅅ **violent**·'바이얼런ㅌ **turbulent**·터-뷸런ㅌ **vehement**·'비어먼ㅌ

443 consequence
·칸서퀀ㅅ

consequent·칸서퀀ㅌ 결과의
consequential·칸서·퀀셜 결과의
consequently·칸서퀀틀리 결과적으로

결과	**result**·뤼·절ㅌ **outcome**·아웉·컴 **fallout**·'펼·아웉
중요성	**importance**·임·포어턴ㅅ **emphasis**·엠퍼·씨ㅅ

444 eventually
·이·'벤츄얼리

결국, 마침내	**in the end**·인 ð 이·엔ㄷ **finally**·'파이널리 **after·all**·애'프터 얼 **ultimately**·얼티메틀리

445 **attribute** ·애트뤼뷰트

attribution·애트뤼·뷰션 귀속, 속성

~의 탓으로 하다	**ascribe**어·스크롸이ㅂ **assign**어·싸인 **impute**·임·퓨ㅌ **count**·카운ㅌ
속성, 특성	**characteristic**·케뤽터·뤼스틱 **trait**·트뤠이ㅌ **idiosyncrasy**·이디오우·신크뤄씨 **peculiarity**피·큘리·어뤼티
	quality·콸러티 **property**·프롸퍼티 **particularity**·퍼-·티큘·래러티
~인 것으로 생각하다	

446 **due to** ·듀 투

be due to비·듀·투 ~때문이다, ~할 예정이다
due·듀 정당한, 예정인

| ~때문에 | **owing to**·오우잉 투 **because of**비·커즈 어ㅂ **what with ~** |

447 **affect** 어·'펙ㅌ

affection어·'펙션 애정, 병, 질병
affective어·'펙티ㅂ 감정적인, 정서적인

영향을 미치다	**influence**·인'플루언ㅅ **infect**·인·'펙ㅌ
감동시키다	**influence**·인'플루언ㅅ **move**·무ㅂ **touch**·터치 **impress**·임·프뤠ㅅ
(질병이) 침범하다	**attack**어·택

448 **repercussion** ·뤼퍼-·커션

repercussive·뤼퍼-·커시ㅂ 반향하는, 반사하는

| 영향 | **effect**이·'펙ㅌ **influence**·인'플루언ㅅ **consequence**·칸서퀀ㅅ |
| 반향 | |

449 **aftermath** ·애'프터·매θ

| 여파 | **aftereffect**·애'프터어'펙ㅌ |
| 후유증 | |

450 **mission** ·미션

missionary·미셔네뤼 선교사

| 임무, 사명 | **duty**·두티 **task**·태스ㅋ |
| 사절단, 파견단 | **delegation**·멜러·게이션 |

451 **purpose** ·퍼-페ㅅ

purposely·퍼-페슬리 고의로

| 목적 | **object**·압잭ㅌ **aim**·에임 **end**·엔ㄷ |
| 의도(하다) | **intention**·인·텐션 **aim**·에임 **design**디·자인 |

452 **target** ·타-겔

| 과녁, 표적 | **mark**·마-ㅋ |
| 목표(로 삼다) | **aim**·에임 **goal**고울 |

453 **destination** ·데스터·네이션

| 목적지 | **goal**고울 |

24. 분석, 조사

454

analysis
어·낼러시ㅅ

분석, 해석

analyze·애널라이ㅈ 분해하다, 분석하다
analytic·애널·리틱 분해의, 분석적인

455

interpretation
·인·터-프뤼·테이션

해석
통역

interpret·인·터-프맆 설명하다, 해석하다
interpretative·인·터-프뤼테이티ㅂ 해석의

expositon·엑스퍼·지션 **explanation**·엑스플러·네이션 **comment**·카멘ㅌ
interpreting·인터--프뤠팅

456

investigation
·인·'베스티·게이션

조사
수사

investigate·인·'베스티게이ㅌ 조사하다
investigative·인·'베스티게이티ㅂ 조사의

survey서--'베이 **inquiry**·인·콰이뤼 **examination**익·재머·네이션
inquiry·인·콰이뤼

457

density
·덴서티

밀도
농도

dense·덴ㅅ 빽빽한, 밀집한
densify·덴씨'파이 밀도를 높이다

compactness컴·팩트네ㅅ
thickness·θ익네ㅅ **consistency**컨·씨스턴씨 **concentration**·칸슨·트뤠이션

458

probe
프롸우ㅂ

조사, 탐구

조사하다, 탐사하다
탐사기

inquiry·인·콰이뤼 **examination**익·재머·네이션 **investigation**·인·'베스티·게이션 **exploration**·엑스플러·뤠이션
scrutiny·스크루-티니
explore익·스플러- **examine**익·재멘 **investigate**·인·'베스티게이ㅌ **search**·써-취 **survey**서--'베이

459

survey
서--'베이

조사하다
조사

delve into·델'ㅂ·인·투 **check up**·최엘엎 **investigate**·인·'베스티게이ㅌ **view**·뷰 **examine**익·재멘
inquiry·인·콰이뤼 **examination**익·재머·네이션 **investigation**·인·'베스티·게이션

460

scrutinize
·스크루-터나이ㅈ

세밀히 조사[검사, 관찰]하다

461

ransack
·뢘·색

샅샅이 뒤지다
빼앗다

rummage·뤄미쥐
rob·롸ㅂ **deprive**디·프롸이'ㅂ **plunder**·플런더

462
inspector
·인·스펙터-

조사관
[경찰] 경위　**examiner**익·재메너- **agent**·에이젼ㅌ

463
prosecutor
·프롸씨·큐터-

검찰관

464
censor
·센서-

검열관　**inspector**·인·스펙터-
검열하다　**inspect**·인·스펙ㅌ

465
expedition
·엑스퍼·디션

expeditionary·엑스퍼·디셔네뤼 탐험의
expeditious·엑스퍼·디셔ㅅ 신속한
expeditiously 엑스퍼·디셔슬리 신속하게

탐험　**exploration**·엑스플러·뤠이션

466
explore
익·스플러-

exploration·엑스플러·뤠이션 탐험, 탐구

탐험하다
조사하다, 탐사하다　**probe**프롸우ㅂ **examine**익·재멘 **investigate**·인·'베스티게이ㅌ **search**·써-최 **survey**서-'베이

467
delve
·델'ㅂ

탐구하다　**explore**익·스플러- **search for**·써-최 '풔 **question**·퀘스쳔 **dig**·디ㄱ

25. 평가, 평판

468

excoriate
엑·스코뤼·에이트

혹평하다	**criticize**·크뤼티싸이즈 **scarify**·스캐뤼·파이 **flay**·'플레이
벗기다	**peel**·필 **pare**·페어 **flay**·'플레이

469

evaluate
이·'밸류·에이트

evaluation이·'밸류·에이션 평가, 가치평가

평가하다	**assess**어·쎄스 **appraise**어·프뤠이즈 **estimate**·에스티메이트 **value**·'밸류 **evaluate**이·'밸류·에이트 **gauge**·게이쥐

470

shrug off
·쉬러그 ·어'ㅍ

과소평가하다, 무시하다 **underestimate**·언더·뤠스터메이트

471

worth
·워-θ

worthy·워-ði 가치 있는, 훌륭한

가치(있는)	**merited**·메뤼티드
~할만한	**worthy of**·워-ði 어'ㅂ

472

depreciate
디·프뤼싀-·에이트

가치를 저하시키다
경시하다

473

complain
컴·플레인

complaint컴·플레인트 불평, 불만, 고소

불평하다	**grumble**·그럼블 **mutter**·머터- **moan**·모운 **repine**뤼·파인 **make complaints**·메이크 컴·플레인츠
호소하다	**appeal**어·필 **resort**뤼·조-어트

474

grievance
·그뤼브ㄴㅅ

불평, 불만	**complaint**컴·플레인트 **discontent**·디스컨·텐트 **displeasure**·디·스플레져 **dissatisfaction**·디새티스·'팩션

475

reputation
·뤠퓨·테이션

repute뤼·퓨트 평판, 평하다

명성	**repute**뤼·퓨트 **fame**·'페임 **renown**뤼·나운 **celebrity**쎌·레브뤄티 **name**·네임 **credit**·크뤠디트
평판	**repute**뤼·퓨트 **name**·네임

476 notorious
노우·퉈뤼어ㅅ

악명 높은   **infamous**·인'풔머ㅅ   **egregious**이·그뤼져ㅅ   **flagrant**·플레이그뤈ㅌ

477 nominal
·나메늘

이름뿐인, 명목상의   **token**·토우컨

478 pseudonym
·쑤더님

가명, 필명   **alias**·에일리어ㅅ

479 anonymous
어·나너머ㅅ

익명의

480 honor
·아너-

honourable·아너뤄블 훌륭한, 고결한, 친애하는
honorably·아너뤄블리 명예롭게, 훌륭히

명예, 영광
존경하다
예우하다

glory·글러뤼 **credit**·크뤠디ㅌ **honour**·아너-
respect뤼·스펙ㅌ **esteem**이·스팀 **venerate**·'베너·뤠ㅌ **reverence**·뤠버런ㅅ **look up to**·룩 엎 투

481 popular
·퐈퓰러-

popularize·퐈퓰러라이ㅈ 대중화하다
popularity·퐈퓰·레뤼티 인기, 평판, 대중성
popularly·퐈퓰러리 일반적으로

인기 있는
대중적인

favored·'페이버-ㄷ **in favor**인·'페이버- **top-rated**·퇖·뤠이티ㄷ
pop·퐢

482 celebrity
쎌·레브뤄티

유명인   **personality**·퍼-서·낼러티

26. 해결, 문제, 복잡

483

resolution
·뤠절·루션

resolve뤼·잘'ㅂ 해결하다, 결심하다
resolute·뤠절룰 굳게 결심한, 확고한

| 해결 | **solution**쏠·루션 **settlement**·세틀먼ㅌ |
| 결의 | **determination**디터·머·네이션 **decision**디·씨즌 |

484

settle
·세틀

해결하다	**fix up**·픽스 엎 **clear**·클리어 **figure out**·피규어·아웉 **untangle**언·탱글 **decide**디·싸이ㄷ
정착하다	**establish**에·스태블리쉬
진정시키다	**soothe**·쑤ㅎ **allay**얼레이 **ease**·이지 **calm**·캄 **defuse**디·'퓨ㅈ

485

decipher
디·싸이'퍼-

| 풀다 | **solve**·쌀'ㅂ **figure out**·피규어·아웉 **dissolve**·디·절'ㅂ **resolve**뤼·잘'ㅂ **unravel**언·뤠블 **decode**·디·코우ㄷ |
| 해독하다 | |

486

question
·퀘스쳔

questionable·퀘스쳐네블 의심스러운, 미심쩍은
questionably·퀘스쳐네블리 의심스럽게, 수상하게
questionary·퀘스쳐네뤼 질문의, 의문의

문제	**problem**·프라블럼 **issue**·이슈
질문, 의문	**interrogation**·인·테뤄·게이션 **query**·쿼뤼
의심, 의문	**doubt**·다우ㅌ

487

matter
·매터-

(처리할) 문제, 사건	**trouble**·트뤄블 **affair**어·'페어
중요하다	**signify**·씨그녀·'파이
물질	

488

enigma
·이·니그마

| 수수께끼 | **riddle**·뤼들 **puzzle** ·퍼즐 **mystery**·미스테뤼 **conundrum**커·넌드럼 |

489

inscrutable
·인·스크루-터블

| 수수께끼 같은 | **enigmatic**·에니그·매틱 |

490

cryptically
·크륖티클리

| 수수께끼 같이 | |
| 비밀스럽게 | **secretly**·씨크리틀리 **in secret**인·씨크맅 **privily**·프뤼'빌리 |

491 **code** 코우ㄷ

암호, 부호 — **cipher** ·싸이'퍼-
규범, 법전

492 **encode** 인·코우ㄷ

encoder 인·코우더 암호기

암호화하다

493 **signal** ·씨그널

신호(의) — **sign** ·싸인
나타내다 — **indicate** ·인디케이ㅌ **evince** 이·'빈ㅅ
징조 — **symptom** ·심프텀

494 **marker** ·마-커-

표식
채점자 — **grader** ·그뤠이더

495 **recondite** ·뤠컨·다잍

심오한 — **profound** 프뤄·'파운ㄷ **deep** ·딮
난해한 — **abstruse** 엡·스트루ㅅ
막연한 — **vague** ·'베이ㄱ

496 **complex** ·캄플렉ㅅ

complexity 컴·플렉서티 복잡성
complexly ·컴플렉슬리 복잡하게, 복합적으로

복잡한 — **complicated** ·캄플리케이티ㄷ **convoluted** ·칸'벌루테ㄷ
합성물, 합성의 — **composite** 컴·파젵

497 **intricacy** ·인트리커씨

복잡함

498 **terse** ·터-ㅅ

간단한 — **simple** ·심플
무뚝뚝한

27. 현명, 깨달음

499	**sagacious** 서·게이셔스	
현명한	sapient·세이피언ㅌ perspicacious·퍼-스피·케이셔스	
영리한	ingenious·인·쥐니어ㅅ bright·브롸잍 smart·스마-ㅌ clever·클레버- canny·캐니	

500	**clever** ·클레버-	cleverly·클레벌리 영리하게
영리한, 똑똑한	canny·캐니 sage·세이쥐 ingenious·인·쥐니어ㅅ smart·스마-ㅌ	
기발한, 재치 있는	tactful·택트·펄 witty·위티	

501	**tactful** ·택트·펄	
재치 있는	witty·위티 clever·클레버- adroit·어드뤼잍	
요령있는		

502	**ingenious** ·인·쥐니어ㅅ	ingenuity·인지·뉴어티 독창성, 재간 ingeniously·인·쥐니어슬리 정교하게, 현명하게
독창적인	creative·크뤼·에이티ㅂ inventive·인·'벤티ㅂ originative·어·뤼젼에이티ㅂ innovative·인어'베티ㅂ	
영리한	clever·클레버- canny·캐니 bright·브롸잍 cute·큐ㅌ smart·스마-ㅌ	

503	**intelligence** ·인·텔러젼ㅅ	intelligent·인·텔러젼ㅌ 이해력이 있는, 지적인
지능	intellect·인털렉ㅌ	
정보	information·인'풔·메이션	

504	**wisdom** ·위즈덤	wise·와이ㅈ 현명한, 똑똑한
지혜	sapience·세이피언ㅅ	
지식	knowledge·나리쥐 attainments·어·테인먼ㅊ	
현명	sagacity·서·개씨티 prudence·프루-던ㅅ discernment·디·써-은먼ㅌ	

505	**comprehension** ·캄프뤼·헨션	comprehend·캄프뤼·헨ㄷ 이해하다, 포함하다 comprehensive·캄프뤼·헨시ㅂ 포괄적인, 종합적인
이해력	understanding·언더·스탠딩	
포함	implication·임플러·케이션 inclusion·인·클루즌	

506	**savvy** ·새'비	
지식(있는)	well-informed·웰·인·'풤ㄷ wise·와이ㅈ knowledgeable·날리쥐블 well-read·웰뤠ㄷ enlightened·인·라이튼ㄷ well-educated·웰·에듀케이티ㄷ	
이해(하는)	understanding·언더·스탠딩 comprehension·캄프뤼·헨션 apprehension·애프뤼·헨션	

507 conscious ·칸셔ㅅ

consciously 칸셔슬리 의식적으로, 의식하여
unconscious 언·칸셔ㅅ 모르는, 의식을 잃은

의식하는, 자각하는 **cognizant** 카그너전ㅌ **aware** 어·웨어 **knowing** 노우잉

508 subliminal 서·블리미늘

잠재의식의 **subconscious** 썹·칸셔ㅅ

509 perceive 퍼-·시'ㅂ

perception 퍼-·셉션 지각, 인식, 통찰력
perceptive 퍼-·셉티'ㅂ 통찰력 있는
imperceptible 임퍼-·셉터블 감지할 수 없는

감지하다, 인지하다
이해하다 **recognize** 뤠커그·나이ㅈ

510 inkling ·잉클잉

눈치챔
암시 **allusion** 얼·루즌 **hint** 힌ㅌ

511 cognitive ·카그너티'ㅂ

cognitively 카그너티'블리 인식적으로
cognition 카그·니션 인식, 인지

인식하는, 인식력 있는 **discernible** 디·써-·네블

512 recognize ·뤠커그·나이ㅈ

recognition 뤠커그·니션 인식, 인정

인식하다
인정하다 **cognize** 카그나이ㅈ **realize** 뤼·얼라이ㅈ
acknowledge 액·날리쥐 **appreciate** 어·프뤼시-에이ㅌ **concede** 컨·씨ㄷ **allow** 얼라우 **assent** 어·센ㅌ
accept 액·셉ㅌ

513 perception 퍼-·셉션

perceive 퍼-·시'ㅂ 지각하다, 알다
perceptive 퍼-·셉티'ㅂ 통찰력 있는

인식, 인지 **recognition** 뤠커그·니션 **cognizance** 카그너즌ㅅ **understanding** 언더·스탠딩
직관 **intuition** ·인투·이션
견해 **opinion** 어·피니언 **view** '뷰

514 epistemology 에피스터·팔러쥐-

인식론(자)

515 aware
어·웨어

awareness어·웨어네ㅅ 자각, 인식

~을 아는
의식하는, 자각하는

knowing노우잉
cognizant카그너전ㅌ conscious칸셔ㅅ knowing노우잉

516 awake
어·웨이ㅋ

wake웨이ㅋ 깨(우)다
waking웨이킹 깨어 있는, 일어나 있는
awaken어·웨이컨 깬, 일깨워진

깨(우)다, 깨닫다
깨어있는

wake웨이ㅋ
waking웨이킹

517 hindsight
·하인ㄷ·싸잍

뒤늦은 깨달음
조준 가늠자

gunsight건싸잍

518 silly
·씰리

어리석은, 바보의

fatuous패츄어ㅅ foolish·풀·리쉬 ridiculous뤼·디큘레ㅅ inept이·넾ㅌ stupid·스튜피ㄷ silly·씰리 inane이·네인
unwise언와이ㅈ

519 idiot
·이디엍

바보

fool·풀

28. 이성, 장단점, 판단, 허가

520

absurd
엡·써-ㄷ

absurdity엡·써-디티 부조리, 불합리
absurdly엡·써-들리 불합리하게, 엉터리로

불합리한, 터무니없는
어리석은

unreasonable언·뤼즈네블 preposterous프리·퐈스테뤄ㅅ inept이·넾ㅌ
ridiculous뤼·디큘레ㅅ inept이·넾ㅌ stupid스튜피ㄷ silly씰리 foolish·풀·리쉬 inane이·네인 unwise언와이즈
fatuous·패츄어ㅅ

521

preposterous
프리·퐈스테뤄ㅅ

터무니없는
비상식적인

exorbitant이그·조-어비턴ㅌ inept이·넾ㅌ colossal컬·라슬 absurd엡·써-ㄷ

522

rational
·뢔셔널

rationally·뢔셔널리 합리적으로
rationalize·뢔셔널라이즈 합리화하다

합리적인
이성적인

reasonable·뤼저네블 sound·싸운ㄷ sensible·센서블
reasonable·뤼저네블 logical·라쥐클 intelligent·인·텔러전ㅌ

523

sanity
·쌔내티

제정신
건전, 건강, 온전

reason·뤼즌 sobriety써·브라이어티
soundness·싸운드네ㅅ

524

fault
·'풜ㅌ

faulty·'풜티 흠이 있는, 잘못된

잘못, 과실
결점

error·에뤄- mistake·미·스테익 blame·블레임
defect·디'펙ㅌ blemish·블레미쉬 flaw·'플러

525

errant
·에어런ㅌ

잘못된
떠도는

wrong·뢩 incorrect·인커·뢱ㅌ false·'풜ㅅ erroneous이·뤄우니어ㅅ mistaken·미·스테이컨
adrift어·드뤼'프ㅌ

526

bumbling
·범블링

실수가 많은
쓸모없는

dud·더ㄷ useless·유슬레ㅅ

527

fallacy
·'팰러씨

fallacious펄·레이셔ㅅ 잘못된, 틀린

틀린 생각, 오류

error·에뤄- mistake·미·스테익

528 advantage 애드·'밴티지
advantageous 애드벤·테이져ㅅ 유리한, 도움이 되는

장점, 이점 유리함
merit 메맅ㅌ goodness 굳네ㅅ forte '풔테 virtue '붜츄
asset 애·쎝 privilege 프뤼'빌리지 favor '페이버-

529 flaw ·'플러
flawless '플러리ㅅ 흠없는, 완벽한

결함, 단점, 약점
defect 디'펙ㅌ drawback 드롸·백 shortcoming 숄·커밍 failing '페일링 fault '풜ㅌ weakness 윅네ㅅ

530 immaculate ·이·매큘렡
결점 없는 순결한
faultless '풜틀레ㅅ

531 judgment ·져지먼ㅌ
judge 져지 판사, 재판하다

판단, 판결 재판
decision 디·씨즌 estimation 에스터·메이션 verdict '붜딕ㅌ
justice 져스티ㅅ

532 conclude 컨·클루ㄷ
conclusion 컨·클루즌 결말, 결론
conclusive 컨·클루시'ㅂ 결정적인, 단호한

결론[판단]을 내리다
end 엔ㄷ finish '피니싴 close 클로우즈 terminate 터-미네이ㅌ

533 decide 디·싸이ㄷ
decision 디·씨즌 결정, 판결
decisive 디·싸이시'ㅂ 결정적인, 중대한

결정[결심]하다 해결하다
determine 디·터-멘 settle 세틀 resolve 뤼·잘'ㅂ
settle 세틀 resolve 뤼·잘'ㅂ untangle 언·탱글 fix up '픽스 엎 figure out '피규어 ·아웉

534 determine 디·터-멘
determination 디·터-머·네이션 결심, 결정
determinative 디·터·머너·티'ㅂ 확정적인, 한정적인

결정하다 알아내다, 밝히다
decide 디·싸이ㄷ resolve 뤼·잘'ㅂ make up one's mind 메이ㅋ 엎 원즈·마인ㄷ settle 세틀 conclude 컨·클루ㄷ
ascertain 애서-·테인 find out '파인ㄷ ·아웉 learn 러-은 discover 디·스커버-

535 ordain 오-·데인
(운명이) 정하다 명령하다 규정하다
fate '페이ㅌ destine 데스틴 doom 둠 portion 포-션 order 오-더
order 오-더 command 커·맨ㄷ
stipulate 스티퓰레이ㅌ prescribe 프리·스크롸이ㅂ institutionalize 인스터·튜셔널라이즈 order 오-더

536 suspense
서·스펜ㅅ

suspensive 서·스펜시'ㅂ 미결정의, 불안한

미결정	pendency 펜던씨
불안	uneasiness 언·이지니어ㅅ anxiety 앵·자이어티 worry 워뤼 fear·'피어 unrest 언·뤠스ㅌ insecurity 인씨·큐어리티
	angst·앵스ㅌ misgiving·미·스기빙

537 discretion
·디·스크뤠션

discreet 디·스크륕 신중한, 조심스러운

재량, 결정권	
신중함	deliberation 딜리버·뤠이션 prudence 프루-던ㅅ circumspection 서-컴·스펙션 caution·카션
판단력	discernment·디·써-은먼ㅌ judgment 져쥐먼ㅌ

538 umpire
·엄·파이어-

심판, 판정자	referee·뤠'퍼·뤼
중재하다	arbitrate·아-비트뤠ㅌ mediate·미디·에이ㅌ intercede·인터-·씨ㄷ intervene·인터-'빈 referee·뤠'퍼·뤼

539 justice
·져스티ㅅ

정의, 정당함	right 롸잍 righteousness 롸잍셔스네ㅅ
재판	impartiality·임·퐈시이·앨러티 fairness·'페어네ㅅ equity 에퀴티
공정	fairness·'페어네ㅅ impartiality·임·퐈시이·앨러티 equity 에퀴티

540 legitimate
러·쥐터멜

legitimacy 러·쥐터머씨 합법성, 타당성
legitimately 러·쥐-티머틀리 합법적으로, 정당하게

정당한, 타당한	reasonable·뤼저너블 valid·'밸리ㄷ justifiable·져스터'파이어블 just 져스ㅌ fair·'페어
합법적인	licit·리씯 legal·리글 valid·'밸리ㄷ rightful·롸잍'펄 lawful·러'펄
합법화하다	legalize·리걸라이ㅈ

541 upright
어·프롸잍

올바른	correct 커·뤸ㅌ right 롸잍 just 져스ㅌ righteous·롸잍셔ㅅ proper·프라퍼
똑바로 선	erect 이·뤡ㅌ straight·스트뤠이ㅌ upstanding·엎·스탠딩

542 fair
·'페어

fairness·'페어네ㅅ 공정성
fairly·'페얼리 공정하게, 꽤

공정한[하게]	impartial·임·퐈-셜 disinterested·디·스인터뤠스티ㄷ unbiased·언·바이어스ㅌ unprejudiced 언·프뤠쥬디스ㅌ
박람회	exposition·엑스퍼·지션 exhibition·엑서·비션
꽤 많은, 상당한	good·귿 considerable 컨·씨더뤠블
맑은	lucid·루세ㄷ pure·퓨어 clear·클리어

543 neutral
·뉴트럴

neutralize·뉴트뤌라이ㅈ 무효화하다, 중립화하다
neutrally·뉴트뤌리 중립적으로

중립의	neuter·뉴터-
공평한	detached 디·태치ㄷ impartial·임·퐈-셜 equitable·에쿼터블 just 져스ㅌ fair·'페어 indifferent·인·디'프런ㅌ
	unprejudiced 언·프뤠쥬디스ㅌ

544 prejudice
·프뤠져더ㅅ

prejudicial·프뤠져·디셜 편파적인, 해로운

| 편견, 선입견 | **bias**·바이어ㅅ |
| 편견을 갖게 하다 | **bias**·바이어ㅅ **prepossess**·프뤼퍼·제ㅅ |

545 biased
·바이어스ㅌ

| 편향된 | **one-sided**·원·싸이디ㄷ **slanted**·슬랜티ㄷ |

546 ad hominem
·애ㄷ ·하미넴

편견에 호소하는[하여]
인신공격적인

547 identify
아이·덴티'파이

identification아이·덴티·피·케이션 신분확인, 신분증
identity아이·덴티티 신원, 신분, 정체, 동일함

확인하다	**confirm**컨·'펾 **ascertain**·애서-·테인 **affirm**어·'펾 **sustain**서·스테인 **verify**·'베뤼'파이
식별하다	**distinguish**·디·스팅·귀쉬 **discriminate**·디·스크뤼미네이ㅌ **discern**·디·써-은
동일시하다	

548 ratify
·뢔티'파이

| 승인[인가]하다 | **approve**어·프루-'ㅂ **approbate**·애프뤄베이ㅌ |

549 approval
어·프루-'블

approve어·프루-'ㅂ 찬성하다, 승인하다

| 승인, 인정 | **admission**애드·미션 **recognition**·뤠커그·니션 **acknowledgement**액·날리지먼ㅌ |
| 찬성 | **assent**어·센ㅌ **consent**컨·센ㅌ |

550 appreciate
어·프리쉬-에이ㅌ

appreciation어프뤼쉬이·에이션 존중, 인정, 진가

| 인정하다 | **acknowledge**액·날리지 **admit**에드·밑 **concede**컨·씨ㄷ **allow**얼라우 **assent**어·센ㅌ **accept**액·셒ㅌ **recognize**·뤠커그·나이즈 |
| 고마워하다 | **be thankful[grateful] to**비·θ앵크'펄[·그뤠잍'펄] 투 **thank**·θ앵ㅋ |

551 admit
에드·밑

admit of에·드·밑 어'ㅂ 여지가 있다

인정하다	**acknowledge**액·날리지 **appreciate**어·프뤼쉬-에이ㅌ **concede**컨·씨ㄷ **allow**얼라우 **assent**어·센ㅌ **accept**액·셒ㅌ **recognize**·뤠커그·나이ㅈ
들이다	**allow in**얼라우 인 **let ~ in**렡 ~ 인
허가하다	**allow**얼라우 **permit**퍼-·밑 **sanction**·쌩션

552 allow
얼라우

allowance얼라원ㅅ 용돈, 수당

허락하다	permit퍼-밑 admit에드·밑 concede컨·씨ㄷ consent컨·센ㅌ permit퍼-·밑
인정하다	acknowledge액·날리쥐 concede컨·씨ㄷ permit퍼-·밑 admit에드·밑
주다	grant·그뢘ㅌ bestow비·스토우 confer컨·퍼- provide프러·'바이ㄷ

553 acceptable
액·셉터블

accept액·셉ㅌ 수락[인정]하다
acceptance액·셉턴ㅅ 수락, 동의, 승인

받아들여지는, 용인되는	passable·패서블 permissible퍼-·미쎄블 allowable얼라우어블

554 receive
뤼·시'ㅂ

reception뤼·셉션 수취, 받아들임, 환대
receptive뤼·셉티'ㅂ 받아들이는, 수용하는

받다, 받아들이다	accept액·셉ㅌ take·테익 get·겥 obtain옙·테인 admit에드·밑 gain·게인
(겪어) 받다	undergo·언더·고우 go through·고우 θ루

555 accept
액·셒ㅌ

acceptive액·셉티'ㅂ 받아들이는

받아들이다	receive뤼·시'ㅂ take·테익 get·겥 obtain옙·테인 admit에드·밑 gain·게인
수락하다	agree어·그뤼 consent컨·센ㅌ
인정하다	acknowledge액·날리쥐 recognize·뤠커그·나이ㅈ concede컨·씨ㄷ allow얼라우

556 embrace
엠·브뤠이ㅅ

포옹하다	hug·허ㄱ clasp·클래슾
받아들이다, 수용하다	accept액·셉ㅌ take in·테익 인 adopt어·닾ㅌ
포함하다, 아우르다	comprise컴·프롸이ㅈ cover·커'버- involve·인·'발'ㅂ include·인·클루ㄷ

557 accommodate
어·카머·데이ㅌ

accommodation어감어·데이션 숙박 (시설), 편의

(시설 등에) 수용하다, 숙박시키다	admit에드·밑 hold호울ㄷ take in·테익 인 lodge·라쥐
적응시키다 (to)	conform컨·'폼 adapt어·댚ㅌ fit·'핕

558 compromise
·캄프뤄마이ㅈ

타협(하다)	compromise·캄프뤄마이ㅈ compound·캄파운ㄷ
화해(하다)	

559 negotiate
니·고우쉬-에이ㅌ

negotiation니·고우쉬·에이션 교섭, 협상
negotiator니·고우쉬-에이터 협상자, 교섭자

협상하다	compromise·캄프뤄마이ㅈ bargain·바-겐

560 agree
어·그뤼

agreement어·그뤼먼ㅌ 동의, 일치, 협정

동의하다	consent컨·센ㅌ assent어·센ㅌ accede액·씨ㄷ acquiesce·애퀴·에스
일치하다	correspond·코뤼·스퐌ㄷ coincide·코우인·싸이ㄷ accord어·코-어ㄷ

29. 분류, 특징, 경향, 표준, 비교

561 taxonomy
택·소어너미

분류(법) classification·클래서'퍼·케이션

562 dichotomy
다이·카터미

이분법, 둘로 나눔

563 classify
·클래서·'파이

classification·클래서'퍼·케이션 분류(법)

분류하다 label·레이블 categorize·캐터거롸이ㅈ sort·소어-ㅌ assort·어·소어-ㅌ group·그룹

564 label
·레이블

꼬리표(붙이다) tag·태ㄱ
분류하다 classify·클래서·'파이 categorize·캐터거롸이ㅈ sort·소어-ㅌ assort·어·소어-ㅌ

565 distinguish
·디·스팅·귀싀

구별[식별]하다 discern·디·써-은 discriminate·디·스크뤼미네이ㅌ see as different·씨 에ㅈ ·디'퍼런ㅌ
tell[between] A from B·텔[비·트윈] A '프뤔 B differentiate·디'퍼·뤤싀--에이ㅌ

566 discrimination
·디·스크뤼미·네이션

discriminate·디·스크뤼미네이ㅌ 차별하다, 구별하다
discriminatory·디·스크뤼미너·터뤼 차별적인, 식별력있는

차별 distinction·디·스팅크션 partiality·퐈싀이·앨러티
식별 discernment·디·써-은먼ㅌ distinction·디·스팅크션

567 segregation
·세그뤼·게이션

segregate·세그뤼게이ㅌ 차별하다, 분리하다

(차별적) 분리, 격리 detachment·디·태취먼ㅌ separation·셉어·뤠이션 isolation·아이설·레이션 quarantine·쿼렌·틴
차별 discrimination·디·스크뤼미·네이션 distinction·디·스팅크션 partiality·퐈싀이·앨러티
격리 isolation·아이설·레이션

568 segment
·세그먼ㅌ

segmentation·세그먼·테이션 구분, 분할

구획 compartment·컴·퐈-트먼ㅌ division·디'비즌 section·섹션
부분, 파편 fraction·'프뤡션 part·퐈-ㅌ piece·피ㅅ section·섹션 section·섹션
나누다, 분할하다 partition·퐈--티션 divide·디'바이ㄷ parcel·퐈-슬

569
genre
·쟌롸
유형, 형식   **type**·타이프 **pattern**·패턴

570
particular
퍼-·티큘러-   **particularly**·퍼-·티큘래리 특별히

특정한   **specific**·스퍼·씨'픽 **special**·스페셜
특별한   **special**·스페셜 **exceptional**·익·셉셔널 **extraordinary**·익·스트로-어디네뤼
자세한 사항   **detail**·디·테일

571
unique
유·닉   **uniqueness**·유·닉네ㅅ 유일함, 독창적임
uniquely·유·니클리 독특하게, 유일하게

유일무이한, 독특한   **peculiar**·퍼·큘리어 **exceptional**·익·셉셔널 **special**·스페셜 **single**·싱글 **singular**·싱귤러 **exclusive**·익·스클루시'ㅂ
only·오운리
고유의, 특유의   **inherent**·인·히런ㅌ **distinctive**·디·스팅크티'ㅂ **idiosyncratic**·이디오·씬·크래틱

572
especially
어·스페셜리

특히   **chiefly**·최'플리 **mainly**·메인리 **mostly**·모우스틀리 **particularly**·퍼-·티큘래리 **primarily**·프롸이·메럴리
principally·프륀서플리

573
feature
·'피쳐-

특징, 특성   **trait**·트뤠이ㅌ **characteristic**·케뤽터·뤼스틱 **peculiarity**·피·큘리·어뤼티 **idiosyncrasy**·이디오우·신크뤄씨
생김새   **looks**·룩ㅅ **appearance**·어·피런ㅅ **countenance**·카운테넌ㅅ

574
predicate
·프뤠디커ㅌ

속성
서술어
단정하다

575
propensity
프러·펜서티

경향, 성향   **tendency**·텐던씨 **inclination**·인클러·네이션 **disposition**·디스퍼·지션 **trend** *추세성 경향·트뤤ㄷ

576
inclined
·인·클라인ㄷ   **inclination**·인클러·네이션 경향, 성향

마음이 내키는
경향이 있는   **prone**·프롸운 **liable**·라이어블 **apt**·앺ㅌ
기울어진

577

tend
·텐 드

tendency·텐던씨 경향

~하는 경향이 있다, 하기 쉽다	be apt to do·비·앺 ㅌ 투 두 incline·인·클라인 lean·린
~으로 향하다	stand for·스탠드 '풔
돌보다	take care of·테잌 ·케어 어 'ㅂ care for·케어'풔 look after·룩 ·애'ㅍ터

578

prone
·프롸운

| 경향이 있는, ~하기 쉬운 | liable·라이어블 apt·앺ㅌ inclined·인·클라인ㄷ |

579

apt
·앺 ㅌ

aptitude·앺티투ㄷ 경향, 소질, 적성

| ~하기 쉬운(- to do) | liable·라이어블 ready·뤠디 |
| 적절한, 적당한 | suitable·수터블 adequate·애디쿼웨ㅌ appropriate·어·프롸프뤼에이ㅌ fit·'핕 pertinent·퍼-티넌ㅌ proper·프롸퍼 apposite·애퍼짙 |

580

lateralize
·래터뤌라이ㅈ

| 편측화하다 |

581

standard
·스탠더ㄷ

standardize·스탠더·다이ㅈ 표준화하다

| 표준(의), 기준 | norm·노-엄 criterion크롸이·티뤼언 |
| 일반적인, 보통의 | ordinary·오-디네뤼 usual·유쥬얼 normal·노-어믈 regular·뤠귤러 |

582

benchmark
·벤취·마-ㅋ

benchmarking·벤취마-킹 기준을 정하는, 벤치마킹

| 기준점 | datum point·대텀·퍼인ㅌ |
| [컴퓨터] 성능 비교 | |

583

compare
컴·페어

comparison컴·페뤼슨 비교, 유사성
comparative컴·페뤄티'ㅂ 비교의

| 비교하다(- to) | confront컨·'프런ㅌ |
| 비유하다(- with) | liken·라이큰 |

584

contrast
·칸트뢔스ㅌ

대조하다	compare컴·페어
정반대	antipole·앤티·포울 contrary·칸트뤠뤼
대조	comparison컴·페뤼슨 antithesis앤·티θ·서ㅅ

585

disparate
·디스퍼-렅

disparately·디스퍼-러틀리 다르게, 별개로

| 전혀 다른 | different·디'퍼런ㅌ divergent디·'붜젼ㅌ dissimilar·디스씨밀러- |

30. 근소, 동등, 일치, 정도

586 approximately 어·프롹서메틀리

approximate 어·프롹시메이트 접근하다, 근접한, 대략의

대략	about 어·바우ㅌ nearly 니얼리 roughly 뤄'플리 almost 얼모우스ㅌ broadly 브뤄들리
거의	nearly 니얼리 almost 얼모우스ㅌ

587 exiguous 익·지규어ㅅ

근소한, 적은	slight 슬라이ㅌ

588 seamlessly 씸리슬리

균일하게 이음매가 없이	equally 이퀄리

589 assimilate 어·심얼레이ㅌ

같게 하다, 동화하다	equalize 이퀄라이즈 equate 이·퀘잍
소화하다	digest 다이·쟤스ㅌ
이해하다	comprehend 캄프뤼·헨ㄷ understand 언더·스탠ㄷ figure out '피규어·아웉

590 resemble 뤼·젬블

resemblance 리·젬블런ㅅ 유사함, 닮음

닮다	take after 테이ㄱ·애'ㅍ터 be alike 비 얼·라잌 be similar to 비·씨밀러 투 look like 룩·라잌
비슷하다	look alike 룩·얼·라잌 mirror 미뤄 parallel 페뤄럴

591 similar 씨밀러-

similarity 씨밀·레뤼티 유사, 닮음
similarly 씨밀러리 유사하게, 비슷하게

비슷한, 유사한	alike 얼라잌 comparable 캄퍼뤄블 like 라잌 analogous 어·낼러거ㅅ homogeneous 호머·쥐니어ㅅ

592 equal 이퀄

equality 이·퀄러티 같음, 동등, 평등
equalize 이퀄라이즈 같게 하다
equally 이퀄리 평등하게, 균등하게

평등한, 동등한	fair '페어 equitable 에퀴테블 coequal 코·이퀄 equivalent 이·퀴벌런ㅌ
같은	equivalent 이·퀴벌런ㅌ identical 아이·덴티클 identic 아이·덴틱 same 세임 like 라잌 alike 얼라잌

593 equivalent 이·퀴벌런ㅌ

equivalence 이·퀴블런ㅅ 같은, 등가, 동등
equivalently 이·퀴벌런틀리 동등하게

동등한	coequal 코·이퀄 equal 이퀄 tantamount 탠터마운ㅌ
상응하는	corresponding 코뤼·스판딩

594 par ·파-

동등
액면가

equality이·퀄러티 equivalence이·퀴블런ㅅ parity페뤼티

---

595 egalitarian 이·갤러·테뤼언

평등주의의[자]

---

596 identical 아이·덴티클

identity아이·덴티티 동일함, 정체성

동일한

same·세임 equivalent이·퀴벌런ㅌ alike얼라잌

---

597 equate 이·퀘잍

equation이·퀘이즌 균등화, 평형, 방정식

동일시하다

identify아이·덴티·파이

---

598 synonymous 씨·나너머ㅅ

synonymously씨·나너메슬리 같은 뜻으로

동의어의, 같은 뜻의

---

599 accord 어·코-어ㄷ

accordance어·코-어던ㅅ 적합, 조화, 일치
accordant어·코-어든ㅌ 일치하는, 알맞은

일치, 합의
조화
주다, 부여하다
부합하다

agreement어·그뤼먼ㅌ conformity컨·풔미티 sympathy·씸페θ이 harmony·하-머니
harmony·하-머니
confer컨·퍼- grant·그뢘ㅌ present·프뤠즌ㅌ award어·워-ㄷ

---

600 correspond ·코뤼·스판ㄷ

correspondence·코뤼·스판던ㅅ 서신 왕래, 일치, 상응
correspondent·코뤼·스판던ㅌ 기자, 특파원
correspondingly·코뤼·스판딩글리 적절하게, 상응적으로

일치하다
해당[상응]하다

accord어·코-어ㄷ agree어·그뤼 harmonize·하-머나이ㅈ be at one비 엩 원

---

601 congruent ·컹그루언ㅌ

congruently·컹그루언틀리 조화되게, 일치하게

일치하는, 조화로운

합동하는

congruous·컹그루어ㅅ accordant어·코-어든ㅌ corresponding·코뤼·스판딩 coincident코우·인씨던ㅌ
coincidental코우·인씨·덴틀 harmonious하-·모우니어ㅅ congenial컨·쥐니얼
combined컴·바인ㄷ joint·줘인ㅌ

602 flat
·'플래ㅌ

flatten·'플래튼 평평하게 하다

평평한	even·이'븐 plain·플레인 plane·플레인 level·레'블
납작한	level·레'블
균일한	equal·이퀄

603 equilibrium
·이퀼·리브뤼엄

평형상태	equation·이·퀘이즌
균형	balance·밸런ㅅ
침착	calm·캄 serenity·서·뤠너티 tranquility·트뤵·퀼리티 equability·이쿼·빌리티 aplomb·어·플람 equanimity·이쿼·니머티

604 parallel
·페뤄럴

평행(의)	
유사(한)	similarity·씨밀·레뤼티 resemblance·리·젬블런ㅅ likeness·라익네ㅅ analogy·어·낼러쥐- alikeness·얼라익·네ㅅ approximation·어프롹서·메이션 sameness·세임네ㅅ

605 extent
익·스텐ㅌ

extend·익·스텐ㄷ 뻗다, 펴다, 확장하다

(범위의) 정도	degree·디·그뤼
면적	area·에뤼어 dimensions·디·멘션ㅈ
범위	

606 degree
디·그뤼

각도, 정도, 온도, 도	
학위	
등급	grade·그뤠이ㄷ class·클래ㅅ

607 angle
·앵글

각도, 각	degree·디·그뤼
관점	viewpoint·'뷰·퍼인ㅌ standpoint·스탠드·퍼인ㅌ point of view·포인ㅌ 어'ㅂ·'뷰
모서리	corner·코어너- edge·엣지

608 temperature
·템프뤄쳐-

온도	
체온	body heat·바디·힡

609 thermometer
θ어--마메터-

온도계	

610 Fahrenheit
·'페뤈·하이ㅌ

화씨(의) *온도 단위

611 Celsius
·쎌시어ㅅ

섭씨(의) *온도 단위

612 lukewarm
·루·크웜

미지근한 **tepid**·테핃 **warm**·워-음

613 diameter
다·이애매터-

직경, 지름 **caliber**·캘레버

614 dimension
·디·멘션

치수 **measure**·메저
차원
면적 **area**·에뤼어

31. 제한, 한정, 요약, 암시

615

restrict
뤼·스트뤽트

제한하다, 한정하다
통제

restriction 뤼·스트뤽션 제한, 한정, 구속
restrictive 뤼·스트뤽티'ㅂ 제한하는, 한정하는

qualify 콸러·파이 **limit** 리밑 **bound** 바운드 **confine** 컨·'파인 **terminate** ·터-미네이트

616

confine
컨·'파인

한정하다
가두다

qualify 콸러·파이 **terminate** ·터-미네이트 **specialize** 스페셜라이즈
imprison 임·프뤼즌 **shut up** 셭 엎 **lock** 라크

617

restricted
뤼·스트뤽티드

제한된, 한정된

limited 리미티드 **bound** 바운드 **defined** 디·'파인드 **determinate** 디·터-미네이트 **qualified** 콸러·파이드

618

definition
·데'피·니션

정의, 말뜻
한정, 명확

definite 데'피닡 확실한, 확고한

determination 디터-머·네이션

619

schema
·스키마

개요, 윤곽
설계(도)

outline ·아웉·라인 **overview** ·오우'버'뷰 **summary** ·써머뤼 **resume** 뤼·줌

620

acronym
·애크러님

축약어, 머리글자

621

connotation
·카너·테이션

함축(된 의미)

implication ·임플러·케이션 **comprehension** ·캄프뤼·헨션

622

curtail
커-·테일

단축하다
삭감하다

abridge 어·브뤼지 **shorten** ·쑈-튼 **abbreviate** 어·브뤼'비·에이트
cut down 컽 ·다운 **reduce** 뤼·두ㅅ **decrease** 디·크뤼ㅅ

623

recapitulate
·뤼커·피철레이트

요약하다

precis 프뤠이·씨 **summarize** ·써머롸이즈 **condense** 컨·덴ㅅ **abridge** 어·브뤼지 **compress** 캄프뤠ㅅ
resume 뤼·줌 **sum up** 섬 엎 **epitomize** 이·피터마이즈 **digest** 다이·재스트

반복하다

624 abridgment
어·브뤼지먼ㅌ

요약(본)   **precis** 프레이·씨 **condensation** 칸던·세이션 **digest** 다이·재스ㅌ **epitome** 이·피터미 **synopsis** 씨·낲시ㅅ
abstract 앺·스트뢕ㅌ **abridgement** 어·브뤼지먼ㅌ

축소

625 crux
·크럭ㅅ

요점   **gist** 쥐-스ㅌ
핵심
십자가   **cross** 크롸ㅅ

626 concentrate
·칸슨·트뤠이ㅌ

     concentration 칸슨·트뤠이션 집중, 농도

집중하다(시키다)   **focus** 포우커ㅅ **focus** 포우커ㅅ **converge** 컨·'붜쥐
응축하다   **condense** 컨·'덴ㅅ **compress** 캄프뤠ㅅ

627 hint
·힌ㅌ

암시, 귀띔

628 allusive
얼·루시'ㅂ

     allude 얼루ㄷ 암시하다, 시사하다
allusively 얼·루시'블리 넌지시, 빗대어

암시적인   **suggestive** 써·줴스티'ㅂ **implied** 임·플라이ㄷ **connotational** 카너·테이셔널

629 imply
·임·플라이

     implication ·임플러·케이션 함축, 암시, 연루
implicit 임·플리서ㅌ 넌지시 암시된, 은연중의

암시하다   **suggest** 써·줴스ㅌ **allude** 얼루ㄷ **connote** 커·노우ㅌ **indicate** ·인디케이ㅌ **infer** ·인·'퍼– **intimate** ·인티메이ㅌ
insinuate 인·신유에이ㅌ **hint** ·힌ㅌ
함축하다   **implicate** ·임플리·케이ㅌ **comprehend** 캄프뤼·헨ㄷ

630 semantic
시·맨틱

     semantically 시맨티클리 의미상으로

의미(론)의

631 metaphor
·메타'풔

     metaphorical ·메터·'풔클 은유적인, 비유적인

은유, 비유

632 emblem
·엠블럼

     emblematic ·엠블러·매틱 상징적인

상징   **symbol** 심블 **badge** 배쥐 **token** ·토우컨

32. 진위, 모방, 원형, 예시

633 virtually ·'뷔츄얼리
virtual ·'뷔츄얼 사실상의, 거의
virtuality ·'뷔츄얼리티 실제, 실질

사실상, 실제로
가상으로
really ·뤼얼리 effectively 이·'펙티·'블리 actually ·액츄얼리 in fact 인·'팩ㅌ in effect 인 이·'펙ㅌ in reality 인 뤼·앨리티

634 indeed ·인·디ㄷ

정말로, 참으로
과연
"정말."
actually ·액츄얼리 really ·뤼얼리 truly ·트룰리
as expected 에ㅈ 익·스펙티ㄷ sure enough ·슈어 ·이너'ㅍ in reality 인 뤼·앨리티
really ·뤼얼리

635 frankly ·'프뢩클리
frank ·'프뢩ㅋ 솔직한

솔직히
candidly ·캔데들리 honestly ·아네스틀리 straightforwardly ·스트뤠잍·'풔워들리

636 cordial ·코어졀

진심의
정중한
wholehearted ·호울·하티ㄷ

637 genuine ·쟤뉴인
genuinely ·쟤뉴인리 진정으로, 진짜로

진짜의
성실한
sincere ·신·시어 true ·트루 real ·뤼얼 authentic 어·'θ엔틱 bona fide ·보우너 ·'파이ㄷ authentic 어·'θ엔틱
sincere ·신·시어 bona fide ·보우너 ·'파이ㄷ honest ·아네스ㅌ faithful ·'페이θ펄

638 spurious ·스퓨뤼어ㅅ

가짜의, 허위의
pseudo ·쑤도우 fake ·'페이ㅋ bogus ·보우거ㅅ false ·'펄ㅅ adulterate 어·덜터뤠ㅌ counterfeit ·카운터-·'핕
imitative ·이미테이티'ㅂ mock ·마ㅋ forged ·'풔지ㄷ truthless ·트루θ리스

사생아의

639 hypocrisy 히·'퐈크러씨
hypocritical ·히포·크뤼티클 위선적인
hypocrite ·히퍼·크맅 위선자

위선

640 pretend ·프뤼·텐ㄷ
pretentious ·프뤼·텐셔ㅅ 허세부리는, 가식적인

~인 체하다, 가장하다 fake ·'페이ㅋ feign ·'페인

641 plot ·플랕

음모
줄거리
intrigue ·인·트뤼ㄱ conspiracy 컨·스피뤄씨
outline ·아웉·라인 synopsis 씨·낲시ㅅ

642 skew
·스큐

왜곡하다
비스듬한[하게 하다]

distort·디·스토-트 garble·가-블 warp·워-ㅍ wrest·뤠스트

643 cheat
·치트

cheatingly·치팅·리 교묘하게, 속임수로

속이다
부정행위를 하다
바람을 피우다 (on)
사기꾼

deceive·디·시·ㅂ trick·트뤽 take-in·인 delude·딜·루-드 beguile·비·가일 dupe·두ㅍ

644 trick
·트뤽

속임수, 사기
책략
속이다
장난

fraud·프뤄-드 deception·디·셉션 deceit·디·씥 trickery·트뤼커뤼 take in·테익 인
gimmick·기믹 plot·플랕 stratagem·스트뤠터젬 artifice·아-티·피스
deceive·디·시·ㅂ trick·트뤽 take-in·인 cheat·치트

645 falsifiable
·'펄서·'파이·에블

속일 수 있는
왜곡할 수 있는

646 deceptive
디·셉티·'ㅂ

속이는, 기만적인

deceitful·디·씥·플 cheating·치팅 misleading·미슬·리딩 furtive·'퍼-티·'ㅂ

647 gullible
·걸러블

속기 쉬운

deceivable·디·씨·'버-블 dupable·듀페블 naive·나·이-'ㅂ simpleminded·심플·마인디드 credulous·크뤠듈러스

648 manipulate
머·니퓰레이·트

manipulation·머니퓰·레이션 교묘한 처리, 조종

조작하다
잘 다루다, 조종하다

fabricate·'프앺뤼케이트 concoct·컨·칼-트 distort·디·스토-트 invent·인·'벤트 fake·'페이ㅋ
manage·매네지 handle·핸들 maneuver·메·뉴버- operate·아퍼뤠잍

649 counterfeit
·카운터-·'핕

위조하다, 모조하다

forge·'풔쥐 fake·'페이ㅋ imitate·이미테이트 copy·카피 reproduce·뤼프뤄·두ㅅ falsify·'펄서·'파이
fabricate·'프앺뤼케이트

위조의, 가짜의

forged·'풔쥐드 fake·'페이ㅋ imitative·이미테이티·'ㅂ

위조 물건

forgery·'풔져뤼 counterfeit·카운터-·'핕 fabrication·'프앺뤼·케이션

650 disguise
·디·스가이즈

위장하다, 변장하다 숨기다	**camouflage**·캠어'플라· **masquerade**·매스커·뤠이드
변장, 위장	**camouflage**·캠어'플라·

651 simulate
·시뮬레이트

흉내내다	**mimic**·미믹 **take on**·테잌 안 **emulate**·에뮬레이ㅌ **copycat**·카피캩 **mime**·마임 **mock**·마ㅋ
~인 체하다	**assume**어·쑴 **sham**·셤 **fake**'페이ㅋ **pretend**프뤼·텐ㄷ

652 mimesis
미·미씨ㅅ

모방, 모사	**imitation**·이미·테이션 **copying**·카피잉 **duplication**·듀플러·케이션 **reproduction**·뤼프뤄·덕션

653 emulate
·에뮬레이ㅌ

모방하다	**imitate**·이미테이ㅌ **duplicate**·듀플리케잍 **copy**·카피
흉내내다	**mimic**·미믹 **simulate**·시뮬레이ㅌ **ape**·에잎

654 plagiarism
·플레이져·뤼즘

표절, 도용	**piracy**·파이러씨 **plagiary**·플레이져뤼

655 duplicate
·듀플리케잍

duplication·듀플러·케이션 복사, 중복

복사하다, 복제하다 두배로 하다	**copy**·카피 **replicate**·뤠플리케이ㅌ **transcribe**트뤤·스크라이ㅂ **reproduce**·뤼프뤄·두ㅅ **clone**·클로운
복사, 중복, 복제	**reproduction**·뤼프뤄·덕션 **copy**·카피

656 transcribe
트뤤·스크라이ㅂ

transcript·트뤤·스크맆ㅌ 사본, 필기록

베끼다, 복사하다	**copy**·카피 **replicate**·뤠플리케이ㅌ **duplicate**·듀플리케잍 **reproduce**·뤼프뤄·두ㅅ **clone**·클로운
필기하다	**take notes (of)**·테잌 노우ㅊ (어'ㅂ) **write down**·롸잍 ·다운
편곡하다	**arrange**어·뤠인쥐

657 counterpart
·카운터-·퐈-ㅌ

사본 상대방	**copy**·카피 **duplicate**·듀플리케잍 **transcript**·트뤤·스크맆ㅌ **manuscript** *필사본·매뉴스크맆ㅌ

658 artificial ·아-·티-·'피셜

artificially ·아-·티-·'피셜리 인공적[인위적]으로

인조의, 인공의	man made ·맨-·메이ㄷ synthetic ·신-·θ에틱
인위적인	factitious 팩-·티셔ㅅ
거짓된, 꾸민	false ·펄ㅅ fake ·'페이ㅋ

659 prototype ·프롸우터타잎

| 원형 *원래의 형태 | archetype ·아-·키-·타이ㅍ original 어·뤼즤널 |
| 본보기 | example 익·잼플 model ·마들 sample ·샘플 |

660 innate ·이·네이ㅌ

innately 이·네이틀리 선천적으로

| 타고난, 선천적인 | inborn ·인·보언 native ·네이티'ㅂ congenital 컨·재너틀 connatural 커·내츄럴 intrinsic ·인·트륀식 |
| | instinctive ·인·스팅티'ㅂ |

661 crude ·크루-ㄷ

crudity ·크루-디티 조잡함, 투박함, 생것임
crudely ·크루-들리 조잡하게, 투박하게

천연 그대로의	raw ·롸 rough ·뤄'ㅍ native ·네이티'ㅂ live ·라이'ㅂ
날것의	raw ·롸 alive 얼라이'ㅂ
조잡한	coarse ·코어ㅅ

662 instinct ·인스팅ㅌ

instinctive ·인·스팅티'ㅂ 본능적인

본능	
타고난 재능	
직관	intuition 인투·이션 sixth sense ·식ㅅθ ·센ㅅ

663 for instance 풔 ·인스턴ㅅ

| 예를 들면 | for example 풔 익·잼플 e.g. 이·쥐-. |

664 cite ·싸잍

citation 싸이·테이션 인용(구)

| 이유를 들다, 예를 들다 | illustrate ·일러스트뤠이ㅌ |
| 인용하다 | quote 쿠오우ㅌ mention ·멘션 refer 뤼·'퍼- adduce 어·듀ㅅ |

665 quote 쿠오우ㅌ

| 인용하다 | cite ·싸잍 mention ·멘션 refer 뤼·'퍼- adduce 어·듀ㅅ |
| 예로 들다 | |

666 refer 뤼·'퍼-

reference 뤠'퍼런ㅅ 참조, 조회, 언급

참조하다(하게 하다)	cite ·싸잍 quote 쿠오우ㅌ
언급하다 (to)	allude to 얼루·투 cite ·싸잍
위탁하다 (to)	commit to 커·밑 투 consign to 컨·싸인 투 entrust ·인·트라스ㅌ

33. 보증, 신뢰, 증거

667 insurance ·인·슈어런ㅅ
보험

insure 인·슈어 보장하다, 보험에 들다
guarantee 게뤈·티 assurance 어·슈어런ㅅ

668 ensure 인·슈어
보증하다, 보장하다
확실하게 하다

sure 슈어 확실한, 확실히
surely 슈얼리 확실히, 설마
assure 어·슈어- 보증하다, 확실하게 하다
guarantee 게뤈·티 vouch for '바우치 '풔 assure 어·슈어- certify 써·티'파이 warrant 워뤈ㅌ
confirm 컨'펌 corroborate 커·롸버·뤠이ㅌ insure 인·슈어 secure 씨·큐어 assure 어·슈어-

669 warranty ·워-뤈티
보증(서)
담보

guarantee 게뤈·티
guarantee 게뤈·티 security 씨·큐리티 mortgage 모어기지

670 voucher ·'바우쳐-
상품권, 할인권

증거 서류
보증인

gift certificate 기'프ㅌ 서·티'피케이ㅌ exchange ticket 익스·채인지 ·티킽 discount ticket ·디스카운ㅌ ·티킽
coupon 쿠·퓐

guarantor 게뤈·토- assurer 어·쉬워- warranter 워-뤈터- certifier 서·티·'피어

671 endorse 엔·도-어ㅅ
배서하다
보증하다

indorse 인·도-어ㅅ
guarantee 게뤈·티 warrant 워뤈ㅌ assure 어·슈어- insure 인·슈어 certify 써-티'파이 vouch for '바우치 '풔

672 confidence ·칸'피던ㅅ
신뢰
자신(감)

confide 컨'파이ㄷ 믿다, 신뢰하다
confidential 칸'피·덴셜 비밀스런, 은밀한
confident 칸'피던ㅌ 확신하는, 자신 만만한
reliance 륄·라이언ㅅ faith '페이θ credit 크뤠디ㅌ belief 빌·리'프 dependence 디·펜던ㅅ

673 depend 디·펜ㄷ
믿다, 신뢰하다 (on)
의존하다 (on)

dependent 디·펜던ㅌ 의존하는, 의지하는
dependable 디·펜더블 믿을 수 있는
dependably 디·펜더블리 믿음직하게
believe 빌·리'ㅂ credit 크뤠디ㅌ accredit 어크뤠딭 rely on 륄·라이 안 trust 트뤄스ㅌ
rely on 륄·라이 안 fling oneself on ·'플링 원쎌ㅍ 안

674 reliable 륄·라이어블
믿을 수 있는
의지할 수 있는

reliability 륄·라이어·빌러티 신뢰할 수 있음, 신뢰도
reliably 륄·라이어블리 믿을 수 있게, 확실하게
dependable 디·펜더블 well-placed ·웰·플레이스ㅌ faithful '페이θ'풀 trustworthy 트뤄·스트워-θ이

675 witness
·위트네스

목격자	**eyewitness**아이·위트네스 **observer**업·저·버-
증거	**evidence**·에'베던스
목격하다	**observe**업·저-'ㅂ
증언하다	**testify**·테스터'파이 **attest**어·테스트

676 clue
·클루

단서	**trace**·트뤠이스

677 track
·트뢕

tracker·트뢔커 추적자

자취, 흔적	**vestige**·'베스티쥐 **trace**·트뤠이스 **trail**·트뤠일 **imprint**·임·프륀트
추적하다	**pursue**퍼-·쑤 **trail**·트뤠일
궤도	**orbit**·오-빝

678 vestigial
베·스티지-얼

흔적의	
퇴화한	**degraded**디·그뤠이디드 **degenerated**디·쟤너·뤠티드 **obsolete**·압설·리트

679 evidence
·에'베던스

evident·에'베던트 분명한, 명백한
evidently·에'베던틀리 분명하게, 명백하게

증거	**proof**·프루-'프 **witness**·위트네스 **testament**·테스터먼트
증명하다	**prove**·프루-'ㅂ **testify**·테스터'파이 **verify**·'베뤼'파이 **attest**어·테스트 **certify**·써-티'파이 **evidence**·에'베던스
	authenticate어·θ엔티케이트

680 verify
·'베뤼'파이

verification·'베뤼'피·케이션 확인, 조회, 입증

입증하다, 증명하다	**vindicate**·'빈디케이트 **prove**·프루-'ㅂ **testify**·테스터'파이 **attest**어·테스트 **establish**에·스태블리쉬
	demonstrate·데먼·스트뤠일 **certify**·써-티'파이 **evidence**·에'베던스 **authenticate**어·θ엔티케이트

681 disprove
·디·스프루-'ㅂ

반증[반박]하다	**refute**뤼·'퓨트

682 perjure
·퍼-져-

위증하다	**forswear**풔·스웨어

34. 약속, 계획, 단계, 예측, 준비

683 appointment 어퍼인트먼ㅌ

appoint어퍼인ㅌ 임명하다, 정하다

약속	**promise**·프라미스 **engagement**엔·게이쥐먼ㅌ
임명, 지명	**nomination**·나미·네이션 **designation**·데지그·네이션
예약	**booking**·부킹 **precontract**·프리컨·트뢕ㅌ **reservation**·뤠저-·'베이션

684 pledge ·플레쥐

맹세, 서약	**oath**오·우θ **vow**·'바우
맹세하다	**swear**·스웨어 **vow**·'바우

685 contract ·칸·트뢕ㅌ

계약	**compact**·캄팩ㅌ **covenant**·커'버넌ㅌ **agreement**어·그리먼ㅌ **engagement**엔·게이쥐먼ㅌ
수축하다	**shrink**·쉬륑ㅋ

686 reservation ·뤠저-·'베이션

reserve뤼·저-'ㅂ 비축, 저장, 남겨두다, 보존하다

예약	**booking**·부킹 **precontract**·프리컨·트뢕ㅌ **appointment**어퍼인트먼ㅌ
보류	**retention**뤼·텐션 **reserve**뤼·저-'ㅂ
보호구역	

687 design 디·자인

도안, 밑그림	**sketch**·스케취
계획(하다)	**project**·프러·잭ㅌ **scheme**·스킴 **plan**·플랜 **project**·프러·잭ㅌ **intention**·인·텐션 **plot**·플랕
설계(하다)	**plan**·플랜 **lay out**·레이·아웉

688 strategy ·스트뢔테쥐-

전략	
전술	**tactics**·택틱ㅅ **the art of war**ð이·아-ㅌ 어'ㅂ·워-

689 project 프러·잭ㅌ

projection프러·잭션 돌출, 융기, 투사하기
projective프러·잭티'ㅂ 투사력 있는

계획(하다)	**design**디·자인 **scheme**·스킴 **plan**·플랜 **project**프러·잭ㅌ **intention**·인·텐션 **plot**·플랕
사업(의 수행)	**undertaking**·언더·테잉

690 phase ·'페이ㅈ

단계	**step**·스텦 **stage**·스테이쥐 **echelon**·에셜란
단계적으로 하다	**step**·스텦

691 stairs ·스테어즈

계단   **steps**·스텝ㅅ

692 gradually ·그뢔쥬얼리

gradual·그래쥬얼 점진적인

점차적으로   **step by step**·스텝 바이 ·스텝

693 cumulative ·큐·뮬·레티'ㅂ

cumulatively·큐뮬레티'블리 점증적으로

누적되는, 점증적인   **accumulative**어·큐뮬레이티'ㅂ **increscent**인·크뤠슨ㅌ **summative**·써머티'ㅂ **snowballing**·스노우발링

694 escalate ·에스컬레이ㅌ

escalation·에스컬·레이션 증가, 확대

확대되다(시키다)   **intensify**·인·텐써·'파이 **step up**·스텝 엎 **extend**익·스텐ㄷ **increase**·인·크뤼ㅅ **enlarge**인·라어쥐

695 anticipate 앤·티서·페잍

anticipation앤·티서·페이션 예상, 예측, 기대
anticipant앤·티서펀ㅌ 앞선, 앞을 내다보는

기대하다   **expect**익·스펙ㅌ **look forward to**·룩·'풔워ㄷ 투 **look for**·룩 '풔
예상하다, 예측하다   **forecast**·'풔어·캐스ㅌ **predict**프리·딕ㅌ **foresee**풔·씨 **expect**익·스펙ㅌ

696 predictor 프리·딕터-

unpredictable·언프뤼·딕터블 예측할 수 없는
predict프리·딕ㅌ 예언[예측]하다

예언자   **prophet**·프롸'퍼ㅌ

697 prophetic 프러·'풰틱

예언자의, 예언적인

698 prescient ·프뤠션ㅌ

선견지명의, 미리 아는   **foreseeing**풔·씨잉 **previsional**프리·'비저널 **far-sighted**파–·싸이티ㄷ

699 forecast ·'풔어·캐스ㅌ

예측하다, 예지하다   **forecast**·'풔어·캐스ㅌ **predict**프리·딕ㅌ **foresee**풔·씨 **expect**익·스펙ㅌ **anticipate**앤·티서·페잍 **divine**디·'바인
           foresee풔·씨
예측, 예보   **prediction**프리·딕션 **outlook**·아웉·룩

700 presage ·프뤠씨지
예감(하다) **hunch** ·헌츼 **premonition** 프뤠머·니션
전조가 되다 **forebode** 풔·보우ㄷ

701 symptom ·심프텀
symptomatic ·심프터·매틱 징후의, 전조의
징후, 전조 **sign** ·싸인 **indication** ·인디·케이션 **foretoken** 풔·토우컨 **auspice** ·어·스피ㅅ **omen** *불길한 징조 ·오우멘
portent *불길한 징조 ·포-텐ㅌ
증상

702 sinister ·시니스터-
불길한 **ominous** ·아미네ㅅ **unlucky** 언·러키 **baleful** 베일'프를

703 schedule ·스케쥴
예정표, 시간표 **timetable** ·타임·테이블

704 rehearsal 뤼·허-슬
예행연습

705 precede 프리·씨ㄷ
앞서다 **forerun** 풔·뤈 **lead** 레ㄷ **head** 헤ㄷ
먼저 일어나다

706 forestall 풔·스털
앞서다, 앞서 막다
저지하다

707 predate 프뤼·데이ㅌ
(~보다)앞서다 **antedate** ·앤티·데이ㅌ
앞당기다 **advance** 에드·'밴ㅅ

708 antecedent
·앤티·씨던트

앞서는, 선행하는
전례
anticipant앤·티서펀트

709 priority
프롸·이오뤼티

우선(권), 우위
precedence·프뤠세던스 **preference**·프뤠'퍼런스

710 proactive
·프롸우·액티'ㅂ

사전의, 선행하는
prior·프롸이어- **precedent**·프뤠씨던ㅌ **preceding**프뤼·씨딩 **previous**·프뤼'비어ㅅ **advance**에드·'밴스

711 previous
·프뤼'비어ㅅ

previously 프뤼'비어슬리 이전에, 미리

이전의
(시간) 바로 앞의
former·'풔머- **prior**·프롸이어- **earlier**·얼-리어 **later**·레이터

712 unprecedented
언·프뤠서·덴티ㄷ

전례가 없는
unheard-of언·허-ㄷ 어'ㅂ

713 preliminary
프릴·리미네뤼

preliminarily프릴리미·네륄리 미리, 예비적으로

예비의
서문
사전 준비
preparatory프뤠·페뤄튀뤼 **reserve**뤼·저-'ㅂ **spare**·스페어 **preparative**프뤼·패뤄티'ㅂ **auxiliary**어그·질뤄뤼
preface·프뤠'퍼ㅅ **introduction**·인트뤄·덕션
preparations·프뤠퍼·뤠이션ㅈ

714 prepare
프뤼·페어

preparation 프뤠퍼·뤠이션 준비, 예비
preparative프뤼·패뤄티'ㅂ 예비의, 준비의

준비하다
arrange어·뤠인지 **prep**·프뤱 **get ready**·겔·뤠디 **fit up**·'핃 엎 **make ready**·메이ㅋ·뤠디

715 prerequisite
프뤼·뤠퀴젵

필요조건
미리 필요한
requirement뤼·콰이어먼ㅌ **condition**컨·디션

716 subsequent
·써브씨퀀ㅌ

다음의, 그 후의
following·'프얼오우잉 **next**·넥스ㅌ

35. 기간, 시기, 빈도

717
session
·세션
sessional·세셔널 개회의, 회기마다의

기간	**period**·피뤼어ㄷ **term**·텀-
회의	**council**·카운슬 **congress**·캉그뤼스 **convention**컨·'벤션 **assembly**어·셈블리 **conference**·칸'퍼런스
	meeting·밑잉

718
annually
·애뉴얼리
annual·애뉴얼 매년의, 연례의

| 매년 | **yearly**·이얼리 **every year**·에'브뤼 ·이어 |
| 1년에 한 번씩 | |

719
till
·틸

| ~(때)까지 | **until**언·틸 **up to**엎 투 **pending**·펜딩 |
| 경작하다 | **cultivate**·컬티'베이ㅌ **farm**·팜 |

720
lapse
·랲스
lapse into·랲스 ·인·투 ~에 빠지다

| 경과(하다) | |
| 실수(하다) | **mistake**·미·스테잌 **blunder**·블런더 |

721
generation
·제너·뤠이션
generate·제너뤠이ㅌ 생성하다, 낳다
generational·제너·뤠이셔널 세대적인, 세대간의

| 세대 | |

722
adolescent
·애덜·레썬ㅌ
adolescence·아덜·레선스 청소년기

| 청소년(기의) | **juvenile**·쥬베널 **teenage**·티·네쥐 |

723
Mesozoic
·메서·줘잌

| 중생대(의) | |

724
prehistoric
·프뤼·히·스퉈륔
prehistory·프뤼·히스퉈뤼 선사 시대

| 선사시대의 | |

725 ancient ·에인션트

anciently·에인션틀리 고대에

고대의	**antique**·앤·틱 **archaic**·아-·케익
옛날의	**long ago**·렁·어·고우 **old-time**·오울드·타임 **olden**·오울이던 **archaic**·아-·케익
고대인	**antiquity**·앤·티퀴티

726 obsolete ·압설·리트

obsoletely·압설·리틀리 시대에 뒤져

구식의	**out-of-date**·아울 어'ㅂ·데이트 **old-fashioned**·오울드 '패션드 **out of mode**·아울 어'ㅂ 모우드 **dated**·데이티드
	outdated·아울·데이티드 **anachronistic**·어내크뤄·니스틱 **antiquated**·앤티퀘티드
쓸모없게 된	**useless**·유슬레스

727 archaeology ·아-·키·알러쥐-

archeological·아-·키얼·라쥐클 고고학의, 고고학적인
archaeological·아-·키얼·라쥐클 고고학의
archeologist·아-·키·얼러쥐-스트 고고학자

고고학

728 medieval 미·디'블

중세(풍)의	**mediaeval**·메디·이블

729 Renaissance ·뤠너·쌍ㅅ

르네상스, 부흥기	**the Revival**ㅎ어 뤼·'바이'블

730 hackneyed ·핵니드

낡은	**outworn**·아울·워-은 **old**오울드 **battered**·배터-드
진부한	**trite**·트롸잍 **corny**·코어니

731 antiquity 앤·티퀴티

antiquities앤·티퀴티즈 고대유물

낡음	
고대	**ancient times**·에인션트·타임즈

732 current ·커-런트

currency·커-뤤씨 통화, 유통
currently·커-런틀리 지금, 현재, 일반적으로

현재의	**present**·프뤠즌트 **now**·나우 **passing**·패싱
최근의	**latest**·레이티스트 **up to date**엎 투·데이트 **modern**·마던
흐름	**flow**·'플로우 **stream**·스트림

733 **modern** ·마던

modernize·마더·나이즈 현대화하다

현대적인	contemporary·컨·템퍼뤄뤼 up-to-date·엎터·데이ㅌ modernistic·마더·니스틱
최신의	up-to-date·엎 투·데이ㅌ forward-looking·풔워ㄷ 루킹
근대의	current·커-런ㅌ

734 **contemporary** 컨·템퍼뤄뤼

contemporaries·컨·템퍼뤄뤼ㅈ 현대인, 동시대인

동시대의	
현대의	modern-day·마던·데이 present-day·프뤠즌ㅌ·데이

735 **simultaneous** ·싸이멀·테니어ㅅ

simultaneously·싸이멀·테니어슬리 동시에

동시에 일어나는	coincident·코우·인씨던ㅌ coincidental·코우·인씨·덴틀 coinciding·코우인·싸이딩 concurrent·컨·커-런ㅌ

736 **meanwhile** ·민·와일

그 동안에	meantime·민·타임 in the meantime·인 더·민·타임
한편, 반면	

737 **during** ·두륑

~동안 (내내)	pending·펜딩

738 **while** ·와일

~하는 동안	
~에 반하여	whereas·웨어·애즈
~에도 불구하고	though·ð오우 although·얼·ð오우 even though·이'븐·ð오우

739 **through** θ루

~을 통해	
~을 지나서	
~을 사이에 두고	throughout·θ루·아웉
줄곧, 내내	all the time·얼 ð어·타임

740 **chronological** ·크롸널·라쥐클

chronologically·크롸널·라쥐컬리 연대순으로

연대순의, 시간순의	chronologic·크뤄널·러쥑 in sequence of date·인 ·씨퀀ㅅ 어'ㅂ·데이ㅌ
연대기의	

741 annals ·앤을ズ

연대기　chronicle·크라너클 chronology·크뤄·날러즤-

742 consecutive ·컨·세큐티'ㅂ

연속적인　successive·썩·세시'ㅂ sequent·씨퀀ㅌ sequential·씨·퀀셜 serial·씨뤼얼

743 frequently ·'프뤼퀀틀리

frequent·'프뤼퀀ㅌ 빈번한
frequently·'프뤼퀀틀리 빈번하게
frequency·'프뤼퀀씨 빈도, 빈발

자주, 빈번히　often·어'픈

744 rarely ·뤠얼리

rare·뤠어 드문, 진귀한
rarity·뤠뤼티 회박, 진귀

드물게　seldom·셀덤
좀처럼 ~하지않는　seldom·셀덤 scarcely·스케어슬리 hardly·하-들리 barely·베얼리

745 seldom ·셀덤

좀처럼 ~않는　scarcely·스케어슬리 hardly·하-들리 rarely·뤠얼리
드물게　rarely·뤠얼리 infrequently·인·'프뤼퀀틀리 uncommonly·언·카먼리

746 sporadic 스퍼·래딕

sporadically·스퍼·래딕을리 무작위로, 불규칙적으로

때때로의, 산발적인　occasional·어·케이져널 scattered·스캐터-ㄷ intermittent·인터-·밑언ㅌ

747 decade 데·케이ㄷ

10년간
10개 한 묶음

748 biennially 바이·에니얼리

2년 마다

749 ultimately ·얼티메틀리

ultimate ·얼티메이ㅌ 최후의, 최고의, 궁극의
ultimatum ·얼티·메이텀 최후통첩, 종언

결국, 최후로 finally ·파이널리 in the end 인 ㅎ이 ·엔ㄷ in the last 인 ㅎ어 ·래스ㅌ after all ·애·프터 얼 eventually 이·벤츄얼리 at last 앹 ·래스ㅌ

750 end up 엔ㄷ 엎

결국 ~이 되다

751 expire 익·스파이어

만료되다, 끝나다 terminate ·터-미네이ㅌ

752 then ·ㅎ엔

그때(의)
그 다음에, 그러고는
그러면

753 delay 딜·레이

지연(시키다)
미루다

lag ·래ㄱ delay 딜·레이 postponement 포스ㅌ·포운먼ㅌ retardation 뤼타-·데이션 procrastinate 프뤄우·크뢰스티네이ㅌ put off ·풋 ·어ㅍ postpone 포스ㅌ·포운 delay 딜·레이 defer 디·퍼- set back ·셑 ·백

754 prolonged 프럴·렁ㄷ

연장된
장기적인

elongated 일·렁게이티ㄷ
long-term ·렁·터-음

755 linger ·링거-

시간 보내다
오래 남다

spend·time 스펜ㄷ ·타임 pass·time 패스 ·타임

36. 즉시, 시작, 시초

756 **immediately** ·이·미디어틀리
immediate·이·미디에이ㅌ 즉각적인, 당면한
immediacy·이·미디어씨 즉각성, 신속성

즉시 | at once엩·원ㅅ directly디·뤡틀리 forthwith·풔·θ위θ instantly·인스텐틀리 promptly·프람프틀리 quickly·쿠일리 ad hoc애ㄷ·핰 ad-lib·애드·리ㅂ

757 **instant** ·인스턴ㅌ
instantaneous·인스텐·태니어ㅅ 순간적인, 즉시의
instantly·인스텐틀리 곧, 당장

즉시(의) | immediate·이·미디에이ㅌ prompt·프람프ㅌ instantaneous·인스텐·태니어ㅅ
순간 | moment·모우먼ㅌ second·세컨ㄷ

758 **improvisation** ·임프라'버·제이션
improvise·임프뤄'바이ㅈ 즉흥적으로 하다
improvisatory·임프롸·비·지터뤼 즉석의, 즉흥적인

즉흥(시, 연주) | impromptu·임·프람프투

759 **transient** ·트뤤션ㅌ
transiently·트뤤션틀리 일시적으로

덧없는, 무상한 | transitory·트뤤저튀뤼 short-lived쑈·리'브ㄷ temporary·템퍼뤠뤼 fleet·'플리ㅌ momentary·모우먼트뤼 ephemeral이·'페메럴
일시적인, 순간적인 | transitory·트뤤저튀뤼 short-lived쑈·리'브ㄷ passing패싱 temporary·템퍼뤠뤼 momentary·모우먼트뤼

760 **moment** ·모우먼ㅌ
momentary·모우먼트뤼 순간적인, 잠깐의
momentous모·멘터ㅅ 중대한, 중요한
of moment어'ㅂ·모우먼ㅌ 중요성

순간 | second·세컨ㄷ instant·인스턴ㅌ
때 | time·타임 hour·아우어 occasion어·케이즌
잠깐, 잠시 | minute·미닡

761 **temporary** ·템퍼뤠뤼
temporarily·템퍼·뤠럴리 일시적으로

일시적인, 임시의 | transient·트뤤션ㅌ provisional프러·'비져널 transitory·트뤤저튀뤼 temporal·템퍼럴 short-lived쑈·리'브ㄷ occasional어·케이져널 ephemeral이·'페메럴 makeshift·메이크쉬-'프ㅌ contingent컨·틴젼ㅌ
비정규직 |

762 **volatile** ·'봘러틀
휘발성의
변덕스러운 | whimsical·윔지클 capricious커·프리셔ㅅ fanciful'팬서'펄

763 **brief** ·브뤼'프
briefly·브뤼'플리 잠시, 간단히

짧은, 잠시 동안의 | short·쑈-ㅌ temporal·템퍼럴 momentary·모우먼트뤼 ephemeral이·'페메럴
간결한 | concise컨·싸이ㅅ terse·터-ㅅ short·쑈-ㅌ curt·커-ㅌ laconic라·카닉 succinct썹·싱크ㅌ

764 initial ·이·니셜

initiate 이·니쉬-·에이ㅌ 시작하다, 착수시키다
initiative 이·니셔티'ㅂ 시작, 계획, 주도권
initially 이·니셜리 처음에, 시초에

처음의   inceptive 인·셉티'ㅂ   beginning 비·긴잉   earliest 얼-리어스ㅌ   first '풔-스ㅌ   primary 프롸이·메뤼   primitive 프뤼미티'ㅂ

머릿글자

---

765 launch ·런치

launching 런칭 진수, 개업, 발사

시작하다, 착수하다
(배를) 진수시키다
발사하다   begin 비·긴   start 스타-ㅌ   initiate 이·니쉬-·에이ㅌ   open 오우픈

---

766 depart 디·퐈-ㅌ

출발하다
떠나다   start 스타-ㅌ   get away 겥 어·웨이   get off 겥·어·ㅍ   set forth 셑 ·풔θ   get going 겥·고우잉
leave 리·'ㅂ   be off 비 ·어'ㅍ   sneak off 스닠·어·ㅍ   get out 겥·아웉

---

767 primitive ·프뤼미티'ㅂ

primitively 프뤼미티'블리 원시적으로, 소박하게

원시적인
초기의   primal 프롸이믈   primordial 프롸이·모어디얼   original 어·뤼쥐널
early 얼-리   beginning 비·긴잉   original 어·뤼쥐널   initial 이·니셜   inceptive 인·셉티'ㅂ   primary 프롸이·메뤼
nascent 내썬ㅌ
근본의   basal 베이슬   fundamental '풘더·멘틀

---

768 debut 데·뷰

데뷔
첫 등장(의)

---

769 newcomer ·뉴·컴어

신인
이민자

---

770 elementary ·엘리·멘트뤼

초보의
초등의   primary 프롸이·메뤼   rudimentary 루디·멘트뤼

---

771 neophyte ·니어'파잍

초보자, 초심자, 풋내기   rookie 루키   beginner 비·기너-   novice 나버ㅅ   beginner 비·기너-   greenhorn 그륀호언   novice 나버ㅅ

37. 지속, 영구

772

duration
듀·뤠이션

| 지속 기간 | **period**·피뤼어ㄷ **term**·텀- **span**·스팬 |

773

span
·스팬

(지속되는) 기간, 시간	**distance**·디스턴ㅅ **interval**·인터-'블 **period**·피뤼어ㄷ **time**·타임
폭	**range**·뤠인지
한 뼘	

774

period
·피뤼어ㄷ

기간	**session**·세션 **span**·스팬 **time-span**·타임·스팬 **term**·텀-
시기	**time**·타임 **age**·에이지 **era**·에롸 **season**·씨즌
시대	**epoch**·에펔 **age**·에이지 **era**·에롸 **times**·타임ㅈ

775

consistent
컨·씨스텐ㅌ

consist컨·씨스ㅌ ~로 이루어져 있다   **consistence**컨·씨스턴ㅅ 일관성, 단단함, 농도
consistency컨·씨스턴씨 일관성, 단단함, 농도   **consistently**컨·씨스텐틀리 지속적으로

| 한결같은, 일관된 | **equable**·엑웨이블 **uniform**·유니'폼 **constant**·칸스턴ㅌ **consistent**컨·씨스텐ㅌ **steady**·스테디 |
| | **coherent**코·히런ㅌ |

776

desultory
·데서을터뤼

| 일관성 없는 | **inconsistent**·인컨·씨스텐ㅌ |
| 산만한 | **distracted**·디·스트뢕테ㄷ **aimless**·에임레ㅅ |

777

proceed
프러·씨ㄷ

procession프러·세션 행진, 행렬
procedure프러·씨져- 순서, 절차

계속하다	**continue**컨·티뉴 **get on with**겥 안 위ㄷ **keep on**킾 안 **carry·on**·캐뤼 안 **go on**·고우 안
나아가다	**advance**에드·'밴ㅅ **progress**·프라·그뤠ㅅ **go forward**·고우 '풔워ㄷ **move on**·무'ㅂ 안 **make way**·메이ㅋ·웨이
시작하다	

778

adhere
에드·히어

adherence에드·히런ㅅ 고수, 집착
adherent에드·히런ㅌ 점착성의

| 고수하다 | **keep**·킾 |
| 집착하다, 들러붙다 | **cling**·클잉 |

779

chronic
·크롸닉

chronically 크라니컬리 만성적으로

| 만성적인 | |

780 maintain
멘·테인

maintainable메인·테인어블 유지할 수 있는

유지하다	retain뤼·테인 preserve프리·저-'ㅂ keep up킾 엎 hold호울ㄷ sustain서·스테인 support써·포어ㅌ
주장하다	assert어·써-ㅌ contend컨·텐ㄷ claim·클레임 insist·인·씨스ㅌ take charge of·테일·챠-쥐 어'ㅂ urge·어-쥐 vindicate·'빈디케이트
계속하다	continue컨·티뉴 keep up킾 엎 go[keep] on with·고우[·킾] 안 위ㅃ

781 steady
·스테디

steadily·스테들리 꾸준히, 착실하게

꾸준한, 한결같은	perpetual퍼-·페츄얼 constant·칸스턴ㅌ ceaseless·씨슬레스 continuous컨·티뉴어스 persistent퍼-·씨스텐ㅌ incessant·인·세슨ㅌ
확고한, 안정된	stable·스테이블 fixed·'픽스ㅌ secure씨·큐어 firm·'펌

782 constant
·칸스턴ㅌ

constancy·칸스턴씨 불변(성), 충실, 절개
constantly·칸스턴틀리 끊임없이, 확고하게

불변의, 일정한	immutable·이·뮤터블 invariable인·'베뤼어블 unchangeable언·채인져블 unalterable언얼터뤄블 certain·써-튼 definitive디·'피니티'ㅂ
끊임없는	continuous컨·티뉴어스 ceaseless·씨슬레스 incessant·인·세슨ㅌ endless·엔들레스 infinite·인'퍼너ㅌ perpetual퍼-·페츄얼 continual컨·티뉴얼 assiduous어·씨듀어스 incessant·인·세슨ㅌ

783 permanent
·풔미넌ㅌ

permanently·풔미넌틀리 영구적으로
permanence·풔미넌스 영구성

영구적인, 영속적인	durable·두뤄블 lasting·래스팅 standing·스탠딩 abiding어·바이딩

784 perpetuate
퍼-·페츄에잍

영구화하다	immortalize·이·모어틀라이ㅈ

785 immortal
·이·모어틀

불사의, 불멸의	deathless·데ㄸ리ㅅ

786 infinite
·인'퍼너ㅌ

무한한	endless·엔들레ㅅ unbounded언·바운디ㄷ measureless·메절레ㅅ unlimited언·리미티ㄷ

38. 긴급, 속도

787
emergency
·이·머-젼씨

비상상황, 위급

788
urgent
·어-젼ㅌ

urge·어-쥐 충고하다, 촉구하다
urgency·어-젼씨 긴급, 긴급상황
urgently·어-젼틀리 다급하게

긴급한   **emergent**·이·머-젼ㅌ **pressing**·프뤠싱

789
haste
·헤이스ㅌ

hasty·헤이스티 성급한, 격렬한, 빠른

서두르다   **hasten**·헤이슨 **hurry**·허뤼 **shift**·쉬-'프ㅌ **rush**·러쉬 **bustle**·버슬 **be in a rush**비 인 어 ·뤄쉬
           get a hurry on겥 어 ·허뤼 안 **get a move on**겥 어 ·무'ㅂ 안
서두름, 긴급   **hurry**·허뤼 **urgency**·어-젼씨

790
pending
·펜딩

임박한   **imminent**·이메넌ㅌ **impending**·임·펜딩
미결정의   **suspensive**서·스펜시'ㅂ **undecided**·언디·싸이디ㄷ
~까지   **until**언·틸 **till**틸 **up to**엎 투
~동안에   **during**·두륑 **for a period of**풔 어 ·피뤼에ㄷ 어'ㅂ **in the course of**인 ঠ어 ·코어ㅅ 어'ㅂ

791
imminent
·이메넌ㅌ

절박한, 임박한   **urgent**·어-젼ㅌ **impendent**임·펜던ㅌ **impending**·임·펜딩 **stringent**·스트륀젼ㅌ

792
nimble
·님블

재빠른, 민첩한   **agile**·애졀 **shrewd**·쉬루ㄷ **quick**·쿠잌 **rapid**·뢔핃
영리한   **smart**·스마-ㅌ **clever**·클레버- **ingenious**·인·쥐니어ㅅ **shrewd**·쉬루ㄷ

793
accelerate
·앸·셀러뤠ㅌ

acceleration·앸·셀러·뤠이션 가속
accelerative앸·셀러뤠이티'ㅂ 촉진적인, 가속적인

가속하다   **speed up**·스피ㄷ 엎

794
quickly
·쿠잌리

quick·쿠잌 빠른, 신속한
quickness·쿠잌네ㅅ 민첩, 기민, 성급함

빨리   **rapidly**·뢔피들리 **fast**·패스ㅌ

795
already
·얼·뤠디

이미, 벌써   **yet**옐 **any longer**·에니 ·렁거-

796 suddenly
써든리

sudden 써든 갑작스러운

갑자기 | abruptly 어·브륍틀리 surprising 서-·프라이징 all of a sudden 얼 어'ㅂ 어 써든 unexpectedly 언익·스펙티들리 all·at·once 얼 애 ㅌ ·원 ㅅ

797 abrupt
어·브륍 ㅌ

abruptly 어·브륍틀리 갑자기, 퉁명스럽게

갑작스러운 | sudden 써든 unexpected ·언익·스펙티드
퉁명스러운 | blunt 블런 ㅌ brusque 브러스ㅋ bluff 블러'ㅍ

798 retard
뤼·타-ㄷ

감속하다 | decelerate 디·셀러뤠 ㅌ slow down 슬·로우 ·다운

799 decelerate
디·셀러뤠 ㅌ

감속하다 | retard 뤼·타-ㄷ slow 슬·로우

800 sluggish
슬·러기쉬

느린 | slow 슬·로우 creeping 크뤼핑
게으른 | lazy 레이지 idle 아이들

39. 교통, 화물, 길, 통로

801

transportation
·트뤤스퍼−·테이션

transport트뤤·스포어ㅌ 수송(하다) 수송편

| 교통 | traffic·트래·픽 communication커·뮤니·케이션 |
| 운송 | conveyance컨·'베이언ㅅ transit·트뤤젤 shipping·쉬−핑 |

802

vehicle
·'비히클

| 탈것 | vessel (🚢) ·베슬 aircraft (✈) ·에어·크래'프ㅌ |
| 매개물 | carrier·캐뤼어− |

803

automobile
·오토모우·빌

| 자동차 | car카− auto·어토우 motor·모우터 |

804

locomotive
·로우커·모우티'ㅂ

| 기관차(의) | |
| 운동의, 이동하는 | kinetic커·네틱 motional·머우셔널 |

805

shuttle
·셔틀

| 왕복 버스[항공기, 기차] | |
| 왕복하다 | go and return·고우 엔ㄷ 뤼·터−은 |

806

aviation
·에이'비·에이션

aviate·에이'비·에이ㅌ 비행하다

| 비행, 항공 | flight·'플라이ㅌ |

807

undercarriage
·언더·캐뤼즤

| 착륙장치 | landing gear·랜딩·기어 |
| 차대 | |

808

pilot
·파일럿

| 조종사 | aviator·에이'비·에이터− |
| 실험적인 | |

809 steer
·스티어

| 조종하다 | drive·드라이'ㅂ |
| 이끌다 | lead·레ㄷ conduct·컨·덕ㅌ |

810 cockpit
·칵·핕

조종석

811 aboard
어·보어ㄷ

~에 타고, 승선하여

812 embark
엠·바-ㅋ

| 승선하다 | |
| 착수하다 | begin·비·긴 set about·셑 어·바우ㅌ |

813 carrier
·캐뤼어-

운반인[도구]
항공모함
보균자

814 convey
컨·'베이

| 나르다 | carry·캐뤼 transport·트뤤·스포어ㅌ |
| 전달하다 | communicate·커·뮤니·케이ㅌ impart·임·퐈-ㅌ transmit·트뤤즈·밑 |

815 load
로우ㄷ

| 짐(싣다) | burden·버-든 cargo·카-·고우 freight·'프뤠이ㅌ luggage·러긔즤 baggage·배게즤 |
| 작업량 | |

816 baggage
·배게즤

수하물   luggage·러긔즤

817 route
·루ㅌ

길	way·웨이 road·롸우ㄷ street·스트륕
방법, 수단	way·웨이 method·메θ에ㄷ manner·매너 means·민ㅈ mode·모우ㄷ
경로	course·코어ㅅ channel·채늘 path·패θ

818 avenue
·애'베뉴

대로	**main street**·메인 ·스트륍
(나아갈) 길, 방안	**way**·웨이 **plan**·플랜

819 path
·패θ

작은 길	**track**·트뢬 **alley**·앨리

820 freeway
·'프뤼·웨이

고속도로	**highway**·하이·웨이 **expressway**잌·스프뤠·스웨이

821 railway
·뤠일·웨이

철도	**railroad**·뤠일롸우ㄷ

822 aisle
·아일

통로	**lane**·레인 **path**·패θ **passageway**·패서·즤웨이
복도	**corridor**·코뤼더- **passageway**·패서·즤웨이 **hallway**·훨·웨이

823 corridor
·코뤼더-

복도	**aisle**·아일 **passageway**·패서·즤웨이 **hallway**·훨·웨이

824 driveway
·드롸이·'브웨이

진입로	**ramp**·뢤ㅍ
차도	**roadway**·롸우드웨이

825 ramp
·뢤ㅍ

경사로	**slope way**슬로웊 ·웨이
진입로	**slip road**슬·맆 롸우ㄷ

826 toll
토울

통행료	

40. 거리, 방향, 이동, 이주

827 distance ·디스턴ㅅ **distant**·디스턴ㅌ 거리가 먼
(지점간의) 거리
먼 거리
간격 **interval**·인터-'블

828 displacement ·디·스플레이스먼ㅌ **displace**·디·스플레이ㅅ 대신하다, 대체하다
변위 *위치가 바뀐 양
배기량

829 yard ·야-ㄷ
야드(길이의 단위)
마당, 뜰 **courtyard**·코어·야-ㄷ **garden**·가-든

830 forward ·'풔워ㄷ **forwarding**·'풔워딩 발송, 전달, 회송
앞으로
전방에[의]
나아가는 **before**비·'풔

831 ahead 어·헤ㄷ
앞쪽에
전방에 **before**비·'풔
앞당겨

832 beyond 비·언ㄷ
저편에
~을 넘어 **above**어·버'ㅂ **over**·오우'버
~이상으로 **over**·오우'버 **more than**·모어 ð앤

833 via ·'비아
~을 경유하여 **by way of**바이 ·웨이 어'ㅂ **through**θ루

834 across 어·크뤄어ㅅ
~을 가로질러
~와 교차하여
~전역에서

835 traverse
·트래버-ㅅ

가로지르다, 횡단하다	**cross** 크라ㅅ **intersect** 인터-·섹ㅌ **pass over** 패스 ·오우'버
방해하다	**obstruct** 엡·스트럭ㅌ **disturb** 디·스터-ㅂ **interrupt** 인터·뤕ㅌ **interfere** 인터-·'피어 **impede** 임·피ㄷ
횡단	

836 behind
비·하인ㄷ

behind-the-scenes 비·하인ㄷ 하어 ·신ㅈ 비밀의, 은밀한

~의 뒤에	**at the back of** 엘 하어 ·백 어'ㅂ **after** 애'ㅍ터
(발달 진도) 뒤떨어져	**retarded** 뤼·타-디ㄷ
뒤에서 (지지 후원)	

837 orient
·오뤼·엔ㅌ

orientation 오뤼엔·테이션 방향, 지향
oriental 오뤼·엔틀 동양의

~을 지향하게 하다	
동양(의)	
적응하다, 익숙해지다	**adjust** 어·져스ㅌ **adapt** 어·댑ㅌ

838 rear
·뤼어

후방(의)	**back** ·백
기르다, 양육하다	**foster** '퐈스터- **nurture** ·너-처- **raise** ·뤠이ㅈ **bring up** 브륑 엎

839 western
·웨스터-언

서양의	**occidental** 악씨·덴틀
서쪽의	**west** ·웨스ㅌ

840 intersection
·인터-·섹션

교차, 횡단	**crossing** 크뤄어싱 **traverse** ·트래버-ㅅ
교차로, 교차 지점	**crossroads** 크뤄어스롸우드ㅈ

841 swoosh
·스우쉬

휙(지나가다)	

842 advance
에드·'밴ㅅ

나아가다, 전진시키다	**progress** 프롸·그뤠ㅅ **move forward** ·무'ㅂ ·'풔워ㄷ **go forward** 고우 ·'풔워ㄷ **go ahead** 고우 어·헤ㄷ **proceed** 프러·씨ㄷ
승진(하다, 시키다)	**promotion** 프러·모우션 **advancement** 에드·'밴스먼ㅌ
전진, 진군	**headway** ·헤·드웨이 **precession** 프뤼·세션 **advancement** 에드·'밴스먼ㅌ **ongoing** ·안·고우잉
인상, 상승	

843 propel
프러·펠

추진하다	**impel** ·임·펠 **drive** ·드롸이'ㅂ **push** ·푸쉬 **talk up** ·턱 엎

844 ongoing
·안·고우잉

전진(하는)	**advancement**에드·'밴스먼ㅌ **advance**에드·'밴ㅅ
계속 진행(하는)	

845 return
뤼·터-은

되돌아가다	**go back**·고우·백 **come back**·컴·백 **revert**뤼·'붜ㅌ
돌려주다, 반납하다	**bring back**·브링·백 **give back**·기'ㅂ·백
되살아나다	**recur**뤼·커-

846 shift
·쉬-'프ㅌ

이동하다	**move**·무'ㅂ **transfer**·트뢘스'퍼- **remove**뤼·무'ㅂ
바꾸다(바뀌다)	**change**·채인쥐 **convert**·칸버-ㅌ **transform**·트뢘스'풤

847 portable
·포-터블

이동식의	**movable**·무'버블
휴대용의	

848 mobile
·모우바일

이동할 수 있는	**movable**·무'버블

849 snoop
·스눞

기웃거리다, 엿보다	**peep**·핖

850 haunt
·헌ㅌ

자주 가다	**resort**뤼·조-어ㅌ
~에 출몰하다	

851 commute
·커·뮤ㅌ

통학하다, 통근하다	
대체하다	**alter**·얼터- **replace**·뤼·플레이ㅅ **substitute**·썹스터투ㅌ **change**·채인쥐 **supplant**·서·플랜ㅌ **displace**·디·스플레이ㅅ

852 detour
·디·투어

우회하다	**bypass**·바이·패ㅅ **circumvent**·서·컴·'벤ㅌ
우회	**roundabout**·롸운더바우ㅌ **circuit**·써-킽
우회로	**bypass**·바이·패ㅅ **circuit**·써-킽

853 overtake
·오우'버·테잌

따라잡다	**catch up**·캐취 엎
압도하다	

854 chase
·최에이ㅅ

뒤쫓다	**follow up**·'팔로우 엎 **pursue**퍼−·쑤
추구하다	**pursue**퍼−·쑤 **seek**·씩
추적	**pursuit**퍼−·쑤ㅌ

855 stalk
·스턱

몰래 쫓다	
줄기	**stem**·스템 **trunk**·트렁ㅋ

856 access
·액·세ㅅ

accessible액·쎄서블 접근하기 쉬운

접근	**approach**어·프라우취 **closeness**·클로우스네ㅅ **proximity**프롹·씨미티 **approximation**어프롹서·메이션

857 approach
어·프라우취

접근하다, 가까워지다	**draw[get] near**·드롸[겥]·니어 **approximate**어·프롹시메ㅌ **come close**·컴 클로우ㅈ **gain upon**·게인 어·퐌 **adjoin**어줘인 **be adjacent**비 어·쥐에이슨ㅌ

858 relocate
·륄오우·케이ㅌ

이전[이동]하다	**remove**뤼·무'ㅂ

859 migration
마이·그뤠이션

migrate·마이·그뤠ㅌ 이주하다, 방랑하다
migrational마이·그뤠이셔널 이주의, 이동의

대규모 이동, 이주	**emigration** *가는 이주·에미·그뤠이션 **immigration** *오는 이주·임어·그뤠이션 **transmigration**·트뤤즈마이·그뤠이션 **transplantation**·트뤤즈플랜·테이션

860 dispatch
·디·스패취

급파(하다)	
파견, 파병	

861 implant
·임·플랜ㅌ

이식하다	**transplant**·트뤤스플랜ㅌ
심다	**plant**·플랜ㅌ

862 drag
·드뢔ㄱ

끌(리)다	**draw**·드롸 **haul**·헐
견인	

41. 방랑, 여행, 도보, 비틀거림

863	**wander**·완더	wandering·완더링 방랑, 배회
	돌아다니다	roam로움 go about·고우 어·바우ㅌ get around·겥 어·롸운ㄷ move about·무'ㅂ 어·바우ㅌ rove롸우'ㅂ walk around·웡 어·롸운ㄷ
	길을 잃다	go astray·고우 어·스트뤠이 lose oneself·루ㅈ 원쎌'ㅍ stray·스트뤠이

864	**stray**·스트뤠이	
	길을 잃고 헤매다	meander미·앤더 wander·완더 roam로움 rove롸우'ㅂ
	빗나가다, 타락하다	digress다이·그뤠ㅅ diverge디·'붜쥐 deviate·디'비·에이ㅌ
	길 잃은, 방황하는	lost·러스ㅌ vagrant·'베이그뤈ㅌ adrift어·드뤼'프ㅌ
	벗어난, 빗나간	deviated·디'비·에이티ㄷ

865	**vagrant**·'베이그뤈ㅌ	
	방랑하는, 방랑자	vagabond·배거반ㄷ

866	**nomadic** 노우·매딕	
	유목의	nomad 노우매ㄷ

867	**graze**·그뤠이ㅈ	
	방목(하다), 방목장	pasture·패스쳐-

868	**trip**·트륖	
	여행	journey·져-니 travel·트뤠블 tour·투어

869	**itinerary** 아이·테너뤠뤼	
	여정	journey·져-니

870	**hike**·하익	
	도보 여행(하다)	march·마-취 tramp·트뢤ㅍ

871 cruise
·크루-ㅈ

유람선 여행
순항하다

872 trekker
·트뤡·커-

도보 여행자   **hiker**·하이커-

trek·트뤡 오지 여행(하다)

873 jogging
·쟈깅

조깅, 달리기 운동

jog·쟉 조깅하다

874 treadmill
·트뤠드·밀

런닝머신
단조로운 것[삶]   **humdrum**·험·드룀 **routine**·루·틴

875 trot
·트롸ㅌ

빠른 걸음
빨리 걷다

876 plod
·플라ㄷ

터벅 걸음[걷다]   **trudge**·트뤄쥐
꾸준히 하다

877 parade
·퍼·뤠이ㄷ

행렬, 행진(하다)   **march**·마·취

878 stride
·스트롸이ㄷ

보폭   **pace**·페이ㅅ **step**·스텦
성큼 걷다

879 scramble
·스크램블

기어오르다   **climb**·클라임
뒤섞다   **mix**·믹ㅅ **mingle**·밍글 **intermingle**·인터-·밍글 **adulterate**·어·덜터뤠ㅌ

880 creep
·크륖

기다, 포복하다   **crawl**·크뤌

881 stomp
·스텀ㅍ

쿵쿵밟다　　　**stamp**·스탬ㅍ

882 lame
·레임

절름발이의
서투른

883 limp
·림ㅍ

절뚝거림[거리다]　**hobble**·하블
지친　　　　　　**weary**·위뤼 **tired**·타이어-ㄷ **wearied**·위뤼ㄷ **jaded**·재이디ㄷ **faint**·페인ㅌ

884 stumble
·스텀블

비틀거리다　　　**stagger**·스태거- **falter**·펄터- **waver**·웨이버-
말을 더듬다　　　**stutter**·스타터- **stammer**·스태머 **falter**·펄터-

885 distort
·디·스토-ㅌ

distortion·디·스토-션 왜곡, 찌그러짐

비틀다　　　　　**twist**·트위스ㅌ **wrench**·뤤치 **screw**·스크루- **contort**·컨·토-ㅌ
일그러뜨리다　　**contort**·컨·토-ㅌ
왜곡하다　　　　**pervert**·퍼-버-ㅌ **garble**·가-블 **warp**·워-ㅍ **wrench**·뤤치

886 bounce
·바운ㅅ

bouncy·바운씨 튀는, 활력있는

튀어오르다　　　**bound**·바운ㄷ **spring**·스프링 **leap**·리ㅍ
튐, 튀어오름　　 **spring**·스프링 **bound**·바운ㄷ **spatter**·스패터-
부도 처리하다
탄력　　　　　　**resilience**·리·질리언ㅅ

42. 회피, 도망, 추방

887 avoid 어·'붜이드
avoidable어·'붜이데블 피할 수 있는
avoidance어·'붜이던ㅅ 기피, 피함, (법)무효
피하다 avert어·'붜ㅌ shun·션 dodge·다-쥐 evade이·'베이드 elude일·루드 escape이·스케이ㅍ eschew에스·츄
막다(doing) avert어·'붜ㅌ

888 elusive 일·루시'ㅂ
elusively일루시'블리 파악하기 어렵게
회피하는 evasive이·'베이시'ㅂ
알기 어려운 subtle·써틀 evasive이·'베이시'ㅂ cramp크뢤ㅍ

889 evacuate 이·배큐에이ㅌ
evacuation이·'배큐·에이션 피난, 비우기, 배설
evacuative이·'배큐이티'ㅂ 철수의, 후송의
대피시키다 invacuate인·배큐에이ㅌ
비우다 empty·엠ㅍ티 vacate·'베이케이ㅌ deplete디·플리ㅌ

890 inevitably ·이·네비테블리
inevitable·이·네비터블 불가피한, 필연적인
inevitability·이·네비테·빌러티 피할 수 없음, 필연성
불가피하게, 필연적으로 inescapably인이·스케이퍼블리 ineluctably인일렉터블리 necessarily·네서·세럴리

891 escape 이·스케이ㅍ
달아나다, 도망가다 run away·런 어·웨이 flee·'플리 abscond업·스컨드
탈출하다 get away·겔 어·웨이 bail out·베일·아울 prolapse프라우·랲ㅅ
탈출, 도망 extrication·엑스트뤼·케이션 prolapse프라우·랲ㅅ
새다, 누출되다 leak·릭

892 slunk 슬렁ㅋ
slink슬링ㅋ 몰래 (도망)가다
몰래 (도망)가는

893 fugitive ·'퓨져티'ㅂ
도망자 runaway·뤈어·웨이 escapee이스케이·피
도망가는 fled·'플레드
덧없는, 일시의 transitory·트뤤저퉈뤼

894 apart 어·퐈-ㅌ
떨어져 away어·웨이 far·'퐈-
산산이 into pieces·인·투·피서ㅈ to pieces투·피서ㅈ
별개로(의) separately·쎄퍼뤠틀리 severally·쎄'버럴리 individually·인디·'비쥬얼리 deferentially·데'퍼·뤤셜리

895 digress 다이·그뤠ㅅ
탈선하다 derail디·뤠일
벗어나다 wander·완더 get out of·겔·아울 어·'ㅂ stray·스트뤠이 depart디·퐈-ㅌ go astray고우 어·스트뤠이

896 deviation
·디'비·에이션

| 벗어남, 일탈, 탈선 (통계) 편차 | **aberration** 앱어·뤠이션 **deflection** 디·'플렉션 **deviance** 디'비언ㅅ |

897 digressive
디·그뤠시'ㅂ

| 벗어나는 지엽적인, 부차적인 | **peripheral** 퍼·뤼'퍼뤌 **secondary** 세컨·데뤼 **minor** 마이너- |

898 withdrawal
위ᄒ·드럴

withdraw 위ᄒ·드롸 철수[철회]하다, 인출하다

| 철수 탈퇴 인출, 회수 | **evacuation** 이·'배큐·에이션 **removal** 뤼·무벌 **retreat** 뤼·트륕 **secession** 서·세션 |

899 retreat
뤼·트륕

| 후퇴하다, 철수하다 빠져나가다, 도피하다 후퇴, 철수, 퇴각 | **fallback** '프얼·백 **throwback** θ롸·우·백 **recede** 뤼·씨ㄷ **retire** 뤼·타이어 **escape** 이·스케이ㅍ **evade** 이·'베이ㄷ **flee** '플리 **withdrawal** 위ᄒ·드럴 **evacuation** 이·'배큐·에이션 **removal** 뤼·무벌 |

900 eviction
이·'빅션

| 축출 되찾음 | **driving out** 드라이'빙·아웉 **expulsion** 익·스펄션 **deportation** 디포어·테이션 **recovery** 뤼·커'버뤼 **resumption** 뤼·점ㅍ션 |

901 expulsion
익·스펄션

| 추방 제명 | **banishment** 뱬이쉬먼ㅌ **exile** 엑·자일 **transportation** 트뢘스퍼--테이션 |

902 expel
익·스펠

expulsion 익·스펄션 축출, 배제, 추방

| 추방하다 | **expatriate** 엑·스페이트뤼·에일 **banish** 뱬이쉬 **discharge** ·디스챠-쥐 **dismiss** 디·스미ㅅ **eject** 이·잭ㅌ **expel** 익·스펠 **relegate** ·뤨리게이ㅌ |

903 dispel
·디·스펠

| 쫓아버리다 없애다 | **dispel** 디·스펠 **scatter** ·스캐터- **repel** 뤼·펠 **remove** 뤼·무'ㅂ **eliminate** 일·리미·네잍 **exterminate** 익·스터-미네이ㅌ **get rid of** 겥·뤼드 어'ㅂ **remove** 뤼·무'ㅂ |

904 fade
·'페이ㄷ

| 사라지다 바래다 시들다 | **vanish** ·뱬이쉬 **disappear** ·디서·피어 **be lost** 비·러스ㅌ **go out of sight** 고우·아울 어'ㅂ·싸잍 **fade** ·'페이ㄷ **discolor** ·디·스컬러 **blanch** ·블랜취 **wither** ·위ᄒ어- **wilt** ·윌ㅌ |

43. 굴절, 진동, 회전

905 **refraction** 뤼·'프뢕션

refract 뤼·'프뢕 ㅌ 굴절시키다
refractive 뤼·'프뢕티'ㅂ 굴절하는

굴절 **inflection** 인·'플렉션

906 **echo** ·에코우

메아리
반향(하다)

907 **resonant** ·뤠저넌 ㅌ

반향하는, 울려 퍼지는 **reverberant** 뤼·'붜버뤈ㅌ **resounding** 뤼·'싸운딩

908 **echolocation** ·에콜로·케이션

반향정위 *음파로 위치
를 파악함

909 **tremble** ·트뤰블

떨다, 떨리다 **quake** 퀘익 **quiver** 퀴버- **shiver** 쉬-버- **shake** 셰이ㅋ **shudder** 셔더 **vibrate** ·바이브뤠ㅌ
흔들리다 **shake** 셰이ㅋ **sway** 스웨이 **rock** 롸ㅋ **quiver** 퀴버- **quake** 퀘익 **vibrate** ·바이브뤠ㅌ

910 **vibrant** ·'바이브뤈ㅌ

떠는, 진동하는
활기찬 **vivacious** 버·'베이셔ㅅ **hearty** ·하-티 **full blooded** ·'풀·블러디드
강렬한 **intensive** 인·텐서'ㅂ **powerful** 파우어'펄

911 **oscillation** ·아설·레이션

진동 **vibration** 바이·브뤠이션 **concussion** 컨·커션

912 **megahertz** ·메가헐츠

메가헤르츠 *1초에
100만번 진동함

913 cramp
·크뢤ㅍ

경련(을 일으키다)   **convulsion**컨·벌션
쥐(가 나다)

914 convulsion
컨·벌션

발작
격동   **concussion**컨·커션

915 shake
·셰이ㅋ

shaky·셰이키 흔들리는, 떨리는

흔들다   **wiggle**·위글 **sway**·스웨이 **swing**·스윙 **wag**·왜ㄱ
악수하다

916 swing
·스윙

흔들리다   **sway**·스웨이 **tremble**·트뤰블 **shake**·셰이ㅋ
회전(하다)
그네

917 wield
·윌ㄷ

wieldy·윌이디 다루기[휘두르기] 쉬운

휘두르다   **flourish**·플뤄뤼쉬 **brandish**·브뢘디쉬
(권력을) 행사하다   **exert**익·저-ㅌ

918 squeaky
·스퀴키

삐걱대는
흠없이 청결한

919 microwave
·마이크뤄웨이'ㅂ

전자레인지
마이크로파(의)

920 turbine
·터-바인

터빈, 회전식 원동기

921 carousel
·케뤄쎌

수화물 컨베이어
회전목마   **merry go round** 메뤼·고우·롸운ㄷ **roundabout** 롸운더바우ㅌ

922 rotation
롸우·테이션

회전   **spin** 스핀 **slew** 슬·루 **circumvolution** 써-컴'벌·루션 **turn** 터-은 **whirl** 월- **volution** 벌·루션 **turning** 터-닝
revolution 뤠'벌·루션

선회   **volution** 벌·루션 **turning** 터-닝 **revolution** 뤠'벌·루션

923 revolve
뤼·'뷀'ㅂ

revolving 뤼·'뷀'빙 회전하는

회전하다
공전하다   **spin** 스핀 **rotate** 롸우·테이ㅌ **pivot** 피벝 **gyrate** 쟈이·뤠ㅌ **swivel** 스위'블

924 hover
·하버-

(공중에서)맴돌다
헤매다   **wander** 완더 **roam** 로움 **rove** 롸우'ㅂ

925 curl
·컬-

curly 컬-리 곱슬곱슬한

곱슬곱슬하다[하게 만들다]
둥글게 감다

926 agitate
·애쥐·테이ㅌ

휘젓다   **whisk** 위스ㅋ **stir** 스터- **stir up** 스터- 엎
선동하다   **instigate** 인스티게이ㅌ **stir up** 스터- 엎 **provoke** 프러·'보우ㅋ **excite** 익·싸잍 **incite** 인·싸잍

927 churn
·쳐-은

휘젓는 기계
괴롭히다   **ail** 에일 **anguish** 앵귀쉬 **harass** 허·뢔ㅅ

928 upset
엎·쎝

전복(시키다)   **overthrow** 오우버-θ롸우 **overturn** 오우'버·터-은 **capsize** 캡·싸이ㅈ **turn over** 터-은·오우'버
당황(하게 하다)   **confusion** 컨'퓨즌
혼란(에 빠진)   **chaos** 케이아ㅅ **disorder** 디·소어-더 **confusion** 컨'퓨즌

929 overturn
·오우'버·터-은

뒤집다   **flip** ·플맆
전복시키다   **upset** 엎·쎝 **overthrow** 오우버-θ롸우 **capsize** 캡·싸이ㅈ **turn over** 터-은·오우'버

44. 매달음, 붙잡음, 뜯음, 만짐

930 hang ·행
hanger 행어 옷걸이, 걸이

걸다, 매달다	hook 후ㅋ suspend 서·스펜ㄷ
교수형에 처하다	
처지다, 늘어지다	droop 드룹 sag 새ㄱ

931 suspend 서·스펜ㄷ

매달다	hang 행
중단하다	discontinue 디스컨·티뉴 cut off 컽·어ㅍ stop 스땊
연기하다	put off 풑·어ㅍ defer 디·퍼- postpone 포스트·포운 delay 딜·레이 adjourn 어·져어-언

932 cling ·클잉

매달리다	be hung 비·헝 be suspended 비 서·스펜디드 hang 행 dangle 댕글 hold on 호울ㄷ 안
집착하다	
고수하다	

933 bind ·바인ㄷ
binding 바인딩 구속력 있는, 접합하는

묶다	tie 타이 fasten 패슨 fetter 페터- bundle 반들
감다, 싸다	wind (up) 윈ㄷ (엎) roll (up) 롸울 (엎) tie 타이 coil 코일 bandage 밴디지
결속시키다	unify 유니'파이 solidify 썰·리디'파이

934 entangle 엔·탱글
tangle ·탱글 엉킴, 엉키다

얽어매다	bind up 바인ㄷ 엎 tie up 타이 엎 pleach 플리치

935 capture ·캪쳐

포획하다, 포착하다	seize 씨ㅈ

936 arrest 어·뤠스트

체포하다	seize 씨ㅈ apprehend ·애프뤼·헨드
저지하다	

937 seize 씨·ㅈ
seizable 씨저·블 잡을 수 있는

붙잡다, 움켜쥐다	grasp ·그뢔습 grip 그륖 clutch ·클러치 hold 호울ㄷ clench ·클렌치
체포하다	arrest 어·뤠스트 apprehend ·애프뤼·헨ㄷ take into custody 테일·인·투 커스터디
몰수하다	take away 테잌 어·웨이 confiscate ·칸'피·스케이트

938 clutch
·클러치

꽉 붙잡음	**grasp**·그래슾 **hold**·호울ㄷ
꽉 쥐다	**hang on**·행 안 **grasp**·그래슾
변속장치	

939 strain
·스트뤠인

잡아당기다	**tow**·토우 **pull**·풀 **drag**·드뢔ㄱ
긴장시키다	**tense**·텐ㅅ **wind up**·윈ㄷ 엎 **screw up**·스크루- 엎
긴장, 부담, 압박	**tension**·텐션 **burden**·버-든 **pressure**·프뤠셔 **stress**·스트뤠ㅅ

940 tug
·터그

| 당기다 | **pull**·풀 **yank**·양ㅋ **draw**·드롸 |

941 pluck
plucky·플러키 용기가 있는, 단호한
·플럭

잡아뜯다, 뽑다	**pick**·픽 **tear out**·티어 ·아웉 **pull out**·풀 ·아웉
담력, 용기	**nerve**·너-'ㅂ **courage**·커-뤼쥐 **mettle**·메틀 **grit**·그륖 **guts**·겉ㅊ
내장	**guts**·겉ㅊ **organs**·올건

942 rip
·륖

| 찢다 | **tear**·티어 **split**·스플리ㅌ |

943 tickle
ticklish·팈얼리싀 간지럼을 타는
·티클

| 간지럽히다 | **titillate**·티틸레이ㅌ |

944 itch
·잍취

| 가려움 | **itching**·이칭 |
| 가렵다 | |

945 meddle
meddling·메들링 간섭(하는)
·메들

| 만지작거리다 | **fumble**·'펌블 |
| 간섭하다 | **interfere**·인터-·피어 **intermeddle**·인·터-·메들 **tamper**·탬퍼- |

946 contiguous
컨·티규·어ㅅ

접촉하는	**touching**·터칭
인접한	**abutting**어·버팅 **adjacent**어·재이선ㅌ

947 pat
·패ㅌ

쓰다듬다	**stroke**ㅅ트로우ㅋ
꼭 맞는, 적절한	**suitable**·수터블 **suited**·수티ㄷ **apt**·앺ㅌ **proper**·프롸퍼 **pertinent**·퍼-티넌ㅌ **fit**·핕
살살 두드리다	**tap**·탶 **rap**·뢮

948 tangible
·탠져블

만져서 알 수 있는	**palpable**·팰퍼블
명백한	**plain**·플레인 **obvious**·압'비어ㅅ **evident**·에'베던ㅌ **visible**·'비저블 **clear**·클리어
유형적인	**corporeal**코어·풔뤼얼

949 smack
·스맥

찰싹 치다	**slap**슬·랲
맛(이나다)	

950 friction
·'프뤽션

마찰	**rubbing**·뤄빙
갈등, 불화	**discord**·디스코-어ㄷ **trouble**·트뤄블

951 rub
·뤕

문지르다, 마찰하다	**scrub**·스크뤕 **scrape**·스크뤠이ㅍ **polish**·팔리싀 **scour**·스카우어 **grind** *문질러 갈다·그롸인ㄷ

45. 행위, 운동, 시행

952 deed
·디ㄷ

행위	**action**·액션 **behavior**비·헤이'비어- **conduct**컨·덕ㅌ **doings**·두잉ㅈ
업적	**works**·월-ㅅ **achievements**어·최'브먼ㅊ

953 behavior
비·헤이'비어-

behave비·헤이'ㅂ 행동하다

행동	**conduct**컨·덕ㅌ **action**·액션 **act**·액ㅌ **doings**·두잉ㅈ

954 conduct
컨·덕ㅌ

conductive컨·덕티'ㅂ 전도성의, 전도의

(행동)하다	**act**·액ㅌ **behave**비·헤이'ㅂ
지휘하다	**direct**디·뤡ㅌ **command**커·맨ㄷ
이끌다	**lead**·레ㄷ **guide**·가이ㄷ
전도하다	**transmit**트뢘즈·밑
행동	**action**·액션 **behavio(u)r**비·헤이'비어- **demeanor**·디·미너

955 exercise
·엑서-·싸이ㅈ

exercisable·엑서-·싸이져블 작동[실행] 가능한

운동(하다)	
훈련, 연습	**practice**·프뢕·티ㅅ **drill**·드륄
행사하다, 발휘하다	**exert**익·저-ㅌ

956 athlete
·애θ·올리ㅌ

athletic애θ·을레틱 운동 경기의, 선수의

운동선수	**jock**·쟠

957 sports
·스포어ㅊ

스포츠(의)	
스포츠용의	

958 practice
·프뢕·티ㅅ

practical·프뢕티클 실용적인, 실제의

연습(하다)	**exercise**·엑서-·싸이ㅈ
습관	**habit**·햅잍 **custom**·커스텀 **way**·웨이
실행하다	**execute**·엑서·큐ㅌ

959 gym
·짐

체육관	**gymnasium**·짐·네이점

960 PE class
·피·이 ·클래ㅅ

체육 수업

961 juggle
·져글

곡예하다
속이다　　　　**trick**·트릭 **cheat**·최ㅌ

962 stunt
·스턴ㅌ

묘기, 곡예　　　**feat**·핕 **acrobatics**·애크뤄·배틱ㅅ

963 available
어·'베일러블

availability어·'벨러·빌러티 유용성, 효용
availably어·'베일러블리 쓸모있게, 유효하게

이용할 수 있는
유효한　　　　**valid**·'밸리ㄷ **effective**이·'펙티ㅂ **good**·귿 **sound**·싸운ㄷ **active**·액티ㅂ **live**·라이ㅂ
가능한　　　　**able**·에이블 **possible**·파서블 **feasible**·피저블

964 exploit
·엑·스플러잍

exploitation·엑·스플러이·테이션 개척, 이용, 착취

(부당하게) 이용하다　**take advantage of**·테익 애드·'밴티지 어'ㅂ **use**·유ㅅ **manipulate**머·니퓰레이ㅌ **abuse**어·'뷰ㅅ **misuse**·미·스유ㅈ
　　　　　　　ill-treat·일·트맅 **play on**·플레이 안 **capitalize on**·캐피틀라이ㅈ 안
착취하다　　　　**extort**익·스토-ㅌ **rack**·뤡 **milk**·밀ㅋ **screw**·스크루-
개발하다　　　　**develop**디·'벨럽 **improve**·임·프루-'ㅂ

965 enforcement
엔·'풔스먼ㅌ

enforce엔·'풔ㅅ 집행하다, 강요하다

시행, 집행　　　**operation**·아퍼·뤠이션 **administration**애드·미너·스트뤠이션 **execution**·엑서·큐션
강제　　　　　**coercion**코우·어션 **compulsion**컴·펄션 **constraint**컨·스트뤠인ㅌ **forcing**·'풔싱
강조

966 implement
·임플멘ㅌ

implementation·임플레멘·테이션 시행, 이행, 완성

시행하다　　　　**enforce**엔·'풔ㅅ **perform**퍼-'·'풤 **execute**·엑서·큐ㅌ **carry out**·캐뤼·아웉
(간단한) 기구, 도구　**tool**·툴 **instrument**·인스트러멘ㅌ **appliance**어·플라이언ㅅ **utensil**유·텐슬 **gadget**·개젵

967 fulfill
풀·'필

fulfillment풀·'필먼ㅌ 이행, 수행

이행하다　　　　**discharge**·디스챠-지 **perform**퍼-'·'풤 **transact**트뤤·잭ㅌ **execute**·엑서·큐ㅌ
완수하다
충족시키다

968 perform
퍼-·'폼

performance퍼-·'풔먼ㅅ 실행, 연기, 공연
performer퍼-·'풔머- 실행자, 이행자

| 실행하다 | execute·엑서·큐ㅌ |
| 공연하다 | play·플레이 |

969 disposal
디·스포우즐

dispose디·스포우ㅈ 배치하다, 없애다

| 처분, 처리 | handling·핸들링 treatment·트뤼ㅌ먼ㅌ transaction트뤤·잭션 dealing·딜링 |
| 배치 | |

970 transaction
트뤤·잭션

transact트뤤·잭ㅌ 집행하다, 행하다

처리, 취급	dealing·딜링 handling·핸들링 treatment·트뤼ㅌ먼ㅌ disposal디·스포우즐 management·매네즤먼ㅌ
	settlement·세틀먼ㅌ conduct·컨·덕ㅌ
거래, 매매	dealings·딜링ㅈ business·비즈니ㅅ trade·트뤠이ㄷ

971 handle
·핸들

처리하다	dispose디·스포우ㅈ conduct컨·덕ㅌ transact트뤤·잭ㅌ treat·트뤼ㅌ
다루다	manage·매네즤 treat·트뤼ㅌ deal with·딜 위θ conduct컨·덕ㅌ
손잡이	

972 tractable
·트뤡터블

| 다루기 쉬운 | manageable·맨이져블 |
| 솔직한 | frank·'프뤵ㅋ candid·캔디ㄷ sincere·신·시어 straightforward·스트뤠잍·'풔워ㄷ forthright·'풔ㄹ·θ롸잍 |

973 intractable
·인·트뤡터블

| 다루기 어려운 | pernickety퍼·니키티 touchy·터치 impracticable·임·프뢕티커블 stubborn·스터번 unwieldy언윌이디 |

974 refractory
뤼·'프뤡터뤼

감당할 수 없는	
다루기 힘드는	intractable·인·트뤡터블
난치의	obstinate·압스티넡 incurable *불치의·인·큐워블

975 reaction
뤼·액션

react뤼·액ㅌ 반응하다, 대답하다

| 반응, 반작용 | feedback·'피ㄷ·백 response뤼·스판ㅅ |
| 반동 | rebound뤼·바운ㄷ |

46. 수, 계산, 다양

976

billion
·빌리언
10억

billions·빌리언ㅈ 수십억
giga·기가- one thousand million·원 ·θ아우즌ㄷ ·밀리언

977

trillion
·트릴리언
1조(의)

trillions·트릴리언ㅈ 수조

978

dozen
·더즌
12개(의)

dozens of·더즌ㅈ 어'ㅂ 수십의
twelve·트웰'ㅂ

979

figure
·'피규어
수치, 숫자
인물
형태
중요하다
생각하다, 판단하다

figurative·'피규러티'ㅂ 비유적인
number·넘버
form·'퓜 shape·셰이ㅍ

980

digit
·디져ㅌ
숫자, 자릿수
손가락

finger·'프잉거-

981

multiple
·멀티플
다수의, 다양한
복합적인

multiply·멀티플라이 곱하다, 번식하다, 다양하게
many·메니 various·'베뤼어ㅅ numerous·뉴머레ㅅ manifold·매니'포울ㄷ multitudinous·멀티·투든어ㅅ
compositive·컴·퐈지티'ㅂ

982

multitude
·멀티투ㄷ
다수
군중

multiplicity·멀티·플리서티 numbers·넘버ㅈ
crowd·크라우ㄷ the masses·ð어 ·매세ㅈ swarm·스웜 mob·맙

983

several
·쎄버럴
몇몇의

severally·쎄'버럴리 각자, 따로따로
few·'퓨 some·썸

984

preponderance
프뤼·퐌드런ㅅ
과반수, 대다수
우세, 우위

majority·메·춰리티
superiority·쑤피뤼·어뤼티 predominance·프리·다미넌ㅅ

985 counter
·카운터-

계산대	**cash desk** 캐쉬 ·데스크
반대하다	**oppose** 어·포우즈 **set against** 셑 어·겐스트 **contradict** 칸트뤡·딕트
반대의	**contrary** 칸트뤠뤼 **opposed** 어·포우즈드

986 measure
·메져

measurement 메져먼트 측정, 측량, 치수

측정(하다)	**gauge** 게이쥐 **survey** 서-ˈ베이
조치	**action** 액션 **step** 스텝
수단	**means** 민즈 **method** 메θ어드 **way** 웨이

987 calculate
·캘큘레이트

calculation 캘큘·레이션 계산, 측정
calculative 캘큘레티ˈㅂ 계산적인, 타산적인

| 계산하다 | **figure out** 피규어 ·아웉 **count** 카운트 |
| 추정하다 | **presume** 프리·줌 **assume** 어·쓤 **guess** 게스 **suppose** 써·포우즈 **surmise** 서--마이즈 |

988 statistics
스터·티스틱ㅅ

statistic 스터·티스틱 통계량, 통계의
statist 스테이·티스트 통계학자

| 통계학 | |

989 sum
·섬

| 합계하다 | **totalize** 토우털라이즈 **add up** 애드 엎 **total** 토우틀 |
| 요약하다 | **summarize** 써머라이즈 **condense** 컨·덴ㅅ **abridge** 어·브뤼쥐 **compress** 캄프뤠ㅅ |

990 deposit
디·파젵

예금	**savings** 세이ˈ빙즈
보증금	
놓다, 맡기다	

991 diversity
디·ˈ붜서티

diversify 디·ˈ붜시·ˈ파이 다양화하다
diverse 디·ˈ붜ㅅ 다른 종류의, 다양한

| 다양성, 변화 | **variety** 버·롸이어티 |

992 multi
·멀티

| 다양한 | **multiplex** 멀티플렉ㅅ **diversiform** 디·ˈ붜서·ˈ펌 **diverse** 디·ˈ붜ㅅ **different** 디ˈ퍼런트 **various** ˈ베뤼어ㅅ **varied** ˈ베뤼드 |
| 다수의 | **numerous** 뉴머레ㅅ |

993 per
·퍼-

| ~마다, ~당 | **every** 에ˈ브뤼 |

47. 크기, 수량, 부피

994 jumbo ·점보우

초대형(의)　**giant** 쟈이언ㅌ　**gigantic** 쟈이·갠틱　**huge** 휴ㅈ　**tremendous** 트뤄·멘더ㅅ　**enormous** 이·노·머ㅅ　**immense** 이·멘ㅅ

995 huge ·휴ㅈ

거대한　**enormous** 이·노·머ㅅ　**massive** ·매시'ㅂ　**gigantic** 쟈이·갠틱　**colossal** 컬·라슬　**prodigious** 프러·디져ㅅ　**unwieldy** 언윌이디

996 tremendous 트뤄·멘더ㅅ　**tremendously** 트뤠·멘더슬리 엄청나게

엄청난, 거대한　**immense** 이·멘ㅅ　**enormous** 이·노·머ㅅ　**huge** 휴ㅈ　**gigantic** 쟈이·갠틱　**colossal** 컬·라슬　**vast** ·배스ㅌ
무서운, 무시무시한　**dreadful** 드뤠드'펄　**terrible** ·테러·블　**ghastly** 개스틀리　**formidable** '풔·미더블　**awful** ·아'플　**dire** ·다이어

997 whopping ·왚잉

엄청난, 엄청나게

998 vast ·'배스ㅌ　**vastly** '배스틀리 광대하게, 대단히

막대한　**massive** ·매시'ㅂ　**prodigious** 프러·디져ㅅ　**great** ·그뤠잍　**huge** ·휴ㅈ　**gigantic** 쟈이·갠틱　**colossal** 컬·라슬
굉장한　**grand** ·그뢘ㄷ　**magnificent** 매그·니'퍼슨ㅌ　**wonderful** ·원더'펄

999 myriad ·미뤼에ㄷ

무수한　**countless** ·카운트리ㅅ　**innumerable** 인·뉴머뤠블
1만의

1000 awesome ·어썸　**awesomely** 어썸리 엄청나게, 놀랍게

굉장한　**grand** ·그뢘ㄷ　**magnificent** 매그·니'퍼슨ㅌ　**wonderful** ·원더'펄　**amazing** 어·메이징　**awful** ·아'플
무시무시한　**awful** ·아'플　**horrible** 호어러블　**terrible** ·테러·블　**fearsome** '피어섬　**dreadful** 드뤠드'펄

1001 slew 슬·루

많은　**a·lot·of** 어·랕 어'ㅂ　**plenty·of** 플렌티 어'ㅂ　**a great deal of** 어·그뤠잍·딜 어'ㅂ
a·large·number·of 어·라뤄지·넘버 어'ㅂ　**a number of** 어·넘브·어'ㅂ　**a·host·of** 어·호우스ㅌ 어'ㅂ

1002 minority
미·노-뤼티

minor·마이너- 작은 편의, 2류의, 부전공의

소수
소수 민족

1003 paucity
·퍼서티

소수[량]
결핍, 부족   **lack**·랙 **dearth**·더-θ **shortage**·쑈-티지

1004 least
·리스ㅌ

가장 적은, 가장 작은
최소의
최소로
최소, 최소량

1005 tiny
·타이니

아주 작은, 조그마한   **petty**·페티 **little**·리틀 **teeny**·티니 **wee**·위

1006 slightly
·슬라이틀리

slight·슬라이ㅌ 약간의, 가냘픈

약간, 조금   **a little**어·리틀 **a bit**어·빝

1007 spoonful
·스푼·'풀

한 숟가락 가득

1008 scale
·스케일

규모   **magnitude**·매그녀·투ㄷ
비늘
저울(-s)   **balance**·밸런ㅅ

1009 mass
·매ㅅ

massive·매시'ㅂ 거대한, 덩어리의

대량의, 덩어리의   **massive**·매시'ㅂ **large-scale**·라어즤스케일 **heavy**·헤'비 **bulky**·벌키 **bulk**·벌ㅋ **lump**·럼프
agglomerate어·글라머풰ㅌ
대중(의)   **multitudes**·멀티투드ㅈ **crowd**·크롸우ㄷ **public**·퍼블릭 **populace** 퐈퓰레ㅅ

1010 chunk ·쳥ㅋ

큰 덩어리   **hunk**·헝ㅋ **mass**·매ㅅ

1011 loaf 로우'프

덩어리   **lump**·럼프 **clod**·클라ㄷ
빈둥거림[거리다]

1012 bolus ·볼러ㅅ

둥근 덩어리

1013 heavy ·헤'비

heavily·헤빌리 무겁게, 몹시, 심하게

무거운   **weighty**·웨이티 **hefty**·헤'프티
크고 묵직한   **sizeable**·싸이저블 **bulky**·벌키
심각한, 심한   **acute**어·큐ㅌ **intense**·인·텐ㅅ **cruel**·크루-얼 **severe**씨·'비어

1014 weight ·웨이ㅌ

무게, 중량   **heaviness**·헤'빈어ㅅ

1015 gravity ·그래버티

grave·그뤠이'ㅂ 산소, 묘, 중대한

중력   **gravitation**·그뢔'버·테이션

1016 capacity 커·패서티

capacious커·페이셔ㅅ 널찍한, 포용력 있는

용량   **content**·칸텐ㅌ **volume**·'뷸륨
능력   **ability**어·빌러티 **competence**·캄페턴ㅅ
수용력   **reception**뤼·셉션

1017 volume ·'뷸륨

voluminous벌·루메너ㅅ 권 수가 많은, 부피가 큰

부피   **bulk**·벌ㅋ **size**·싸이ㅈ
양   **quantity**·퀀티티 **amount**어·마운ㅌ **quantum**·퀀텀
대량, 다량   **bulk**·벌ㅋ **quantum**·퀀텀
음량

1018 pint
·파인 ㅌ

파인트 *부피 약 0.47리터

1019 barrel
·배뤌

배럴 *부피 약 159리터
통
총열

1020 jar
·쟈-

항아리, 단지　　**pot**·파ㅌ **urn**·어-은

1021 ceramic
서·뢔믹

질그릇(의)
도예의, 도자기(의)

1022 porcelain
·포-설런

도자기(류)　　**pottery**·파터뤼 **chinaware**·차이나웨어 **ceramic**서·뢔믹

1023 fill
·'필

(가득) 채우다, 채워지다　**cram**·크뢤 **stuff**·스터'ㅍ
충족시키다　　　　　**satisfy**·새티스·'파이

1024 silo
·싸일로우

저장고
지하 격납고

1025 inventory
·인'벤·퉈뤼

재고　　　**stock**·스탁 **stockpile**·스타크·파일
목록　　　**list**·리스ㅌ

48. 충분, 만족, 우열

1026

enough
어·너'프

충분한   **adequate** 애디쿠웨 ㅌ **sufficient** 서·'피션 ㅌ **plenty** 플렌티 **ample** 앰플 **good** 굳 **satisfactory** 쌔티스·팩터뤼

1027

satisfaction
·쌔티스·'팩션

satisfy ·새티스·'파이 만족시키다
satisfactory ·쌔티스·'팩터뤼 만족스러운, 충분한

만족   **gratification** ·그래티'피·케이션 **complacency** 컴·플레이슨씨 **contentment** 컨·텐트먼 ㅌ

1028

gratify
·그래티'파이

만족시키다
기쁘게 하다   **satisfy** ·새티스·'파이 **satiate** ·세이쉬-에이 ㅌ **fulfill** 풀·'필

1029

content
·칸텐 ㅌ

contain 컨·테인 들어있다, 함유하다, 억누르다
containment 컨·테인먼 ㅌ 견제, 억제
contents 칸텐 ㅊ 내용물, 내용, 목차

만족하는   **satisfied** ·새티스·'파이 ㄷ **pleased** 플리즈 ㄷ **complacent** 컴·플레이슨 ㅌ **comfortable** ·컴'퍼터블

1030

unquenchable
언·퀀쳐블

불만스러운
채울 수 없는   **dissatisfied** ·디·새티스·'파이 ㄷ **discontented** ·디스컨·텐티 ㄷ **disgruntled** ·디·스그런틀 ㄷ

1031

exceed
익·씨 ㄷ

excessive 익·세시' ㅂ 지나친, 과도한

넘다, 초과하다   **surpass** 서-·패 ㅅ **better** ·베터- **go beyond** 고우 비·언 ㄷ

1032

surpass
서-·패 ㅅ

~보다 낫다, 능가하다   **outdo** ·아웉·두 **excel** 엑·쌜 **exceed** 익·씨 ㄷ

1033

transcend
트뢴·센 ㄷ

초월하다   **exceed** 익·씨 ㄷ **overstep** ·오우'버·스텦 **surpass** 서-·패 ㅅ **outdo** ·아웉·두 **excel** 엑·쌜

1034

overwhelming
·오우·'버·웰밍

overwhelmingly·오우·'버·웰밍리 압도적으로

압도적인	overpowering·오우·버·파워링 landslide·랜드슬·라이드 devastating·데'버스테팅 overmastering·오우·버·매스터링
저항할 수 없는	irresistible·이뤼·지스터블 compelling·컴·펠링

1035

superiority
·쑤피뤼·어뤼티

superior·쑤·피뤼어- 우수한, 우월한, 상급의

우세, 우월	predominance·프리·다미넌ㅅ dominance·다미넌ㅅ ascendancy·어·센던씨 preponderance·프뤼·판더런ㅅ mastery·매스터뤼

1036

dominant
·다미넌ㅌ

dominate·다미네이ㅌ 지배하다
dominance·다미넌ㅅ 지배, 우월
dominantly·다미넌틀리 지배적으로

우세한	regnant·뤠그넌ㅌ superior·쑤·피뤼어- ruling·룰링
지배적인	overmastering·오우·'버·매스터링

1037

bandwagon
·밴·드왜건

우세한 편	
밴드악단 차량	

1038

protrusive
프러·트루시'ㅂ

튀어나온	impending·임·펜딩 impendent·임·펜던ㅌ protruding·프뤄·트뤄딩

1039

conspicuous
컨·스피큐어ㅅ

눈에 띄는	arresting·어·뤠스팅 outstanding·아웉·스탠딩 attracting·어·트뢕팅

1040

prominent
·프라미넌ㅌ

prominence·프라미넌ㅅ 중요성, 명성, 돌출
prominently·프라미넌틀리 눈에 띄게, 현저하게

뛰어난	surpassing·서-·패싱 eminent·에메넌ㅌ standout·스탠·다우ㅌ distinguished·디·스팅귀쉬ㅌ
	accomplished·어·캄플리쉬ㅌ outstanding·아웉·스탠딩
유명한, 저명한	eminent·에메넌ㅌ famous·'페임어ㅅ renowned·뤼·나운ㄷ celebrated·셀러브뤠티ㄷ illustrious·일·러스트뤼어ㅅ
	conspicuous·컨·스피큐어ㅅ noted·노우티ㄷ notable·노우테블 proverbial·프러·'붜비얼
돌출한	eminent·에메넌ㅌ outstanding·아웉·스탠딩 protuberant·프러·튜버뤈ㅌ projected·프러·잭티ㄷ protruding·프뤄·트뤄딩

1041

brilliant
·브륄리언ㅌ

brilliance·브륄리언ㅅ 광휘, 광명, 탁월
brilliantly·브륄리언틀리 찬란히, 뛰어나게

훌륭한	excellent·엑셜런ㅌ superb·쑤·퍼-ㅂ superior·쑤·피뤼어- gorgeous·고어-져ㅅ upstanding·엎·스탠딩
	brilliant·브륄리언ㅌ colossal·컬·라슬 extraordinary·익·스트로-어디네뤼
뛰어난	surpassing·서-·패싱 eminent·에메넌ㅌ standout·스탠·다우ㅌ distinguished·디·스팅귀쉬ㅌ
	accomplished·어·캄플리쉬ㅌ outstanding·아웉·스탠딩 prominent·프라미넌ㅌ
빛나는	bright·브라잍 shining·샤이닝 gleaming·글리밍 beaming·비밍 luminous·루메네ㅅ
똑똑한	

1042 senior
·씨니어

상위의, 고등의
연장자, 연장의
대학교 4학년

upper·어퍼- superior·쑤·피뤼어- higher·하이어
elder·엘더 older·오울더

1043 prestigious
프뤠·스티져ㅅ

고급의
일류의, 훌륭한

high level·하이·레'블

1044 noble
·노우블

nobleness·너우블네ㅅ 고결, 고상, 고귀

고결한
귀족의

virtuous·'붜츄어ㅅ pure·퓨어
capable·케이퍼블 nobiliary·노우·블레어뤼

1045 decent
·디슨ㅌ

decency·디슨씨 체면, 품위, 예절
decently·디슨틀리 품위있게, 예의바르게

상당한, (좋게) 적절한
점잖은

sufficient·서·'피션ㅌ suitable·수터블 adequate·애디쿠웨ㅌ
sedate·서·데이ㅌ well-mannered·웰·맨어-ㄷ quiet·콰이어ㅌ

1046 trivial
·트뤼'비얼

trivialize·트뤼'비얼라이ㅈ 사소[평범]하게 만들다

사소한, 하찮은

insignificant·인·시그·니'피컨ㅌ futile·'퓨틀 unimportant·언임·포어턴ㅌ worthless·워-θ울레ㅅ
negligible·네글리져블

1047 marginal
·마-젼을

margin·마-젼 여백, 여유, 차이

미미한, 중요하지 않은
주변의, 변두리의
한계의, 최소한의

unimportant·언임·포어턴ㅌ inconsequential·인·칸씨·퀜셜 immaterial·임어·티뤼얼 insignificant·인·시그·니'피컨ㅌ
peripheral·퍼·뤼'퍼뤌 perimetric·퍼·뤼메트륌 circumjacent·써-컴·쥐에이션ㅌ

1048 merely
·미얼리

mere 미어 ~에 불과한

단지, 다만
한낱

merely·미얼리 simply·심플리 just·져스ㅌ only·오운리 simply·심플리 solely·소울리
only·오운리

49. 중심, 핵심, 중요, 본질

1049 pivotal ·피버틀
중추의
회전축의

1050 kernel ·커-늘
핵심 **core**·코어 **center**·센터-
곡식알

1051 emphasis ·엠'퍼·씨ㅅ **emphasize**·엠'퍼·싸이ㅈ 강조하다
강조 **stress**·스트뤠ㅅ
중요 **importance**·임·포어턴ㅅ **consequence**·칸서퀀ㅅ

1052 underline ·언덜·라인
강조하다 **emphasize**·엠'퍼·싸이ㅈ **stress**·스트뤠ㅅ **accentuate**·엑·센츄에잍 **highlight**·하일·라이ㅌ **underscore**·언더·스코어
밑줄(을 치다) **underscore**·언더·스코어

1053 intense ·인·텐ㅅ **intensify**·인·텐써·파이 심화시키다, 강화하다 **intensive**·인·텐서'ㅂ 강한, 격렬한, 집중적인
intensity·인·텐서티 강렬, 강도 **intensely**·인·텐슬리 대단히, 심히, 강렬하게
intension인·텐션 긴장
극심한 **extreme**익·스트림 **utmost**엍모우스ㅌ **severe**씨·'비어
강렬한, 맹렬한 **intensive**·인·텐서'ㅂ **powerful**·파우어'펄 **drastic**·드래스틱 **fierce**·피어ㅅ **forceful**·'풔스'펄 **severe**씨·'비어
strong·스트뤙

1054 extremely ·익·스트림리 **extreme**익·스트림 극도의, 극심한
극단적으로 **excessively**·익·세시'블리 **impossibly**·임·파세블리 **in excess**·인 ·엑·세ㅅ **too far**·투 ·'퐈-

1055 excessive ·익·세시'ㅂ **exceed**·익·씨ㄷ 넘다, 초과하다
excess·엑·세ㅅ 지나침, 과도, 과잉
excessively·익·세시'블리 과도하게, 지나치게
지나친 **extravagant**·익·스트라버건ㅌ **extreme**·익·스트림 **overdone**·오우'버·던 **fulsome**·'풀섬 **exorbitant**·이그·조-어비턴ㅌ

1056 significant ·씨그·니'피컨ㅌ **significance**·씨그·니'피컨ㅅ 중요, 중요성
significantly·씨그·니'피컨틀리 엄청나게, 중요하게
중요한 **pivotal**·피버틀 **considerable**·컨·씨더뤠블 **substantial**·섭·스탠셜 **fundamental**·'펀더·멘틀
important·임·포어턴ㅌ **weighty**·웨이티 **meaningful**·미닝'펄
의미 있는 **meaningful**·미닝'펄
현저한 **prominent**·프라미넌ㅌ **salient**·세일리언ㅌ **outstanding**·아웉·스탠딩 **distinguished**·디·스팅귀싙
extraordinary·익·스트로-어디네뤼

1057 precious
·프뤠셔ㅅ

소중한, 귀중한 — **valuable** ·밸류어블 **priceless** 프라이슬레ㅅ **beloved** 빌·러'브ㄷ **dear** ·디어 **invaluable** ·인·'밸류에블

1058 treasure
·트뤠져

보물
소중히 하다 — **cherish** 췌·뤼쉬 **adore** 어·도-어

1059 crucial
·크루-셜

crucially ·크루-셜리 결정적으로, 중대하게

중대한 — **decisive** 디·싸이시'ㅂ **weighty** ·웨이티 **considerable** 컨·씨더뤠블 **important** ·임·포어턴ㅌ **serious** ·씨뤼어ㅅ
결정적인 — **decisive** 디·싸이시'ㅂ **definitive** 디·'피니티'ㅂ **final** ·'파인을 **critical** 크뤼티클

1060 serious
·씨뤼어ㅅ

seriousness ·씨뤼어스네ㅅ 심각함, 진지함
seriously ·씨뤼어슬리 심각하게, 진지하게

심각한, 중대한 — **grave** ·그뤠이'ㅂ **acute** 어·큐ㅌ **severe** 씨·'비어 **critical** ·크뤼티클 **momentous** 모·멘터ㅅ **important** ·임·포어턴ㅌ
진지한 — **earnest** ·어-네스ㅌ **sober** ·쏘우버

1061 prime
·프롸임

primary ·프라이·메뤼 주된, 주요한, 기본적인

주요한 — **chief** ·에이블 **staple** ·스테이플 **principal** 프륀서플 **capital** 캐피틀 **major** ·메이져 **fundamental** ·'펀더·멘틀
cardinal ·카-디늘
최고의 — **paramount** 퍠뤄마운ㅌ **superlative** 쑤·'포얼러티'ㅂ **chief** ·에이블 **upmost** ·엎모우ㅅㅌ **uppermost** ·어퍼모우ㅅㅌ
ultimate ·얼티메이ㅌ **sublime** 서·블라임

1062 overarching
·오우'버·-아-췽

overarch 오우'버·-아-최 아치 모양으로 휘다

대단히 중요한, 최우선의 — **overriding** ·오우'버·롸이딩

1063 salient
·세일리언ㅌ

가장 중요한 — **all important** 얼·임·포어턴ㅌ **most important** 모우ㅅㅌ·임·포어턴ㅌ
두드러진 — **distinguished** 디·스팅귀쉬ㅌ **outstanding** ·아웃·스탠딩

1064 keynote
·키노우ㅌ

주안점 — **essential point** 에·센셜·풔인ㅌ
기조(연설하다)

1065 fundamental
·'펀더·멘틀

| 근본적인, 본질적인 | basic·베이씩 essential·에·쎈셜 underlying·언덜·라잉 elementary·엘리·멘트뤼 |
| 핵심적인, 필수인 | primary·프롸이·메뤼 principal·프륀서플 cardinal·카-디늘 central·쎈트럴 key·키 |

1066 entity
·엔티티

실체
본질
존재

1067 essential
에·쎈셜

essence·에슨ㅅ 본질, 정수
essentially·에·쎈셜리 근본적으로, 기본적으로

본질적인	intrinsic·인·트륀식 inherent·인·히런ㅌ fundamental·'펀더·멘틀 natural·내쳐뤌 native·네이티'ㅂ
정수의	quintessential·퀸터·쎈셜
필수적인	indispensable·인디·스펜서블 necessary·네서·세뤼 imperative·임·페뤄티'ㅂ obligatory·어·블리게터뤼

50. 수집, 공급

1068 gather ·개ð어
gathering·개ð어링 모임, 수집

모으다 | collect컬·렉트 accumulate어·큐뮤얼레잍 amass어·매ㅅ assemble어·셈블 store up·스토어- 엎
aggregate·애그리겔 congregate·캉그뤼게이트

수집하다 | collect컬·렉트 compile컴·파이를 glean·글린
모여들다 | come[get] together컴[겥] 투·게ð어 flock·플락 crowd·크라우ㄷ swarm·스웜 congregate·캉그뤼게이트

1069 compile 컴·파이를
수집하다 | gather·개ð어 collect컬·렉트 compile컴·파이를 glean·글린
편집하다 | edit·에디트 rewrite뤼·롸잍

1070 pick ·픽
줍다 | glean·글린
고르다 | choose·츄ㅈ select쎌·렉트
쪼다 | peck·펰

1071 accumulation 어큐뮬·레이션
accumulate어·큐뮤얼레잍 모으다, 축적하다
축적 | storing up·스토륑 엎 stockpiling·스타크·파일링 amassment어·매스먼트 cumulation·큐뮬·레이션

1072 hoard ·호어ㄷ
비축(하다) | reserve뤼·저-'ㅂ
저장(하다)
사재기

1073 vest ·'베스ㅌ
(권한을)주다, 부여 | bestow비·스토우 endow엔·다우 give기·ㅂ grant·그랜트
하다
조끼

1074 grant ·그랜트
수여하다 | award어·워-ㄷ confer컨·퍼- bestow비·스토우 invest·인·'베스ㅌ
승인하다 | approve어·프루-'ㅂ acknowledge앸·날리쥐 avow어·바우 approbate·애프뤄베이트
보조금 | subsidy·썹서디 bounty·바운티 subvention섭·'벤션 grant-in-aid·에이ㄷ

1075 bestow 비·스토우
주다 | give기·ㅂ present·프뤠즌ㅌ confer컨·퍼- grant·그랜트 provide프러·바이ㄷ pass·패ㅅ

1076 extradite
·엑스트뤠다잍

인도[인수]하다

1077 delivery
딜·리버뤼

deliver딜·리버- 배달하다, 낳다
deliverable딜·리버뤄블 배달 가능한, 도달 가능한

배달
출산, 분만 | **labor**·레이붜 **childbirth**·차일드·버-θ **parturition**·파-튜·뤼션 **procreation**·프뤄우크뤼·에이션 **birth**·버-θ

1078 transmit
트뤤즈·밑

transmission, transmittal트뤤·스미션, 트뤤·스미틀 전송, 전달, 전염

전송하다, 전하다 | **forward**·풔워드 **transfer**·트뤤스·퍼- **dispatch**·디·스패취 **send out**·센드·아웉
전염시키다 | **pass on**·패스·안 **spread**·스프뤠드 **communicate**·커·뮤니·케이트
(열·전기 등) 전도하다 | **conduct**·컨·덬트

1079 supply
써·플라이

supplies써·플라이ㅈ 보급품

공급하다, 제공하다 | **provide**프러·바이드 **furnish**·퍼-·니싀 **serve**·써-ㅂ **feed**·피드
비축(량) | **store**·스토어- **stock**·스탘 **reserve**뤼·저-ㅂ **hoard**·호어드

1080 acceptance
액·셒턴ㅅ

수납 | **receipt**뤼·씥
용인, 수락 | **admission**애드·미션

1081 award
어·워-드

상 | **prize**·프롸이ㅈ **medal**·메들 **trophy**·트롸우'피 **reward**뤼·워-드
수여하다 | **grant**·그뢘트 **confer**컨·'퍼- **bestow**비·스토우 **invest**인·'베스트

1082 tamper
·탬퍼-

매수하다, 뇌물을 주다 | **bribe**·브롸이ㅂ **buy off**·바이·어'ㅍ
간섭[참견]하다 | **interfere**·인터-'피어 **intermeddle**·인·터-·메들

1083 venal
·'비늘

venality비·낼러티 매수됨, 무절제

매수할 수 있는, 부패한

51. 획득, 보상, 보답

1084

gain
·게인

| 얻다 | **obtain**앱·테인 **acquire**어·콰이어- **secure**씨·큐어 **receive**뤼·시'ㅂ |
| 축적하다 | **accumulate**어·큐뮤얼레잍 **store up**스토어- 엎 **amass**어·매ㅅ |

1085

procure
프뤄·큐어

procurable프뤄·큐뤄블 얻을 수 있는

| 획득하다 | **obtain**앱·테인 **get**겥 **capture**캪쳐 **conquer**캉커- **earn**어-은 **gain**·게인 |

1086

laureate
·러뤼에이ㅌ

| 수상자 |
| 영예의 |

1087

derive
디·라이'ㅂ

derivative디·뤼버티'ㅂ 끌어낸, 유도적인

| 끌어내다, 얻다 | **acquire**어·콰이어- **gain**·게인 **get**겥 **obtain**앱·테인 **receive**뤼·시'ㅂ |
| ~에 비롯되다, 유래하다 | **originate**어·뤼젼에이ㅌ **result from**뤼·절트 '프뤔 **stem from**스템 '프뤔 |

1088

achievement
어·최'ㅂ먼ㅌ

achieve어·최'ㅂ 달성하다, 성취하다

| 달성, 성취, 업적 | **attainment**어·테인먼ㅌ **accomplishment**어·캄플리쉬먼ㅌ |

1089

attain
어·테인

attainable어·테이너블 달성할 수 있는

| 달성하다 | **achieve**어·최'ㅂ **obtain**앱·테인 **reach**륃취 **arrive**어·라이'ㅂ **gain**·게인 |
| 도달하다 | **arrive**어·라이'ㅂ **reach**륃취 **gain**·게인 |

1090

reward
뤼·워-ㄷ

보상, 보수, 상	**payment**·페이먼ㅌ **prize**·프라이ㅈ **compensation**·캄펜·세이션 **premium**·프뤼미엄 **remuneration**뤼뮤너·뤠이션
현상금, 보상금	**prize**·프라이ㅈ **compensation**·캄펜·세이션
보상하다, 보답하다	**reciprocate**뤼·씨프뤄케이ㅌ **compensate**·캄펜·세잍 **return**뤼·터-은 **requite**뤼·콰잍

1091

compensate
·캄펜·세잍

compensation·캄펜·세이션 보상, 배상

| 보상하다 | **recompense**·뤠컴·펜ㅅ **reimburse**·뤼엠·버-ㅅ **reward**뤼·워-ㄷ **remunerate**뤼뮤너·뤠이ㅌ |
| 보완하다 | **make up for**·메이ㅋ 엎 '풔 **supplement**·써플러먼ㅌ **complement**·캄플레먼ㅌ **redeem**뤼·딤 |

1092

reciprocate
뤼·씨프뤼케이ㅌ

| 보답하다, 갚다 | **reward**뤼·워-ㄷ **recompense**·뤠컴·펜ㅅ **return**뤼·터-은 **requite**뤼·콰잍 **repay**뤼·페이 |
| 교환하다, 주고받다 | **exchange**익스·채인ㅈ **swap**스왚 **barter**·바-터- |

52. 기부, 제공, 도움, 구조

1093

contribute
컨·트뤼뷰트

contribution·칸트뤼·뷰션 기부, 기여
contributory컨·트뤼뷰터뤼 기여하는

기부하다
기여하다 　donate도우·네이트

1094

aid
·에이ㄷ

원조, 도움 　assistance어·씨스턴ㅅ support써·포어ㅌ help·헬ㅍ
돕다, 원조하다 　assist어·씨스ㅌ support써·포어ㅌ help·헬ㅍ second·세컨ㄷ

1095

subsidize
·썹서·다이ㅈ

후원하다 　boost·부스ㅌ sponsor·스판서- maintain멘·테인 back up백·엎
원조하다

1096

provide
프러·'바이ㄷ

provision프러·'비젼 (법) 조항, 공급, 준비
provider프러·'바이더 공급자

제공하다, 공급하다 　cater for·케이터 '풔 afford어·'풔ㄷ give·기'ㅂ supply써·플라이 serve·써-'ㅂ
준비하다 　prepare프뤼·페어 arrange어·뤠인쥐 equip oneself이·큎 원쎌ㅍ get ready겥 ·뤠디 prep·프렢 fit up·핕 엎

1097

offer
·아'퍼-

제안 　proposal프러·포우즐 proposition·프라퍼·지션 suggestion써·줴스쳔 overture·오우'버튜어 motion·모우션
제공(하다) 　proffer·프롸'퍼-

1098

suggest
써·줴스ㅌ

suggestion써·줴스쳔 제의, 암시

제안하다 　propose프러·포우ㅈ offer·아'퍼- proffer·프롸'퍼-
암시하다 　allude얼루ㄷ imply임·플라이 indicate·인디케이ㅌ infer·인·'퍼- intimate·인티메이ㅌ connote커·노우ㅌ hint·힌ㅌ

1099

proposal
프러·포우즐

propose프러·포우ㅈ 제안하다, 청혼하다

신청 　application·애플러·케이션 subscription·썹·스크맆션 indent·인·덴ㅌ
제안 　offer·아'퍼- proposition ·프라퍼·지션 suggestion써·줴스쳔 motion·모우션

1100

rescue
·뤠스큐

구조 　salvage·쌜비쥐 saving ·세이'빙 relief뤼·리'ㅍ
구조하다 　save·세이'ㅂ relieve뤼·리'ㅂ help·헬ㅍ aid·에이ㄷ

1101 extricate
·엑스트뤼케이트

구출하다 | save·세이'ㅂ rescue·뤠스큐 relieve·륄·리'ㅂ deliver·딜·리버-
해방시키다 | set free·셑 '·프뤼 deliver·딜·리버- liberate·리버뤠ㅌ emancipate·어·맨서·페이ㅌ

1102 irredeemable
·이뤼·디메블

구제불능의, 불치의 | incurable·인·큐뤄블 incorrigible·인·코리져블
되살 수 없는

1103 accessory
액·세서뤼

보조적인 | accessorial·액써·소어뤼얼 subsidiary·썹·씨디·에뤼
장신구, 부속물

1104 volunteer
·'봘런·티어

voluntary·'봘런테뤼 자발적인, 자진한

자원 봉사자, 자원자
자진[자원]하다

1105 philanthropy
펄·랜θ뤄·피

philanthropist·펄·랜θ뤄피스ㅌ 박애주의자

박애, 자선 | charity·채뤼티 beneficence·베·네'퍼선ㅅ benevolence·베·네볼런ㅅ

1106 mercy
·머-씨

자비, 인정 | charity·채뤼티 compassion·컴·패션 pity·피티

1107 tolerance
·톼러런ㅅ

tolerant·톼러뤈ㅌ 관대한, 내성이 있는, 잘 견디는
tolerantly·톼러런틀리 관대하게
tolerate·톼러·뤠ㅌ 참다, 견디다, 용인하다

관용 | magnanimity·매그너·니밑이 generosity·재너·롸서티
인내력 | patience·페이션ㅅ sufferance·써'퍼런ㅅ fortitude·'풔티투ㄷ

1108 generous
·재너뤄ㅅ

generosity·재너·롸서티 관대함

관대한, 너그러운 | tolerant·톼러뤈ㅌ liberal·리버뤌 lenient·린이언ㅌ lavish·래'비쉬 benevolent·베·네벌런ㅌ indulgent·인·덜젼ㅌ

1109 leniently ·리니언틀리

lenient·린이언ㅌ 관대한

관대하게, 인자하게 **generously**·재네러슬리 **tolerantly**·탈러런틀리 **liberally**·리버뤌리

1110 devote 디·'보우ㅌ

devotion디·'보우션 헌신, 몰두, 전념

바치다, 헌신하다 **dedicate**·데디케이ㅌ **sacrifice**·새크뤼'파이ㅅ
전념하다, 몰두하다 **concentrate**·칸슨·트뤠이ㅌ **focus**·포우커ㅅ **bury oneself in**·베뤼 원쎌'ㅍ 인 **give oneself up to**·기'ㅂ 원쎌'ㅍ 엎 투

1111 lavish ·래'비시

lavishly·래'비쉴리 헤프게, 아낌없이

아낌없이 주다, 낭비하다
아낌없는, 헤픈 **extravagant**익·스트라버건ㅌ **generous**·재너뤄ㅅ **prodigal**·프라디글 **spendthrift**·스펜드·θ뤼'프ㅌ
profligate·프라'플리·겔
풍부한 **abundant**어·반던ㅌ **ample**·앰플 **liberal**·리버뤌 **plentiful**·플렌티'펄 **prolific**프뤌·리'픽

1112 altruism ·앨트루·이즘

altruistic·얼트루·이스틱 이타적인
altruist·앨트루이스ㅌ 이타주의자

이타주의

1113 sacrifice ·새크뤼'파이ㅅ

sacrificial·새크뤼·'피셜 희생양의, 희생적인

희생 **victim**·'브익텀 **toll**토울 **cost**카스ㅌ
제물, 제물을 바침 **victim**·'브익텀 **offering**·아'퍼륑
희생하다 **victimize**·'브익티마이ㅈ
제물을 바치다

1114 victim ·'빅텀

victimize·'브익티마이ㅈ 희생시키다, 괴롭히다

희생자 **underdog**·언더·둭
피해자 **sufferer**·써'퍼뤄

1115 fend ·'펜ㄷ

fend for oneself·'펜ㄷ '풔 원쎌'ㅍ 자활하다

부양하다 **support**·써·포어ㅌ **maintain**멘·테인 **provide for**프러·'바이ㄷ '풔
저항하다 **resist**뤠·지스ㅌ **withstand**위ð·스탠ㄷ

53. 가난, 부족, 값, 사치

1116 poverty ·파버-티
poor·푸어 가난한, 불쌍한

가난	indigence·인디젼ㅅ penury·페뉴뤼 poorness·푸어네ㅅ
결핍, 부족	lack·랙 dearth·더-θ want·완트 shortage·쑈-티지 scarcity·스케어서티 destitution·데스터투션 deficiency·디·피션씨
불모	barrenness·배뤄네ㅅ sterility·스터·뤼리티 infertility·인'퍼-·텔러티

1117 impoverished ·임·파'브뤼쉴

| 가난한, 빈곤한 | poor·푸어 indigent·인디젼트 destitute·데스터투트 penurious·페·뉴뤼어ㅅ |

1118 famine ·'패민

| 기근 | dearth·더-θ |
| 굶주림 | |

1119 starve ·스타-'ㅂ
starved·스타-'ㅂㄷ 굶주린

| 굶주리다 | hunger·헝거- |
| 굶어 죽다 | |

1120 scarce ·스케어ㅅ
scarcity·스케어서티 부족, 결핍, 기근
scarcely·스케어슬리 거의~않다

| 부족한 | sparse·스파-ㅅ deficient·디·피션트 lacking·래킹 scant·스캔트 scanty·스캔티 stingy·스틴지- |
| 드문, 희박한 | sparse·스파-ㅅ infrequent·인·'프뤼퀀트 rare·뤠어 uncommon·언카먼 extraordinary·잌스트로-어디네뤼 remote·뤼·모우트 |

1121 lack ·랙

| ~이 없다, 부족하다 | be short of·비·쇼어-트 어'ㅂ be without·비 위ð·아웃 be missing·비·미싱 need·니ㄷ be insufficient·비·인서·'피션트 |
| 결핍, 부족 | dearth·더-θ want·완트 shortage·쑈-티지 scarcity·스케어서티 poverty·파버-티 destitution·데스터투션 deficiency·디·'피션씨 |

1122 refugee ·뤠'퓨쥐-

| 난민 | the destitute·ð어 ·데스터투트 |
| 망명자 | exile·엑·자일 fugitive·'퓨져티'ㅂ |

1123 empty ·엠프티

| 비어 있는 | blank·블랭ㅋ vacant·'베이컨트 void·'붜이ㄷ unoccupied·언·아큐파이ㄷ unfilled·언·'필ㄷ hollow·할로우 |
| 공허한 | blank·블랭ㅋ hollow·할로우 |

1124 hollow
·할로우

| 속이 빈, 공허한 | **empty**·엠프티 **blank**·블랭ㅋ |
| 우묵한 | **sunken**·썽큰 |

1125 vacuum
·'배큠

진공	
공허	**vacancy**·'베이컨씨 **emptiness**·엠프티너ㅅ
진공청소기로 청소하다	

1126 futile
·'퓨틀

| 헛된 | **vain**·'베인 **fruitless**·'프루틀레ㅅ |
| 효과 없는 | **fruitless**·'프루틀레ㅅ |

1127 exhaust
익·저스트

exhaustion익·저스쳔 피로, 탈진, 고갈
exhaustive익·저스티'ㅂ 철저한, 소모적인

| 다써버리다 | **use up**·유ㅈ 엎 **deplete**디·플리ㅌ |
| 소모하다 | **consume**컨·쑴 |

1128 squander
·스콴더

| 낭비하다 | **waste**·웨이스ㅌ **consume away**컨·쑴 어·웨이 **dissipate**·디서·페이ㅌ |
| 탕진하다 | **dissipate**·디서·페이ㅌ |

1129 extravagant
익·스트라버건ㅌ

extravagance익·스트라버건ㅅ 사치, 낭비
extravagantly엑·스트라버건틀리 사치스럽게, 지나치게

| 낭비하는 | **prodigal**·프라디글 **wasteful**·웨이스ㅌ'펄 **luxurious**럭·셔뤼어ㅅ |

1130 binge
·빈지

흥청망청하다
폭식[폭음](하다)

1131 ungrudging
언·그뤄쥐잉

| 아끼지 않는 | **openhanded**·오우픈·핸디ㄷ |

1132 depletion
디·플리션

| 고갈 | **exhaustion**익·저스쳔 |

1133 cheap ·치ㅍ

cheaper ·치퍼- 값이 더 싼
cheaply ·치플리 싸게, 쉽게
cheapen ·치픈 값[격]을 낮추다

저렴한　　**inexpensive** ·인익·스펜시'ㅂ **low-priced** ·로우·프라이스트

1134 expensive 익·스펜시'ㅂ

expend 익·스펜ㄷ 소비하다, 다 써버리다
expense 익·스펜ㅅ 지출, 비용
expensively ·엑·스펜시'블리 비싸게

비싼　　**costly** ·카스틀리 **precious** ·프뤠셔ㅅ **sumptuous** ·썸프츄어ㅅ
사치스러운　　**luxurious** ·럭·셔뤼어ㅅ **luxury** ·럭셔뤼 **sumptuous** ·썸프츄어ㅅ **prodigal** ·프라디글 **wasteful** ·웨이스트'펄
spendthrift ·스펜ㄷ·θ뤼'프ㅌ

1135 sumptuousness ·썸ㅍ츄어ㅅ네ㅅ

사치　　**lavishness** ·래'비쉬·네ㅅ **extravagance** 익·스트롸버건ㅅ **luxury** ·럭셔뤼
화려함　　**flamboyance** 플램·붜이언ㅅ

1136 luxury ·럭셔뤼

luxurious 럭·셔뤼어ㅅ 사치스러운, 풍부한

사치스러운, 호화로운　　**sumptuous** ·썸프츄어ㅅ **de luxe** ·디 럭ㅅ **prodigal** ·프라디글

54. 고저, 최적

1137 altitude
·앨티투ㄷ

(해발) 고도, 높이 | **height**·하이ㅌ **elevation**·엘러·베이션

1138 soar
·소어-

높이 치솟다 | **tower**·타우어-
날아오르다 | **fly up[high]**·플라이 엎[·하이]

1139 lofty
·러'프티

매우 높은 | **sky-high**스카이·하이
고상한 | **noble**·노우블 **elevated**·엘러·베이티ㄷ **elegant**·엘레강ㅌ **high-minded**하이·마인디ㄷ

1140 leap
·리프

leap month·맆 ·먼θ 윤달
leap year·맆 ·이어 윤년

도약(하다) | **jump**·점ㅍ **spring**·스프링

1141 lift
·리'프ㅌ

liftable·리'프·터블 올릴 수 있는

(위로) 올리다, 들어올 | **raise**·뤠이ㅈ **elevate**·엘러·베이ㅌ **hoist**·호이스ㅌ **heave**·히'ㅂ
리다

1142 overhead
·오우'버·헤ㄷ

머리 위로

1143 above
어·버'ㅂ

~보다 위에
위에 | **aloft**얼·러'프ㅌ **over**·오우'버 **up**엎
~을 넘는 | **over**·오우'버

1144 sub
·썹

~의 아래에 | **under**·언더 **below**빌·로우
하위의
대신하다 | **replace**·뤼·플레이ㅅ **replace**·뤼·플레이ㅅ **supplant**서·플랜ㅌ **displace**·디·스플레이ㅅ **supersede**·쑤퍼-·씨ㄷ

1145 bottom
·바텀

밑(바닥)
기초   basis·베이·씨·ㅅ base·베이·ㅅ ground·그라운드 foundation파운·데이션

1146 beneath
비·니θ

밑에   below빌·로우 under·언더
~보다 못한   below빌·로우 lower·로우어 under·언더

1147 nadir
·네이더

밑바닥   bottom·바텀
최하점

1148 minimize
·미너마이ㅈ

minimization미니마이·제이션 최소화

최소화하다
축소하다   reduce·뤼·두ㅅ decrease디·크뤼ㅅ diminish디·미니쉬 shorten·쑈-튼

1149 maximum
·맥시멈

maximize 맥서·마이ㅈ 최대화하다

최대의   utmost·엍모우스ㅌ best·베스ㅌ greatest·그레이티스ㅌ largest·라-저스ㅌ chief·에이블 uppermost·어퍼모우스ㅌ

1150 culminate
·컬미네이ㅌ

최고조에 달하다
끝내다   end·엔ㄷ terminate·터-미네이ㅌ

1151 ceiling
·씰링

ceilinged·씰링이ㄷ 천장이 있는

천장
최고 한도   top limit·탚 ·리밑 maximum·맥시멈 peak·픽 top·탚
한계   limit·리밑 margin·마-젼 boundary·바운더뤼

1152 zenith
·지니θ

정점   summit·써밑 peak·픽 top·탚 climax·클라이·맥ㅅ apex·에이·펙ㅅ vertex·붜·텍ㅅ

1153 summit
·써밑

| 정상 | peak·픽 top·퇍 crest·크레스트 top·퇍 zenith·지니θ |
| (the -)정상회담 | |

1154 apex
·에이·펙스

| 꼭대기 | top·퇍 summit·써밑 peak·픽 crest·크레스트 spire·스파이어 |
| 절정 | climax·클라이·맥스 summit·써밑 zenith·지니θ peak·픽 height·하이트 |

1155 peak
·픽

절정, 최고조	zenith·지니θ acme·앰미 tiptop·팁·퇍 height·하이트 climax·클라이·맥스
(산의) 정상, 꼭대기	summit·써밑 top·퇍 crest·크레스트
뾰족한 것	
절정에 달하다	

1156 acme
·앰미

| 절정(기), 정점 | peak·픽 climax·클라이·맥스 zenith·지니θ |

1157 apogee
·애포·우쥐이

| 최고점 | maximum·맥시멈 vertex·붜·텍스 topnotch·퇈노최 summit·써밑 climax·클라이·맥스 zenith·지니θ |

1158 optimal
앞티믈

| 최선의 | |
| 최적의 | optimum·앞티멈 |

1159 valid
·'밸리ㄷ

validity·밸·리디티 유효함, 타당성
validly·'밸리들리 타당하게

| 유효한, 효과적인 | effective·이·'펙티ㅂ available·어·'베일러블 efficient·어·'피션트 |
| 타당한 | advisable·에드·'바이저블 proper·프라퍼 |

55. 첨부, 부가

1160

embed
엠·베ㄷ

끼워 넣다　**insert**·인·써-ㅌ **implant**·임·플랜ㅌ **imbed**·임·베ㄷ **introduce**·인트뤄·두ㅅ **inlay**·인·레이

1161

attach
어·태치

attachment·어·태치먼ㅌ 부착, 부가, 애착

붙이다, 첨부하다　**add**·애ㄷ **affix**·애'픽ㅅ **stick**·스틱 **append**·어·펜ㄷ
소속시키다　**assign**·어·싸인

1162

enclose
인·클로우ㅈ

동봉하다　**inclose**·인·클로우ㅈ
에워싸다　**beset**·비·세ㅌ

1163

addition
어·디션

add·애ㄷ 더하다, 추가하다
additional·어·디셔널 추가의, 부가적인

추가(물)　**supplement**·써플러먼ㅌ **appendix**·어·펜딕ㅅ
덧셈

1164

extra
·엑스트라

추가의　**additional**·어·디셔널 **supplementary**·써플러·멘트뤼 **surplus**·써-·플러ㅅ
엑스트라　**supernumerary**·쑤퍼·뉴머뤠뤼

1165

annexation
·앤엑·세이션

부가(물)
합병

1166

sediment
·세디먼ㅌ

침전물　**deposit**·디·파젵 **precipitate**·프리·씨퍼테이ㅌ **sludge**·슬·러쥐

1167

complement
·캄플레먼ㅌ

complete·컴·플리ㅌ 완성하다, 완료하다
complemental·캄플레먼틀 보충적인, 보완하는
complementary·캄플러·멘트뤼 보충적인, 보완하는

보완물　**supplement**·써플러먼ㅌ

1168

incidental
·인서·덴틀

부수적인　**contingent**·컨·틴전ㅌ **circumstantial**·서·컴·스탠셜
우연한　**accidental**·액씨·덴틀 **chance**·챈ㅅ **haphazard**햅·해저-ㄷ **random**·랜덤 **casual**·캐쥬얼
　　unexpected·언일·스펙티ㄷ **adventitious**·애드'벤·티셔ㅅ **fortuitous**'풔·튜어터ㅅ **contingent**·컨·틴전ㅌ
임시의　**occasional**·어·케이져널 **temporary**·템퍼뤄뤼 **false**·'펄ㅅ **provisional**·프러·'비져널 **transitory**·트뢴저퉈뤼
　　temporal·템퍼럴

56. 구체, 세부, 정밀, 정확

1169 concretely
·칸·크뤼틀리

concrete컨·크륕 구체적인
concretize칸크뤼타이즈 구체화 시키다, 응결시키다

| 구체적으로 | tangibly탠저블리 substantially썹·스탠셜리 |

1170 embody
엠·바디

| 구체화하다 | substantiate썹·스탠치·에이트 concretize칸크뤼타이즈 crystallize크뤼스털라이즈 |
| 포함하다 | comprise컴·프라이즈 contain컨·테인 embrace엠·브레이스 include·인·클루ㄷ |

1171 detail
디·테일

| 세부(사항) | particulars퍼-·티큘러즈 |

1172 precision
프뤼·씨즌

precise프리·싸이ㅅ 정확한, 정밀한
precisely프리·싸이슬리 정확하게, 신중하게

| 정밀성, 정확성 | accuracy·애큐레씨 punctuality펑츄·앨러티 |
| 신중함 | deliberation딜리버·뤠이션 |

1173 sophisticated
서·'피스티·케이티ㄷ

sophisticatedly서·'피스티·케이티들리 세속적으로, 정교하게

정교한	elaborate일·래붜레이ㅌ exquisite익·스뤼짙 lapidary·래퍼데뤼 cunning·커닝 elaborative일·래붜레이티'ㅂ delicate·델리켙
복잡한	complex·캄플렉ㅅ complicated·캄플리케이티ㄷ intricate·인트러켙
세속적인	secular·쎄큘러- worldly월-들리 earthly어-θ리 profane프뤄·'페인

1174 meticulously
머·티큘레슬리

| 꼼꼼하게 | sedulously세듈러슬리 with deliberation위θ 딜리버·뤠이션 |
| 주의깊게 | |

1175 exactly
익·잭틀리

exact익·잭ㅌ 정확한, 정밀한

| 정확히 | accurately·애큐레이틀리 properly·프롸펄리 rightly·롸이틀리 on the button안 ðㅏ ·버튼 precisely프리·싸이슬리 just져스ㅌ |

1176 accurate
·애큐레이ㅌ

accuracy·애큐레씨 정확, 정확성
accurately·애큐레이틀리 정확하게, 정밀하게

| 정확한 | exact익·잭ㅌ precise프리·싸이ㅅ right·롸잍 perfect퍼-·'펙ㅌ literal·리터럴 |
| 정밀한 | precise프리·싸이ㅅ close클로우ㅈ exact익·잭ㅌ minute·미닡 delicate·델리켙 |

1177 distinct
·디·스팅크트

distinguish ·디·스팅·귀쉬 구별하다, 식별하다
distinction ·디·스팅크션 구별, 차이, 특징

| 뚜렷한, 분명한 | explicit 익·스플리서트 clear 클리어 plain 플레인 manifest 맨어'페스트 obvious 압'비어스 evident 에'베던트 crisp 크뤼슾 |
| 구별되는, 별개의 | different 디'퍼런트 separate 셆어뤠트 dissimilar 디스씨밀러- |

1178 manifest
·맨어'페스트

manifestation ·매네'페·스테이션 징후, 표명, 나타남

명백한, 분명한	explicit 익·스플리서트 clear 클리어 plain 플레인 visible '비저블 obvious 압'비어스 evident 에'베던트 perspicuous 퍼·스피큐어스
나타나다	appear 어·피어 come out 컴·아웉 present oneself 프뤠즌트 원쎌'프 make an appearance 메이크 언 어·피런스 turn up 터-온 엎 show up 쇼우우 엎
명백하게 하다	clear 클리어 clarify 클레뤼'파이 lighten 라이튼

1179 clarify
·클레뤼'파이

clarification 클레뤼'피·케이션 정화, 맑게 함, 설명

| 명확하게 하다 분명히 말하다 | explain 익·스플레인 make clear 메이크·클리어 |
| 정화하다 | refine 뤼'·파인 |

1180 corroborate
커·롸버·뤠이트

corroboration 커·롸버·뤠이션 보강, 강화, 확실하게 함
corroborative 커·롸버뤠이티'브 확증적인, 입증하는

| 확실히 하다 | ascertain ·애서-·테인 |
| 입증하다 | prove 프루-'브 establish 에·스태블리쉬 testify ·테스터'파이 verify '베뤼'파이 attest 어·테스트 argue 아-규 |

1181 convinced
컨·'빈스트

| 확실한 납득된 | certain ·써-튼 secure 씨·큐어 sure 슈어 positive ·퐈저티'브 confident ·칸'피던트 |
| 설득했다 | persuaded 퍼-·스웨이디드 induced ·인·두스트 |

1182 authenticity
·아θ엔·티서티

| 확실성 | certainty ·써-튼티 reliability 륄·라이어·빌러티 |
| 신뢰성 | responsibility 뤼·스퐌서·빌러티 |

1183 articulate
아-·티큘레이트

| 분명히 하다 똑똑히 발음하다 논리정연한 | enunciate 이·넌씨·에이트 |

1184 flagrant
·'플레이그뤈트

| (나쁜 것이) 명백한 | glaring ·글레어잉 |
| 악명 높은 | notorious 노우·퉈뤼어스 infamous ·인'퍼머스 egregious 이·그뤼져스 |

57. 전체, 비율, 분리, 분배, 부분

1185 whole
호울

wholly 호울리 전적으로, 완전히

전체의	entire 엔·타이어- total 토우틀
모든	all 얼 every 에'브뤼
완전한	perfect 퍼-'펙트 complete 컴·플리트 entire 엔·타이어- integral 인티그럴

1186 holistic
호울·리스틱

전체론의

1187 panoply
·팬어플리

완전한 한 세트

1188 complete
컴·플리트

completion 컴·플리션 완성, 완료
completely 컴·플리틀리 완전히, 철저히

완전한	consummatory 컨·쑤머터뤼 entire 엔·타이어- perfect 퍼-'펙트 whole 호울 integral 인티그럴
	plenary 플레너뤼 thorough 떠어-오우 utter 어터- stark 스타-ㅋ
전부의	all 얼 overall 오우'버·뤌 entire 엔·타이어- whole 호울
완료하다	consummate 칸섬에이트 end 엔ㄷ finish '프이니쉬 conclude 컨·클루ㄷ

1189 sheer
·쉬-어

순전한, 완전한	utter 어터- blank 블랭ㅋ complete 컴·플리트 pure 퓨어 arrant 애뤈트 stark 스타-ㅋ
가파른	sharp 샾 rapid 뢔핃 steep 스팊 precipitous 프리·씨피터스

1190 utterly
·어털리

utter ·어터- 완전한, 말하다, 발언하다

완전히	completely 컴·플리틀리 wholly ·호울리 throughly ·떠룰리 all 얼 to the ground 투 ðㅓ ·그롸운ㄷ
	neck and crop ·넥 엔ㄷ ·크뢒

1191 absolute
·앱설·룻

absolutely ·앱설·루틀리 절대적으로, 무조건으로

절대적인	implicit ·임·플리서ㅌ unconditional 언컨·디셔널 absolute 앱설·룻 supreme 수·프륌
완전한	complete 컴·플리트 consummatory 컨·쑤머터뤼 entire 엔·타이어- perfect 퍼-'펙트 whole 호울
	integral ·인티그럴 plenary 플레너뤼

1192 thorough
·떠어-오우

thoroughly ·떠어-오울리 대단히, 완전히

철저한	exhaustive 익·저스티'ㅂ downright ·다운·롸잍 down to earth ·다운 투 ·어-θ whole hog 호울 ·하ㄱ
	down-to-earth ·다운투·어-θ
완전한	complete 컴·플리트 consummatory 컨·쑤머터뤼 entire 엔·타이어- perfect 퍼-'펙트 whole 호울
	integral ·인티그럴 plenary 플레너뤼

1193 infallible
·인·'팰러블

전혀 오류가 없는   **unerring**언·어-륑

1194 rate
·뤠이ㅌ

비율	**percentage**퍼-·센티쥐 **rate**·뤠이ㅌ **proportion**프러·포어션 **ratio**·뤠이셔·우
요금	**fee**·피 **fare**·'페어 **charge**·차-쥐
평가하다	**estimate**·에스티메이ㅌ **value**·'밸류 **assess**어·쎄ㅅ **evaluate**이·'밸류·에이ㅌ
등급	**class**·클래ㅅ **grade**·그뤠이ㄷ **magnitude**·매그너·투ㄷ

1195 quota
·쿠오우터

몫	**share**·셰어 **portion**·포-션 **lot**·랕 **allotment**얼랕먼ㅌ **cut**·컽
할당	**allotment**얼랕먼ㅌ **rationing**·뤠셔닝 **assignment**어·싸인먼ㅌ **allocation**·앨러·케이션 **apportionment**어·포어션먼ㅌ

1196 assign
어·'싸인

     assignment어·싸인먼ㅌ 과제, 임무, 배정

할당하다	**allocate**·앨러케이ㅌ **allot**얼랕 **admeasure**애드·메져 **assess**어·쎄ㅅ **lot**·랕
임명하다	**appoint**어퍼인ㅌ **nominate**·나미네이ㅌ **instate**인·스테이ㅌ **ordain**오-·데인 **institute**·인스터투ㅌ **put in**·풑 인

1197 replenish
뤼·'플레니싀

보충하다	**supplement**·써플러먼ㅌ **supply**·써-·플라이 **compensate**·캄펜·세잍
공급하다	

1198 separate
·'쎄퍼뤠ㅌ

     separation·쎄퍼·뤠이션 분리, 분할, 간격
     separative·쎄퍼뤠티'ㅂ 분리된, 독립적인
     separately·쎄퍼뤠틀리 갈라져, 따로따로

분리하다(되다), 떼어놓다	**divide**디·'바이ㄷ **segregate**·세그뤼게이ㅌ **split**·스플리ㅌ **part**·퐈-ㅌ **isolate**·아이설레이ㅌ **seclude**·씨·클루ㄷ
따로따로의, 개별적인	**particular**퍼-·티큘러- **individual**·인디·'비쥬얼
헤어지다, 별거하다	**part**·퐈-ㅌ

1199 split
·스플리ㅌ

쪼개다, 나누다	**divide**디·'바이ㄷ **part**·퐈-ㅌ
쪼개진	**crack**·크랙 **cleft**·클레'프ㅌ **crevice**·크뤠버ㅅ **break**·브뤠이ㅋ

1200 divide
디·'바이ㄷ

     division디·'비젼 분할, 분배, 부서
     divisional디·'비즈늘 구분[부분]적인

나누다, 나뉘다	**split**·스플리ㅌ **share**·셰어 **separate**·쎄퍼뤠ㅌ **keep apart**·킾 어·퐈-ㅌ
분리하다, 격리하다	**separate**·쎄퍼뤠ㅌ **segregate**·세그뤼게이ㅌ **split**·스플리ㅌ **detach**디·태취

1201 share
·셰어

공유하다
나누다, 분배하다 · **distribute**·디·스트뤼뷰ㅌ **divide**·디·'바이ㄷ **dispense**·디·스펜ㅅ
몫, 지분 · **portion**·포-션 **lot**·랕 **parcel**·퐈-슬

1202 impart
·임·퐈-ㅌ

나누어 주다 · **hand out**·핸ㄷ·아웉 **deal (out)**·딜 (·아웉)
전하다, 알리다 · **tell**·텔 **transmit**트뤤즈·밑 **inform**·인·'풔 **communicate**커·뮤니·케이ㅌ

1203 distribution
·디스트뤼·뷰션

distribute·디·스트뤼뷰ㅌ 분배하다, 배분하다

분배, 배부, 배급 · **division**디·'비즌 **sharing**·셰어잉 **allotment**얼랕먼ㅌ **allocation**·앨러·케이션 **rationing**·뢔셔닝
apportionment어·포어션먼ㅌ

분포

1204 overhaul
·오우'버·헐

분해점검하다

1205 disintegrate
·디·신터그뤠ㅌ

disintegration·디·신터·그뤠이션 분해, 붕괴

분해[붕괴]시키다

1206 deconstruct
·디컨·스트럭ㅌ

deconstruction디컨·스트럭션 탈구축, 해체(이론)

해체하다 · **disjoint**·디스·줘인ㅌ **disassemble**·디서·셈블 **dismantle**·디·스맨틀

1207 fragment
·'프뢔그먼ㅌ

파편(이 되다) · **fraction**·'프뢕션 **segment**·세그먼ㅌ
산산조각 나다

1208 molecule
·뫌러·큘

molecular멀·레큘러- 분자의

분자

1209 particle
·파-티클

입자
극소량   **minimum**·미니멈

1210 debris
디·브뤼

잔해   **remains**·뤼·메인즈 **wreckage**·뤠커쥐 **wreck**·뤡
부스러기   **scraps**·스크뢥스 **odds and ends**·아즈 엔 ㄷ ·엔즈 **fragments**·프뢔그먼츠

1211 grind
·그롸인 ㄷ

빻다   **powder**·파우더 **pulverize**·펄'버라이즈
갈다, 연마하다   **polish**·팔리쉬

1212 pellet
·펠러 ㅌ

알갱이
원통형 조각

1213 shred
·쉬뤠 ㄷ

조각, 파편   **fragment**·프뢔그먼 ㅌ **particle**·퐈-티클 **piece**·피스
조금, 소량(- of)   **dash**·대쉬 **little**·리틀 **few**·퓨 **a bit**·어 빝

1214 statue
·스태·츄

조각상

1215 sculpture
·스컬프쳐-

조각(술)   **engraving**·인·그뤠이'빙 **carving**·카-'빙 **statuary**·스태츄·에뤼

1216 carve
·카-'ㅂ

조각하다   **sculpture**·스컬프쳐- **sculp**·스컬프

1217 portion
·포-션

일부, 부분	part·파-ㅌ section·섹션 division·디·비즌 piece·피ㅅ fragment·프래그먼ㅌ
분할하다	partition·파-·티션 divide·디·바이ㄷ segment·세그먼ㅌ set apart·셑 어·파-ㅌ separate·쎄어뤠ㅌ
분배하다	distribute·디·스트뤼뷰ㅌ divide·디·바이ㄷ share·쉐어 deal out·딜 ·아웉 dispense·디·스펜ㅅ

1218 component
컴·포우넌ㅌ

| 부품 | parts·파-ㅊ accessories·액·세서뤼ㅈ |
| 성분, 요소 | ingredient·잉·그뤼디언ㅌ element·엘리먼ㅌ constituent·컨·스티츄언ㅌ |

1219 sector
·섹터-

부문	section·섹션 department·디·파-트먼ㅌ
영역, 분야	province·프롸빈ㅅ field·필ㄷ sphere·스·피어 realm·뤨름
부채꼴	fan-shape·팬·쉐이ㅍ

1220 quarter
·쿼-터-

| 4분의 1 | one-fourth·원 ·풔θ |
| 분기 | |

1221 adjunct
·애·졍크ㅌ

부속물, 부가물

1222 element
·엘리먼ㅌ

elementary·엘리·멘트뤼 초보의, 초급의, 기본적인

| 요소 | factor·팩터- constituent·컨·스티츄언ㅌ component·컴·포우넌ㅌ ingredient·잉·그뤼디언ㅌ |
| 원소 | |

1223 configuration
컨·'피규·뤠이션

구성	framing·'프뤠이밍 composition·캄퍼·지션
배치	
환경설정	

1224 comprise
컴·프라이ㅈ

구성하다, ~로 구성되다 compose·컴·포우ㅈ consist·컨·씨스ㅌ constitute·칸스터투ㅌ make up·메이크 엎

1225 consist
컨·씨스ㅌ

~로 이루어지다	**comprise**컴·프라이ㅈ **be made up**비·메이ㄷ엎
~에 있다, 존재하다 (in)	**lie**·라이 **exist**익·지스ㅌ **subsist**섭·씨스ㅌ **reside**뤼·자이ㄷ
양립하다, 일치하다	**coexist**·코우익·지스ㅌ **be compatible with**비·컴·패터블 위θ

1226 remain
뤼·메인

남다	**rest**·뤠스ㅌ
머무르다	**stay**·스테이 **dwell**·드웰

1227 rest
·뤠스ㅌ

restless·뤠스틀레ㅅ 가만히 못있는, 불안정한

나머지	**residual**뤼·지듀얼 **remnant**·뤰넌ㅌ **surplus**·써-플러ㅅ **leftover**·레'프토우버
휴식(취하다)	**respite**·뤠·스핕 **repose**뤼·포우ㅈ **recess**뤼·세ㅅ **relaxation**·륄액·세이션 **relief**뤼'리'프

1228 else
·엘ㅅ

그 밖에[의]	**instead**·인·스테ㄷ
다른	**other**·아ㄤ어 **another**어·너ㄤ어
그렇지 않으면	**or else**오어 ·엘ㅅ

1229 residual
뤼·지듀얼

나머지(의)	**remnant**·뤰넌ㅌ **surplus**·써-플러ㅅ

1230 spare
·스페어

남는, 여분의	**extra**·엑스트라 **odd**·아ㄷ **redundant**뤼·던던ㅌ **superfluous**·쑤퍼-'플뤄ㅅ
할애하다, 내주다	
면하게 하다	

58. 줄, 배열, 경사, 깊이

1231

row
·롸우

열, 줄 　**line**·라인 **tier**·티어

1232

streak
·스트릭

줄(무늬) 　**stripe**·스트롸이프

1233

rope
롸웊

밧줄, 끈, 줄 　**line**·라인 **cord**·코-어ㄷ

1234

string
·스트링

끈
실 　**thread**·θ뤠ㄷ

1235

sash
·새싀

띠
창틀 　**frame**·프뤠임

1236

queue
·큐

줄서다 　**line up**·라인 엎
(사람들이 서는) 줄 　**line**·라인

1237

array
어·뤠이

배열하다 　**arrange**어·뤠인쥐 **dispose**디·스포우ㅈ **put in order**풋 인 ·오-더
정렬시키다 　**arrange**어·뤠인쥐 **line up**·라인 엎 **fall in**·풜 인 **form**·풤 **parade**퍼·뤠이ㄷ **marshal**·마-셜

1238

align
얼라인

정렬시키다
제휴하다

1239 juxtapose
·쥑엄스터·포우ㅈ

juxtaposition·쥑엄스터퍼·지션 나란히 하기, 병렬
juxtapositional·쥑엄스터퍼·지셔널 병렬의

병렬하다	
나란히 놓다	collocate·컬러케이ㅌ

1240 deploy
디플러이

전개하다	
배치하다	

1241 abreast
어·브뤠스ㅌ

나란히	side by side·싸이ㄷ 바이 ·싸이ㄷ in a line·인 어 ·라인
~와 병행하여	

1242 arrangement
어·뤠인지먼ㅌ

arrange·어·뤠인지 마련하다, 정리하다, 배열하다

정리	readjustment·뤼어·져스트먼ㅌ regulation·뤠귤·레이션 order·오·더
배열	disposition·디스퍼·지션
합의, 조정	agreement·어·그뤼먼ㅌ

1243 lean
·린

기울다	incline·인·클라인 tilt·틸ㅌ slant·슬·랜ㅌ list·리스ㅌ
기대다	recline on·뤼·클라인 안 stand against·스탠ㄷ 어·겐스ㅌ
야윈, 마른	thin·θ인 meager·미거- lanky·랭키 slender·슬·렌더
빈약한	

1244 tilt
·틸ㅌ

기울이다	tip·팊 slant·슬·랜ㅌ incline·인·클라인 lean·린

1245 slope
슬로웊

경사(지다)	tilt·틸ㅌ heeling·힐링 slope·슬로웊 slant·슬·랜ㅌ
기울기	tilt·틸ㅌ

1246 profound
프뤄·'파운ㄷ

profoundly·프뤄·'파운들리 깊은 곳에서, 간절히

깊은	deep·딮 abysmal·어·비즈멀
심연, 심해	abyss·어·비ㅅ gulf·걸'ㅍ

1247 depth
·뎊θ

깊이	deepness·딮네ㅅ

59. 경도, 유동, 두께, 균열

1248 tender
·텐더-

부드러운
제출하다
보호인

1249 smooth
·스무ð

smoothly·스무ð리 부드럽게, 순조롭게

매끈한, 매끄러운   **even**·이'븐
고른   **even**·이'븐 **level**·레'블
(수면이) 고요한, 평온한   **calm**·캄 **quiet**·콰이어ㅌ **tranquil**·트뤵퀼 **serene**·서·륀
매끄럽게 하다, 고르다

1250 delicate
·델리켙

delicacy·델리커씨 섬세함, 정교함, 민감함
delicately·델리커틀리 우아하게, 정교하게

연약한   **frail**·'프뤠일 **feeble**·'피블 **flabby**·'플래비 **fragile**·'프래절
섬세한   **fragile**·'프래절 **sensitive**·센서티'ㅂ **fine**·'파인
깨지기쉬운   **fragile**·'프래절 **brittle**·브뤼틀

1251 fuzzy
·'풔지

보송보송한
보풀의
흐린

1252 gel
·젤

젤

1253 grease
·그뤼ㅅ

윤활유   **lubricant**·루붜컨ㅌ **lube**·루ㅂ
기름

1254 stiff
·스티'프

뻣뻣한
딱딱한
거센
비싼

1255 rigid
·뤼지ㄷ

단단한   **hard**·하-ㄷ **solid**·쌀레ㄷ
딱딱한
엄격한

1256 adamant ·애데먼ㅌ
매우 견고한, 확고한
단호한

1257 crust ·크러스ㅌ
딱딱한 표면
빵 껍질

1258 ossify ·아써·'파이
경화시키다
경직시키다 **petrify** 페트러·'파이

1259 robust 롸우·버스ㅌ
robustness 롸우·버스트네ㅅ 건장함, 힘
robustly 롸우·버스틀리 건장하게, 튼튼하게
튼튼한 **sturdy** ·스터-디 **hardy** ·하-디 **lusty** ·러스티 **stout** ·스타우ㅌ **tough** ·터'ㅍ **durable** ·두뤄블

1260 flexible ·'플렉서블
flexibility '플렉서·빌러티 탄력성, 유연성, 융통성
flexibly '플렉세블리 유연하게
유연한, 구부리기 쉬운 **elastic** 일·래스틱 **pliable** ·플라이어블
융통성 있는, 신축성 있는 **elastic** 일·래스틱 **adaptable** 어·댑터블

1261 resiliency 뤠·질리언씨
탄성 **elasticity** 일·래·스티서티

1262 eloquent ·엘러퀀ㅌ
eloquently 엘러퀀틀리 유창한 언변으로
eloquent of 엘러퀀ㅌ 어'ㅂ 잘 표현하는
유창한, 웅변을 잘 하는 **silver-tongued** ·씰'버·텅ㄷ **fluent** ·'플루언ㅌ **persuasive** 퍼--스웨이시'ㅂ **well-spoken** ·웰스포우컨

1263 slack 슬·랙
느슨함[한, 하게] **looseness** 루스네ㅅ
게으름[른] **sloth** 슬로우θ

1264 unleash 언·리쉬
~의 끈을 풀다
자유롭게 하다

1265 diaphanous
다이·애·'퍼너ㅅ
아주 얇은
속이 비치는

1266 tenuous
·테뉴어ㅅ
얇은   **thin**·θ인 **flimsy**·'플림지 **sheer**·쉬-어
가는   **thin**·θ인 **slender**슬·렌더 **slim**슬·림
희박한

1267 slender
슬·렌더
날씬한   **slim**슬·림
가느다란   **slight**·슬라이ㅌ **slim**슬·림

1268 meager
·미거-
빈약한   **beggarly**·베걸리 **scanty**·스캔티
마른

1269 thick
·θ익
    thickly·θ익리 두껍게, 빽빽하게
두꺼운, 굵은
빽빽한   **dense**·덴ㅅ **compact**·캄팩ㅌ
짙은, 자욱한

1270 plump
·플럼ㅍ
살찐   **well-fed**·웰·'페ㄷ **fat**·'패ㅌ **chubby**·쳐비
"쿵"

1271 obesity
오우·비시티
    obese오우·비ㅅ 뚱뚱한, 비만인
비만   **fatness**·'팻네ㅅ **corpulence**·코어퓰런ㅅ

1272 flesh
·'플레쉬
살집, 살
살코기, 고기   **meat**·밑
피부

1273 fissure
·'피셔-

균열	**crack**·크랙 **cleft**·클레'프트 **crevice**·크뤠버ㅅ
분열	**abruption**·어·브뤕션
갈라지다	

1274 crack
·크랙

| 금, 틈 | **gap**·갶 **crevice**·크뤠버ㅅ **aperture**·애퍼-쳐- **rift**·뤼'프트 **chink**·칭ㅋ **opening**·오우프닝 |
| 갈라지다 | **split**·스플리트 **cleave**·클리'ㅂ **rift**·뤼'프트 |

1275 gap
·갶

| 틈 | **crack**·크랙 **crevice**·크뤠버ㅅ **aperture**·애퍼-쳐- **chink**·칭ㅋ |
| 격차 | **differential**·디'퍼·뤤셜 **disparity**·디·스페뤄티 |

1276 interval
·인터-'블

간격	**spacing**·스페이싱 **space**·스페이ㅅ **gap**·갶 **distance**·디스턴ㅅ
틈	
휴식기간	

60. 모양, 형태

1277 shape ·셰이ㅍ

모양	**form**·쿼ㅁ
모습	**features**·피쳐-ㅈ **looks**·룩ㅅ **appearance**어·피런ㅅ **figure**·피규어 **image**·이메쥐
형성하다	**form**·쿼ㅁ **mold**모울ㄷ

1278 formation 쿼·메이션

form·쿼ㅁ 종류, 방식, 형태, 몸상태
formative·쿼머티ㅂ 형성하는

형성	
구성	**organization**·오거너·제이션 **constitution**·칸스터·투션 **composition**·캄퍼·지션 **lineup**·라인·엎 **make-up**·메이ㅋ엎

1279 mold 모울ㄷ

모양을 내다, 형성하다
곰팡이
틀
기질

1280 contour ·칸·투어

윤곽(선), 윤곽을 그리다	**outline**·아울·라인
등고선	

1281 pattern ·패턴

무늬	**design**디·자인 **markings**·마·킹ㅈ
(정형화된) 양식, 패턴	
무늬를 만들다	

1282 marcel 마-·쎌

물결 모양(으로 만들다)

1283 straight ·스트뤠이ㅌ

straightly·스트뤠이틀·리 일직선으로

똑바로, 일직선으로	**upright**어·프롸잍 **vertical**·붜티클
곧은, 똑바로 선	**erect**이·뤡ㅌ **upright**어·프롸잍 **upstanding**엎·스탠딩
직접의, 솔직한	**direct**디·뤡ㅌ

1284 vertically ·붜티클리

수직으로	**perpendicularly**·�풔펜·디큘럴리 **plumb**·플럼 **sheer**·쉬-어

1285 bend ·벤 ㄷ

bent·벤 ㅌ 구부러진, 휜
bendable·벤·데블 구부릴 수 있는, 융통성이 있는

구부리다, 휘다
굴복시키다

bow·바우 curve·커-'ㅂ stoop·스툽 flex·'플렉ㅅ crook·크루-ㅋ angle·앵글
make ~ give in·메이ㅋ ~ ·기'ㅂ 인

1286 loop ·루ㅍ

고리(형)
[컴퓨터] 반복실행

ring·륑 link·링ㅋ

1287 sphere 스·'피어

spherical스·'피어클 구형의, 천체의

구체 *공모양
범위
영역

globe글로우ㅂ ball·벌
scope스코웊 range·뤠인지 realm·뤨름
territory·테뤼퉈뤼 domain도우·메인 field·'필ㄷ

1288 hemisphere ·헤미스·'피어

반구 *반으로 자른 구체

1289 semicircular ·세미·써-큘러-

반원의

1290 bulb ·벌ㅂ

전구

1291 beads ·빋ㅈ

유리구슬, 염주

1292 amphitheater ·앰'퍼·θ이어터-

원형 경기장

1293 crucifix ·크루-서·'픽ㅅ

십자가(상)

1294 fold
·포울ㄷ

foldable·포울·더블 접을 수 있는

접힘　**creases**·크뤼서ㅈ **rumples**·륌플ㅈ **plaits**·플래ㅊ **furl**·펄- **double**·더블
접다　**double**·더블 **furl**·펄 **wrap up**·뢥 엎

1295 crease
·크뤼ㅅ

creasing·크뤼싱 구김살
creasy·크뤼씨 주름 많은

주름　**wrinkles**·륑클ㅈ **furrows**·퍼뤄우ㅈ

1296 square
·스퀘어

정사각형(의)
광장　**plaza**·플라자
제곱
평방

1297 ladder
·래더-

사다리
지위
단계

1298 post
·포우스ㅌ

기둥　**column**·칼럼 **pillar**·필러 **pole**·포울
게시하다　**notify**·노우티'파이
우편　**mail**·메일
~이후에

1299 pile
·파일

쌓아 놓은 것, 더미　**collection**·컬·렉션 **mound**·마운ㄷ **stack**·스택
쌓아 올리다　**heap**·히ㅍ **stack**·스택

1300 geometric
·쥐-어·메트륔

exponential·엑스포·넨셜 기하급수적인, 지수함수(의)
geometry·쥐어·메트뤼 기하학

기하학적인

61. 닫음, 씌움, 숨김, 비밀

1301 shut ·셔ㅌ

닫다	**close**클로우ㅈ
잠그다, 잠기다	**lock**·라ㅋ
닫은	**closed**클로우ㅈㄷ

1302 flap ·'플랲

덮개	**cover**·커'버-
펄럭거림	**flutter**·'플러터-
퍼덕이다, 펄럭거리다	**flutter**·'플러터-

1303 cover ·커'버-

covert·코우버ㅌ 비밀의, 은밀한

덮다, 가리다	**conceal**컨·씰 **hide**·하이ㄷ **mask**·매스ㅋ **obscure**엡·스큐어 **veil**·'베일 **shroud**·슈롸우ㄷ
다루다, 보도하다	**report**뤼·포어ㅌ **treat**·트륍 **deal**·딜
덮개, 커버	**lid**·리ㄷ
표지	

1304 plug ·플러ㄱ

플러그	
마개	**cork**·코어ㅋ **stopper**·스탚어
(틀어)막다	**block**·블락 **clog**·클라ㄱ **seal**·씰 **stuff**·스터'ㅍ

1305 lid ·리ㄷ

뚜껑	**cap**·캪
눈꺼풀	

1306 canopy ·캐너피

차양, 지붕천

1307 envelope ·엔벨로웊

envelop엔·'벨렆 싸다, 봉하다

봉투	
싸개, 씌우개	**wrapper**·뢔퍼-

1308 wrap ·뢮

(포장 감)싸다	**bundle**·반들

1309 pack
·팩

package·팩이쥐 상자, 포장물

(짐을) 싸다, 꾸리다
포장하다, 싸다
가득 채우다
묶음, 꾸러미
무리, 떼

wrap up·뢥 엎
cram·크램 **staff**·스태'프 **fill**·'필 **stow**·스토우
package·팩이쥐 **parcel**·파-슬 **packet**·패킽 **bundle**·반들
cluster·클러스터- **crowd**·크롸우드 **mob**·맙

1310 pave
·페이'ㅂ

pavement·페이'브먼ㅌ 인도, 포장도로

도로 포장하다
덮다

cover·커'버- **overspread**·오우버-·스프뤠드

1311 hide
·하이드

hidable·하이데·블 숨길 수 있는
hidden·히든 숨겨진, 비밀의

숨기다, 감추다
(축산학)가죽

conceal·컨·씰 **stash**·스태싀 **secrete**·씨·크륕 **dissemble**·디·셈블 **stash away**·스태싀 어·웨이
leather·레더어

1312 dissemble
·디·셈블

숨기다
속이다

stash away·스태싀 어·웨이 **hide**·하이드 **conceal**·컨·씰 **stash**·스태싀 **secrete**·씨·크륕

1313 latent
·레이튼ㅌ

숨은
잠복기의

cryptic·크륍틱 **hidden**·히든 **covert**·코우버ㅌ **occult**·어·컬ㅌ **snug**·스너ㄱ

1314 lurk
·러-ㅋ

잠복하다
숨다

conceal oneself·컨·씰 원·쎌'프
hide·하이드

1315 surreptitious
·써뤱·티셔ㅅ

비밀의

무허가의

arcane·아--케인 **clandestine**·클랜·데스틴 **covert**·코우버ㅌ **private**·프라이'베이ㅌ **secret**·씨크륕 **hidden**·히든
surreptitious·써뤱·티셔ㅅ **cryptic**·크륍틱 **snug**·스너ㄱ **furtive**·'퍼-티'ㅂ

1316 espionage
·에스피어나쥐

첩보활동

spying·스파잉

1317 pry
·프라이

엿보다

peep·핖 **peek**·픽

62. 전시, 표현, 발표, 발견, 노출

1318
museum
뮤·지엄
박물관
미술관　　　gallery·갤러뤼

1319
exhibition
·엑서·비션　　　exhibit 이그·지빝 전시하다, 나타내다
전시회　　　show·쇼우

1320
display
·디·스플레이
전시하다　　　exhibit 이그·지빝 show·쇼우
보여주다　　　show·쇼우
화면표시장치

1321
curator
큐·뤠이터
전시 관리자

1322
appear
어·피어
apparent 어·페어런ㅌ 명백한, 의도된
apparently 어·페어런틀리 명백히
appearance 어·피런ㅅ 모습, 외모, 나타남
나타나다　　　emerge·이·머·쥐 come along·컴 얼·렁 turn up·터-은 엎 come out·컴 ·아웉 show up·쇼우 엎
~인 것 같다　　　seem·씸 look·뤀

1323
express
일·스프뤠스
expression 일·스프레션 표현, 표정
expressive 일·스프레시ㅂ 표현적인, 나타내는
나타내다, 표현하다　　　represent·뤠프뤼·젠ㅌ render·뤤더 display·디·스플레이 demonstrate·데먼·스트뤠잍 indicate·인디케이ㅌ
signify·씨그녀·'파이
급행(의)　　　fast·'패스ㅌ rapid·뤠핃 swift·스위'프ㅌ
명백한　　　clear·클리어 plain·플레인 visible·'비저블 obvious·압'비어ㅅ
생각을 말하다　　　describe·디·스크롸이ㅂ

1324
indicate
·인디케이ㅌ
indication·인디·케이션 나타냄, 지표, 징조
indicator·인디케이터- 지표, 척도, 표시기
나타내다, 보여주다　　　reflect·뤼·'플렉ㅌ show·쇼우 display·디·스플레이 designate·데지그·네이ㅌ demonstrate·데먼·스트뤠잍
present·프뤠즌ㅌ exhibit 이그·지빝 evince·이·'빈ㅅ
가리키다　　　point to·퍼인ㅌ 투 point out·퍼인ㅌ ·아웉 designate·데지그·네이ㅌ

1325 screen
·스크륀

화면	**picture**·픽쳐- **display**·디·스플레이
상영하다	**project a film**프러·젝ㅌ어·'필름
가리다	**hide**·하이ㄷ **cover**·커'버- **conceal**컨·씰 **veil**·'베일
망, 체	

1326 denotation
·디노우·테이션

표시, 지시	**indication**·인디·케이션
의미	**meaning**·민잉

1327 reflect
뤼·'플렉ㅌ

reflection뤼·'플렉션 반영, 반사, 숙고
reflective뤼·'플렉티·ㅂ 반사하는, 숙고하는, 사려 깊은

비추다, 반사하다	**mirror**·미뤄
나타내다	**indicate**·인디케이ㅌ **show**·쇼오우 **display**·디·스플레이 **exhibit**·이그·지빝
깊이 생각하다	

1328 bulletin
·불레튼

게시	**post**포·우스ㅌ
뉴스 속보	**flash**·'플래쉬

1329 advertising
·애드·'붜·타이징

ads·애즈 광고물
advertise [-ze]·애드버-·타이즈 광고하다
advertiser·애드'붜·타이저- 광고주

광고(업)	**commercials**커·머·셜즈 **advertisement**에드·'붜타이즈먼ㅌ

1330 exoteric
·엑서·테어잌

공개적인	**published**·퍼블리쉳
대중적인	

1331 report
뤼·포어ㅌ

보고하다	**give an account of**·기'ㅂ 언 어·카운ㅌ 어'ㅂ
보고(서)	**returns**뤼·터-은즈
보도하다	**cover**·커'버-

1332 introduce
·인트뤄·튜ㅅ

introduction·인트뤄·덬션 도입, 소개

소개하다	**acquaint**어·퀘인ㅌ **present**·프뤠즌ㅌ
도입하다, 들여오다	**bring in**·브륑 인 **import**·임·포어ㅌ

1333 presentation
·프뤠즌·테이션

presentational·프뤠즌·테이셔널 개념적인, 발표의

발표	**announcement**어·나운스먼ㅌ **publication**·퍼블리·케이션

1334 announce 어·나운스
announcement어·나운스먼트 공고, 발표, 선언

발표하다, 알리다　inform인·'풤 notify노우티'파이 declare디·클레어 annunciate어·난씨에이트 promulgate프뢰·멀게이트
declare디·클레어 publish퍼블리쉬 proclaim프뢰·클레임
선언하다　declare디·클레어 proclaim프뢰·클레임 pronounce프라·나운스 profess프뢰·'페스
make a statement메이크 어 ·스테이트먼트

1335 issue ·이슈
발행(하다)　publication퍼블리·케이션
주제　subject썹·젝트 topic타픽 theme씨임
문제　problem프롸블럼 question퀘스쳔

1336 publish ·퍼블리쉬
publication퍼블리·케이션 출판(물), 발행(물)
publishing 퍼블리싱 출판, 출판업
출판하다　issue이슈
발표하다　announce어·나운스 declare디·클레어 proclaim프뢰·클레임

1337 release 륄·리스
발매하다　make available메익 어·'베일러블
해방하다　set free셑 ·'프뤼 liberate리버뤠트 disengage디슨·게이쥐 emancipate어·맨서·페이트 relieve륄·리'ㅂ
exonerate이그·자너·뤠이트

1338 seek ·식
찾다　search써·취 look for룩·'풔 explore익·스플러- look up룩·엎 quest퀘스트
추구하다　pursue퍼-·쑤
노력하다, 시도하다　try트롸이 attempt어·템프트 endeavor엔·데버-

1339 discover ·디·스커버-
discovery디·스커버뤼 발견, 폭로
발견하다　find·'파인드 detect디·텍트
알다, 깨닫다　find out'파인드·아웉 learn러-은 realize뤼·얼라이즈 understand언더·스탠드 discern디·써-은

1340 detect 디·텍트
detective디·텍티'ㅂ 형사, 수사관, 탐정
detectible디·텍티블 찾아낼 수 있는, 탐지할 수 있는
발견하다, 감지하다　discover·디·스커버- find'파인드 sense센스 perceive퍼-·시'ㅂ

1341 invention ·인·'벤션
invent인·'벤트 발명하다
발명(품)　contrivance컨·트라이'빈스 conception컨·셉션

1342 reveal 뤼·'빌
폭로하다, 드러내다　expose익·스포우즈 disclose디스·클로우즈 spill out스필·아웉 uncover언커버- undress언·드뤠스
divulge디·벌쥐 reveal뤼·'빌 debunk디·벙크

1343 exposure 익·스포우져
expose 익·스포우ㅈ 드러내다, 진열하다
노출, 폭로, 드러냄 outbreak·아울·브뤡 disclosure 디스·클로우져

1344 emerge ·이-머-지
emergence·이·머-전스 출현, 발생
emergent·이·머-전ㅌ 나타나는, 불시의
나오다, 드러나다 appear·어-피어 come out·컴·아웉 surface·써-'퍼ㅅ crop up·크뢉 엎 turn up·터-은 엎

1345 strip ·스트뤞
(껍질, 덮개) 벗기다 pare·페어 flay·'플레이 skin·스킨 peel·필
옷을 벗다 bare·베어

1346 unveil 언·'베일
~의 베일을 벗기다
밝히다

1347 advent ·애드·'벤ㅌ
출현 appearance·어·피런ㅅ apparition·애퍼·뤼션
도래 arrival·어·롸이'블 visitation·'비저·테이션

1348 transparent 트뢴·스페어런ㅌ
transparency 트뢴·스페뤈씨 투명(성)
transparently 트뢴·스페어런틀리 투명하게
투명한 pellucid 펠·루씨ㄷ liquid·리퀴ㄷ transpicuous 트뢴스·피큐어ㅅ
솔직한 frank·'프뢩ㅋ sincere·신·시어 honest·아네스ㅌ candid·캔디ㄷ straightforward·스트뤠잍·'풔워ㄷ
forthright·'풔·θ롸잍

1349 leak ·맄
새다, 누출되다 escape·이·스케이ㅍ
누출, 누설 leakage·리커쥐

1350 radiation ·뤠디·에이션
radiate·뤠이디·에이ㅌ 방사하다, 뻗다
방사선
방사, 복사 emission·이·미션

1351 diffuse 디·'퓨ㅅ
(빛·열·냄새) 발산하다 spread out·스프뤠ㄷ·아웉 effuse·이·'퓨ㅈ radiate·뤠이디·에이ㅌ exhale 엑스·헤일
퍼뜨리다, 보급시키다 circulate·써-큘레이ㅌ disperse·디·스퍼-ㅅ spread·스프뤠ㄷ distribute·디·스트뤼뷰ㅌ spread out·스프뤠ㄷ·아웉
scatter·스캐터-
널리 퍼진, 분산된 widespread·와이드·스프뤠ㄷ far-flung·파-·'플렁 dispersed·디·스퍼-스ㅌ
산만한, 장황한

63. 언어, 글

1352

translation
트뤤즈·레이션

번역, 통역

translate트뤤즈·레이ㅌ 번역하다

version·뷔전

1353

linguistic
링·귀스틱

언어의

linguistically링·귀스티클리 언어학적으로
linguist링귀스ㅌ 언어학자, 어학 능통자

lingual·링궐

1354

illegible
·일·레져블

읽기 어려운

1355

illiterate
·일·리터-륕

문맹의
무식한

ignorant·이그너뤈ㅌ

1356

declaim
디·클레임

낭독[연설]하다   recite뤼·싸잍

1357

speech
·스피치

연설
말하기, 담화

speak·스픽 말하다, 연설하다

address·애·드뤠ㅅ oration어·뤠이션 discourse·디스코어ㅅ harangue허·뢩
talk·턱 conversation·칸버-세이션

1358

spell
·스펠

철자를 말하다, 쓰다
철자를 맞게 쓰다
주문, 마법

1359

scribble
·스크뤼블

갈겨쓰다
낙서하다

1360 alphabet
·앨'·퍼·벹

알파벳(문자)
자모

alphabetic·앨'·퍼·벹잌 알파벳의
alphabetize·앨'·페버타이ㅈ 알파벳 순서로 하다

1361 ideogram
·이디어그램

표의 문자
기호 **sign**·싸인 **symbol**·심블 **mark**·마-ㅋ

1362 grammar
·그래머

문법

1363 prefix
·프뤼'픽ㅅ

접두사

suffix·써'픽ㅅ 접미사

1364 syntax
·신·택ㅅ

구문론

1365 punctuation
·펑츄·에이션

구두점

punctuated·펑츄·에이티ㄷ 구두점을 찍은

1366 sentence
·센턴ㅅ

문장
선고하다 **adjudicate**·어·쥬디·케이ㅌ

1367 clause
·클러ㅈ

단락, 절 **paragraph**·페뤄·그뤠'ㅍ
조항 **articles**·아-티클ㅈ

1368 passage ·패서지

구절, 악절
통로, 복도 **corridor**·코뤼더- **aisle**·아일
통행, 통과 **transit**·트뤤젵

1369 phrase ·'프뤠이ㅈ

구
구절, 관용구 **idiom**·이디엄

1370 idiom ·이디엄

관용구, 숙어

1371 motto ·마토우

좌우명, 표어 **slogan**·슬로우건
격언, 속담 **adage**·애데지 **maxim**·맥섬 **proverb**·프롸버-ㅂ

1372 proverb ·프롸버-ㅂ

속담, 격언 **saying**·세잉 **adage**·애데지 **maxim**·맥섬

1373 author ·아θ어-

저자, 작가 **writer**·롸잍어-

1374 literature ·리터러쳐-

문학

1375 poetry ·포우이트뤼

시 **poem**·포우임 **ode**오우드 **verse**·'붜ㅅ

1376 verse ·'붜ㅅ
운문, 시
시의 한 줄, 시구
rhymes·롸임ㅈ **poetry**·포우잍뤼

1377 rhyme ·롸임
운(을 맞추다)
verse·'붜ㅅ

1378 epic ·에픽
서사시(의)
장대한
epos·에포ㅅ
grandiose·그뢘디오우ㅅ **huge**·휴즤

1379 lyric ·리릭
서정적인
서정시(의)

1380 prose 프롸우ㅈ
prosaic프뤄·제이익 산문적인, 지루한
산문(의)
평범(한)

1381 autobiography ·어토우바이·어그러'피
자서전

1382 biography 바·이아그러'피
전기 *사람에 대한 기록

1383 essay 에·세이
수필
jottings·줘팅ㅅ

1384 fiction
·'픽션

fictional·'픽셔널 꾸며낸, 가공의, 상상의
fictitious픽·티셔ㅅ 창작적인, 거짓의, 가공의

소설   **novel**·나'블 **story**·스토뤼 **tale**·테일 **romance** *연애소설뤄우·맨ㅅ

1385 tale
·테일

tell·텔 말하다, 이야기하다

이야기   **narrative**·네뤄티'ㅂ **story**·스토뤼
소문(-s)   **rumor**·루머- **gossip**·가싶 **hearsay**·히어·세이

1386 scenario
서·네뤼오우

각본, 대본   **screenplay**·스크륀·플레이 **playbook**·플레이붘 **script**·스크륖ㅌ

1387 manuscript
·매뉴스크륖ㅌ

원고
필기한(것)

1388 script
·스크륖ㅌ

대본
필체

1389 dictionary
·딕셔네뤼

diction·딕션 어법, 말씨

사전   **lexicon**·렉씨·칸 **thesaurus**θ어·소어-어ㅅ **glossary**·글러서뤼

1390 encyclopedia
인·싸이클러·피디아

백과사전

1391 glossary
·글러서뤼

용어 사전, 용어집

1392 note
노우ㅌ

notable·노우테블 주목할만한, 유명한
notes·노우ㅊ 필기, 수기

메모, 쪽지   **memo**·메모우
주목하다, 주의하다   **notice**·노우티ㅅ

1393 document
·다큐멘ㅌ

documentation·다큐멘·테이션 문서, 서류

서류, 문서   **paper**·페이퍼- **documentation**·다큐멘·테이션
기록하다   **record**·뤠·코-어ㄷ **write down**·롸잍·다운 **enrol(l)**·인·롸울
서류로 입증하다

1394 portfolio
포-트·'퓔리·오우

서류첩
서류가방
대표작 목록

1395 graph
·그래'프

도표   **chart**·챠-ㅌ

1396 index
·인덱ㅅ

색인
지표

1397 version
·'붜젼

~판
번역(문)

64. 연락, 대화, 말

1398 contact ·칸·택 ㅌ

연락	**liaison** 리·에이·잔
접촉, 맞닿음	**touching** 터칭
연락하다	**call** 컬 **reach** 륄쉬

1399 communication 커·뮤니·케이션

communicate 커·뮤니·케이ㅌ 의사소통하다, 전달하다
communicative 커·뮤니커티'ㅂ 사교적인, 외향적인

| 의사소통 | |
| 통신 | **correspondence** 코뤼·스판던ㅅ |

1400 dialogue ·다이얼러ㄱ

| 대화, 문답 | **conversation** 칸버-·세이션 **dialog** ·다이얼러ㄱ **talk** 텈 |

1401 interlocutor ·인터-·라큐터-

| 대화자 | |
| 질문자 | **questioner** 퀘스쳐너- |

1402 verbal ·'붜블

verbalize '붜벌라이ㅈ 말로 표현하다
verb '붜ㅂ 동사
verbally 버-·블리 말로, 구두로

| 말의 | **lingual** ·링궐 **wordy** 워-디 |
| 문자 그대로의 | **literal** 리터럴 |

1403 colloquial 컬·로우퀴얼

| 구어체의 | |
| 일상 회화의 | |

1404 loquacious 로·쾌이셔ㅅ

| 수다스러운 | **talkative** 터커티'ㅂ **chatty** 채티 **garrulous** 게뤌레ㅅ **verbose** 버·보우ㅅ |

1405 blatant ·블레이턴ㅌ

| 떠들썩한 | **tumultuous** 투·멀츄어ㅅ |
| 뻔뻔스러운 | **impudent** 임퓨던ㅌ **barefaced** ·베어·'페이스ㅌ **presuming** 프리·주밍 |

1406 loud ·라우ㄷ

aloud 얼·라우ㄷ 소리내어, 큰 소리로
loudly ·라우들리 큰 소리로

| 시끄러운, 큰소리 내는 | **noisy** ·노이지 **obstreperous** 업·스트뤠퍼뤄ㅅ **rumbustious** 륌·버스티어ㅅ **brawling** ·브뤌링 |

1407 raucous ·롸커ㅅ

raucously 로-어커슬리 소란스럽게

요란하고 거친
시끌벅적한

coarse 코어ㅅ harsh 하-쉬
noisy 노이지 uproarious 옆·뤄뤼어ㅅ riotous 롸이어터ㅅ tumultuous 투·멀츄어ㅅ turbulent 터-뷸런ㅌ

1408 chatter ·챠터-

chat 챝 잡담(하다)
chatty 채티 수다스러운

재잘거리다
지저귀다

1409 pronounce 프러·나운ㅅ

pronouncement 프러·나운스먼ㅌ 공표, 선언, 발언
pronunciation 프뤄·넌씨·에이션 발음

발음하다
선언하다

articulate 아-·티큘레이ㅌ enunciate 이·넌씨·에이ㅌ
declare 디·클레어 proclaim 프뤄·클레임 announce 어·나운ㅅ enunciate 이·넌씨·에이ㅌ

1410 whisper ·위스퍼-

속삭이다
속삭임

murmur ·머-머-

1411 stutter ·스타터-

말을 더듬거리다

prattle 프뢔틀 falter ·펄터-

1412 mutter ·머터-

중얼거리다
불평하다

murmur ·머-머- mumble ·멈블
grumble 그럼블 murmur ·머-머- complain 컴·플레인

1413 delirious 딜·리뤼어ㅅ

헛소리를 하는

raving ·뤠이'빙

1414 mute ·뮤ㅌ

무언의, 말없는

taciturn ·태씨·터-은 tacit 태앁 unspoken 언·스포우컨 wordless 워-들레ㅅ silent ·싸일런ㅌ reticent ·뤠터선ㅌ
laconic 라·카닉

침묵한

silent ·싸일런ㅌ

1415 silence ·싸일런ㅅ

silent ·싸일런ㅌ 조용한, 고요한

침묵
고요

reticence ·뤠티썬ㅅ taciturnity ·태씨·터-니티
stillness ·스틸네ㅅ tranquillity 트뢩·퀼리티 quietness ·콰이어트네ㅅ calmness ·캄네ㅅ serenity 서·뤠너티
peace ·피ㅅ

1416

intonation
·인터·네이션

억양
어조　　　accent엑·센 ㅌ

1417

calm
·캄
calm down캄 ·다운 진정시키다

고요한, 차분한　　peaceful·피스'펄 tranquil·트랭퀼 sedate서·데이 ㅌ reposeful뤼·포우즈'펄 quiet·콰이어 ㅌ serene서·륀
placid·플래시 ㄷ

1418

quiet
·콰이어 ㅌ
quieten·콰이어튼 조용하게 하다

조용한　　silent·싸일런 ㅌ still·스틸 tranquil·트랭퀼 calm·캄 serene서·륀 peaceful·피스'펄

1419

dumbfound
·덤'파운 ㄷ

말문 막히게 하다
놀라게 하다　　alarm알·람

1420

deaf
·데'프
deafening·데'프닝 귀청터질것 같은, 방음의

귀머거리(의)

1421

opinion
어·피니언

의견　　idea아이·디어

1422

statement
·스테이트먼 ㅌ

성명서　　manifesto·매너·'페·스토우 proclamation·프라클러·메이션
진술　　declaration·데클러·뤠이션

1423

eavesdrop
·이'브즈·드뢉

엿듣다, 도청하다　　overhear·오우'버·히어

1424	**response** 뤼·스판ㅅ	**responsive** 뤼·스판시'ㅂ 대답하는, 반응하는
	대답, 응답	**answer** ·앤서- **reply** 뤼·플라이 **rejoinder** 뤼·줘인더 **return** 뤼·터-은
	반응	**reaction** 뤼·액션 **feedback** ·피ㄷ·백

1425	**answer** ·앤서-	
	대답하다, 응답하다	**reply** 뤼·플라이 **respond** 뤼·스판ㄷ **make reply** ·메이ㅋ 뤼·플라이
	해답	**solution** 쏠·루션 **key** ·키
	응답	**reply** 뤼·플라이 **response** 뤼·스판ㅅ

65. 지도, 교육

426 **guide** ·가이ㄷ

guidance·가이던ㅅ 지도, 안내, 유도

안내서, 안내인, 가이드
지침, 지표
지도하다, 가르치다 **advise**애드·'바이ㅈ **direct**디·뤡ㅌ **teach**티취 **inculcate**·인컬케이ㅌ

427 **enlightenment** 인·라이튼먼ㅌ

enlighten인·라이튼 계몽하다, 교화하다

계몽 **illumination**·일·루미·네이션

428 **instruction** ·인·스트럭션

instructional·인·스트럭셔널 교육상의
instructive·인·스트럭티'ㅂ 교육적인

교육 **education**·에듀·케이션 **teaching**·티칭 **upbringing**·엎·브링잉
설명(-s) **description**디·스크륖션 **explanation**·엑스플러·네이션 **exposition**·엑스퍼·지션
지시(-s) **indication**·인디·케이션 **directions**디·뤡션ㅈ

429 **lecture** ·렉쳐-

강의하다, 강연하다 **discourse**·디스코어ㅅ
강의, 강연 **talk**·턱 **lesson**·레슨 **discourse**·디스코어ㅅ

430 **learn** ·러-은

배우다 **take lessons**·테잌 ·레슨ㅈ **be taught**비 ·타ㅌ
알다, 깨닫다 **find out**·파인ㄷ ·아웉 **discover**·디·스커버- **realize**·뤼·얼라이ㅈ **understand**·언더·스탠ㄷ **discern**·디·써-은

431 **curriculum** 커·뤼큘럼

curricular커·뤼큘러- 교과과정의

교육과정

432 **semester** 씨·메스터-

학기 **term**·텀- **session**·세션
반년 **half a year**·해ㅍ 어 ·이어

433 **tuition** 튜·이션

수업, 교습 **lesson**·레슨
수업료

434 **research** 뤼·써-최

연구, 조사 **study**·스터디 **contrivance**컨·트라이'빈ㅅ **investigation**·인·'베스티·게이션 **inquiry**·인·콰이뤼
연구하다, 조사하다 **study**·스터디 **contrive**컨·트라이'ㅂ **investigate**·인·'베스티게이ㅌ **inquire**·인·콰이어

1435 theory
·θ이어뤼
이론

theoretical ·θ이어·뤠티클 이론의, 이론상의

1436 campus
·캠퍼스
대학 교정(의)
분교
학원(의)

1437 seminar
·셈어나–
학술회, 연구회

1438 scholar
·스칼러
학자
지식인

scholarly ·스칼러리 학구적인, 박식한
scholastic ·스컬·래스틱 학업의, 스콜라 철학의

savant 써·'반트 erudite ·에뤄다잍 pundit ·펀디트
intellectual ·인텔·렉츄얼

1439 professor
프러·'페서–
교수

professorial ·프뤄'퍼·소어뤼얼 교수의

1440 pupil
·퓨플
학생
문하생, 제자
눈동자, 동공

student ·스튜던트
learner ·러-너 disciple 디·싸이플 apprentice 어·프뤤터스 follower ·'팔로워

1441 graduate
·그뢔쥬에잍
졸업하다
졸업생

graduation ·그래쥬·에이션 졸업, 졸업식

alumni 얼·럼·나이

1442 alumni
얼·럼·나이
졸업생
동창생

graduate ·그뢔쥬에잍
schoolmate ·스쿨메이트 schoolfellow ·스쿨'펠로우 classmate ·클래·스메이트

1443 academic
·애커·데믹
학문의
학업의
학구적인

academy 어·캐더미 학원, 전문 학교, 협회
academically ·애커·데미컬리 학술적으로, 이론적으로

sciential 싸이·엔셜

scholarly ·스칼러리

66. 정보, 보도

1444

information
·인'풔·메이션

| 정보 | **intelligence**·인·텔러젼ㅅ **news**·뉴ㅈ |
| 지식 | **knowledge**·나리쥐 **attainments**어·테인먼ㅊ |

1445

press
·프뤠ㅅ

pressure·프뤠셔 누르기, 압력

| 언론, 보도진 | |
| 누르다 | **push down**·푸쉬 ·다운 |

1446

journal
·져-늘

신문	**newspaper**·뉴ㅈ·페이퍼-
잡지	**magazine**·매거진
일기	**diary**·다이어뤼

1447

obituary
오우·비츄·에뤼

| 부고 기사 | |
| 망자의 | |

67. 등록, 목록

1448

register
·뤠져스터

등록하다   **enrol(l)**인·롸울

registration·뤠져·스트뤠이션 등록, 등기
registry·뤠져스트뤼 등록(소, 부) 등기우편

1449

roster
·롸스터–

명부   **a list of names**어 ·리스ㅌ 어'ㅂ ·네임즈
등록부   **register**·뤠져스터

1450

catalog
·캐탈러ㄱ

목록   **list**·리스ㅌ
일람표

1451

roll
롸울

두루마리   **scroll**스크롸울
말다

1452

submit
섭·밑

제출하다   **tender**·텐더– **hand in**·핸ㄷ 인
항복하다, 굴복하다   **comply**컴·플라이 **succumb**서·컴 **give in**·기'ㅂ 인 **surrender**서·뤤더 **obey**오우·베이

submissive섭·미시'ㅂ 복종하는
submission섭·미션 항복, 복종, 공손

68. 그림

1453

image
·이메지

imagine·이·매젼 상상하다, 가정하다

그림	**painting**·페인팅 **drawing**·드라잉 **brushwork**·브러·싀윌
(모양) 상	**figure**·피규어 **statue**·스태·츄
심상	**visualization**·비쥬얼라이·제이션

1454

painting
·페인팅

그림(그리기)	**picture**·픽쳐–
채색	**coloring**·컬러링

1455

draw
·드롸

그리다	**paint**·페인 ㅌ **sketch**·스케치 **picture**·픽쳐– **describe**디·스크라이ㅂ **construct**컨·스트럭ㅌ
끌어당기다	**pull up**·풀 엎
무승부	**tie**·타이

1456

draft
·드래'프ㅌ

밑그림(그리다)	
틈 바람	
마시기	
징병	

69. 외국, 내국

1457
global
·글로우블

globally·글로우블리 세계적으로

| 세계적인 | worldwide·월-·ㄷ와이ㄷ universal·유니·'붜슬 |
| 공모양의 | spherical스·'페어클 |

1458
cosmopolitanism
·카즈머·'퓔리타니즘

| 세계주의 | cosmopolitism·카즈머·'퓔리티즘 |

1459
international
·인터·내셔널

internationally·인터·내셔널리 국제적으로, 국제간에

| 국제적인 | |

1460
alien
·에일리언

alienate·에일리어네이ㅌ 멀리하다, 이간질 하다

외국의	foreign·'풔뤈 external익·스터-늘 extraneous엑·스트뤠이니어ㅅ
이질적인	disparate·디스퍼-럿 foreign·'풔뤈 extraneous엑·스트뤠이니어ㅅ
외계인	extraterrestrial·엑스트랄·웨스트뤼얼
외국인	foreigner·'풔리너

1461
exotic
이그·자틱

exotically·이그·자티클리 이국적으로

이국적인	
외국산의, 외래의	foreign·'풔뤈
신종의, 실험적인	

1462
abroad
어·브뤄ㄷ

| 해외로[에] | overseas·오우'버·씨ㅈ |
| 널리 | widely·와이들리 broadly·브뤄들리 extensively익·스텐시'블리 |

1463
external
익·스터-늘

externally익·스터-널리 외부적으로

| 외부(의), 밖의 | exterior익·스티뤼어 outside·아웉·싸이ㄷ |
| 외국의 | foreign·'풔뤈 alien·에일리언 |

1464
colony
·칼러니

colonize·칼러나이ㅈ 식민지로 개척하다

| 식민지 | settlement·세틀먼ㅌ |
| 군집 | mass·매ㅅ |

1465 boundary ·바운더뤼

boundless 바운들리ㅅ 끝이 없는

경계(선)   verge ·붜ㅈ barrier ·배뤼어 border ·보어더- bound ·바운ㄷ

1466 border ·보어더-

국경(지역)   frontier 프런·티어 boundary ·바운더뤼

경계   boundary ·바운더뤼

1467 edge ·엦지

끝, 가장자리, 모서리   brim 브륌 brink 브륑ㅋ border ·보어더- fringe ·프륀지
(칼 등의) 날

1468 domestic 더·메스틱

domesticate 더·메스터케이ㅌ 길들이다, 재배하다
domestically 더·메스티클리 가정에서, 국내에서

국내의   inland ·인·랜ㄷ interior ·인·티뤼어- internal ·인·터-늘

가정의   homy ·호우미

1469 internal ·인·터-늘

internally ·인·터-널리 내부에, 내면에

내부의   inward ·인워ㄷ inner ·이너-

국내의   inland ·인·랜ㄷ interior ·인·티뤼어- domestic 더·메스틱

1470 vicinity 버·씨니티

근처, 부근   neighborhood ·네이버·후ㄷ environs 엔·ㅂ바이뤈ㅈ adjacency 어·재이슨씨

근접   proximity 프롹·씨미티

1471 neighborhood ·네이버·후ㄷ

neighbor ·네이버- 이웃(의)

이웃(사람들)
근처, 인근, 동네   vicinity 버·씨니티 locality 로우·캘리티

1472 urban ·어-번

urbanization ·어버너·제이션 도시화
urbane 어-·베인 세련된

도시의   town ·타운 oppidan 앞이던

세련된   polished ·퐐리쉴 sophisticated 서·ㅍ피스티·케이티ㄷ

70. 지역, 범위

1473

verge
·'붜·지

변두리
~와 가까워지다

outskirts ·아웉·스커-ㅊ **border** ·보어더-

1474

suburban
써·버-밴

교외의
교외 거주자

suburb ·써버-ㅂ 교외, 외곽
suburbia ·써·버-비아 교외 거주자(생활 방식)

suburbanite ·써·버-베나잍 교외 거주자
suburbanization ·써·버-베나이·제이션 교외화

1475

rural
·루·럴

시골의

country ·컨트뤼 **rustic** ·뤄스틱

1476

isolation
·아이설·레이션

고립

isolated ·아이설·레이티ㄷ 고립된, 격리된
isolationism ·아이설·레이셔니즘 고립주의

1477

insulated
·인설·레이티ㄷ

격리된, 고립된

isolated ·아이설·레이티ㄷ **secluded** ·씨·클루디ㄷ

1478

quarantining
·쿼렌·티닝

격리하는, 고립시키는

isolating ·아이설·레이팅

1479

remote
뤼·모우ㅌ

먼, 멀리 떨어진
외진, 외딴
원격의

remotely ·뤼·모우틀리 멀리서, 원격으로

distant ·디스턴ㅌ **far** ·'파- **removed** ·뤼·무'브ㄷ
isolated ·아이설·레이티ㄷ **secluded** ·씨·클루디ㄷ

1480

recede
·뤼·씨ㄷ

멀어지다, 물러서다
감소하다

withdraw ·위ㅎ·드롸

diminish ·디·미니쉬 **reduce** ·뤼·두ㅅ **abate** ·어·베이ㅌ **attenuate** ·어·테뉴·에이ㅌ

1481 terminal
·터-메늘

terminate·터-미네이ㅌ 끝내다, 마치다
terminally·터-미늘리 종말의, 결국

종점, 기점
끝의, 말기의

final·파인을 closing·클로우징

1482 outback
·아웉·백

미개척지(의)

wasteland·웨이·스트랜ㄷ

1483 arctic
·아-크틱

북극의
극한의

extreme·익·스트륌 excessive·익·세시'ㅂ inordinate·이·노-어던에이ㅌ utmost·엍모우스ㅌ

1484 polar
·포울러

polarize·포울러라이ㅈ 극성을 갖게 하다
pole·포울 극
polarity·폴·레뤼티 양극성, 극성

극지방의
북[남]극의
정반대의

opposite·아퍼젵

1485 tundra
·턴드라

동토지대 *얼어붙은 땅

1486 expand
익·스팬ㄷ

expansion·익·스팬션 확장, 팽창
expansive·익·스팬시'ㅂ 광활한, 포괄적인

넓히다
확대하다, 확장하다

widen·와이드ㄴ enlarge·인·라어쥐 extend·익·스텐ㄷ broaden·브뤄든 dilate·다일·레이ㅌ
enlarge·인·라어쥐 extend·익·스텐ㄷ aggrandize·어·그뢘·다이ㅈ widen·와이드ㄴ increase·인·크뤼ㅅ
amplify·앰플리'파이

1487 spread
·스프뤠ㄷ

펼치다
확산시키다

outstretch·아웉·스트뤠취 extend·익·스텐ㄷ expand·익·스팬ㄷ unfold·언·'포울ㄷ unroll·언·로울
diffuse·디·'퓨ㅅ disperse·디·스퍼-ㅅ broadcast·브뤄드·캐스ㅌ disseminate·디·세미네이ㅌ distribute·디·스트뤼뷰ㅌ

1488 splay
스플레이

벌리다
벌어진

1489

broad ·브뤄ㄷ

broaden ·브뤄든 넓히다

| 넓은 | **spacious** ·스페이셔ㅅ **wide** ·와이ㄷ **roomy** ·루미 **extensive** 익·스텐시ㅂ |
| 광범위한 | **extensive** 익·스텐시ㅂ **widespread** ·와이드·스프뤠ㄷ |

1490

narrow ·네롸우

narrowness ·네롸우네ㅅ 좁음
narrowly ·내롸울리 좁게, 간신히

| 좁은 | **incapacious** ·인커·페이셔ㅅ **strait** ·스트뤠이ㅌ **close** 클로우ㅈ |
| 제한된 | **limited** ·리미티ㄷ **finite** ·파이·나잍 **qualified** ·콸러·파이ㄷ **reserved** 뤼·저-ㅂㄷ **restricted** 뤼·스트륔티ㄷ |

1491

site ·싸잍

| 현장 | **scene** ·씬 **spot** ·스퐈ㅌ **field** ·필ㄷ |
| 인터넷 사이트 | |

1492

milestone ·마일스토운

| 이정표 | **milepost** ·마일포우스ㅌ |

1493

landmark ·랜드·마-ㅋ

| 랜드마크 *지역에서 유 | |
| 명한 빌딩, 지역 | |

1494

territory ·테뤼튀뤼

territorial ·테뤼·튀뤼얼 영토의, 지방의

| 영토 | **domain** 도우·메인 **dominion** 디·미니언 |
| 지역 | **district** ·디·스트륔ㅌ **area** ·에뤼어 **region** ·뤼젼 **zone** ·조운 **place** ·플레이ㅅ |

1495

province ·프롸빈ㅅ

| 지방 | **district** ·디·스트륔ㅌ **region** ·뤼젼 **section** ·셱션 |
| 분야 | **field** ·필ㄷ **realm** ·뤰름 |

1496

region ·뤼젼

regional ·뤼젼을 지방의

| 지역 | **district** ·디·스트륔ㅌ **territory** ·테뤼튀뤼 **zone** ·조운 **section** ·셱션 **area** ·에뤼어 **region** ·뤼젼 |
| 영역 | **territory** ·테뤼튀뤼 **field** ·필ㄷ **realm** ·뤰름 **province** 프롸빈ㅅ **sphere** 스·피어 **domain** 도우·메인 |

1497 tract
·트랙트

지역, 지대	zone·조운 region·뤼젼 area·에뤼어 belt·벨ㅌ
~계, ~관	

1498 local
·로우클

	localize·로우컬라이ㅈ 지방화하다, 집중하다	locality·로우·캘리티 인근, 곳
	locate·로우·케이ㅌ 위치하다, 찾아내다	locally·로우클리 지역적으로, 위치상으로
지역의, 현지의	regional·뤼져늘 territorial·테뤼·퉈뤼얼	

1499 indigenous
·인·디져너ㅅ

지역 고유의	native·네이티'ㅂ aboriginal·앱어·뤼쥐널
타고난	native·네이티'ㅂ inborn·인·보언 inherent·인·히런ㅌ internal·인·티-늘 instinctive·인·스팅티'ㅂ innate·이·네이ㅌ
	inbred·인·브뤠ㄷ
고유의	inherent·인·히런ㅌ innate·이·네이ㅌ original·어·뤼쥐널

1500 spot
·스퐈ㅌ

장소	place·플레이ㅅ
발견하다	find out·퐈인ㄷ ·아울 smell out·스멜 ·아울
점, 얼룩	dot·다ㅌ blot·블랕 stain·스테인

1501 position
퍼·지션

위치, 장소	place·플레이ㅅ location·로우·케이션
자세	posture·퐈스쳐- attitude·애티투ㄷ pose·포우ㅈ
입장	situation·씯츄·에이션

1502 hectare
·헥·터-

헥타르 (1만 제곱미터)

1503 range
·뤠인쥐

범위	province·프롸빈ㅅ sphere·스·피어 scope·스코웊 extent·잌·스텐ㅌ
거리, 길이	length·렝θ reach·뤼ㅊ distance·디스턴ㅅ
산맥	

1504 coverage
·커'버리쥐

적용범위
보도 (범위)

1505 reach
·뤼·치

reachable·뤼ㅊ세이블 도달할 수 있는

~에 이르다	amount to·어·마운ㅌ·투 get at·겥 애ㅌ run into·런·인·투
내뻗다	put out·풑·아울 stretch·스트뤠치 spread out·스프레드·아울 extend·익·스텐ㄷ sprawl·스프뤌
길이, 범위	length·렝θ distance·디스턴ㅅ range·뤠인지

1506 stature
·스태쳐-

키	height·하이ㅌ
성장	growth·그로우θ

1507 arrive
어·라이'ㅂ

arrival·어·라이'블 도착, 도달

도착하다, 도달하다	reach·뤼ㅊ get to·겥·투

1508 extend
익·스·텐ㄷ

extension·익·스텐션 확대, 연장, 확장	extendable·엘·스텐더블 연장할 수 있는
extent·익·스텐ㅌ 범위, 정도, 넓이	extensive·익·스텐시'ㅂ 광대한, 포괄적인

뻗다	reach·뤼ㅊ put out·풑·아울 stretch·스트뤠치 spread out·스프레드·아울
연장하다	elongate·일·렁게이ㅌ continue·컨·티뉴 prolong·프럴·렁 lengthen·렝θ엔 make longer·메이ㅋ·렁거-
넓히다	enlarge·인·라어쥐 widen·와이이든 broaden·브뤄든 expand·익·스팬ㄷ dilate·다일·레이ㅌ

1509 ubiquitous
유·비퀴터ㅅ

어디에나 있는	omnipresent·엄니·프뤠젼ㅌ

1510 surround
서·롸운ㄷ

surrounding·서·롸운딩 주위의, 주변의
surroundings·서·롸운딩ㅈ 주변, 환경, 주위

둘러싸다	besiege·비·씨지 lay siege to·레이·씨지·투 invest·인·'베스ㅌ enclose·인·클로우ㅈ environ·인·'바이뤈 circumscribe·서-컴·스크롸이ㅂ

71. 문명, 개척

1511

civilization
·시'블러·제이션

문명

1512

innovation
·인어·'베이션

혁신하다, 획기적으로 하다

혁신   **renovation**·뤤어·'베이션 **reform**뤼·'쭘

1513

revolution
·뤠'벌·루션

revolutionary·뤠'벌·루셔네뤼 혁명적인

혁명   **upheaval**엎·히벌

1514

pioneer
·파이어·니어

개척자, 선구자   **pathfinder**·패θ·'파인더 **settler**·쎄틀러
개척하다   **exploit**·엑·스플러잍 **cultivate**·컬티'베이트

1515

breakthrough
·브뤠이크·θ루

돌파, 약진   **rush**·러쉬 **dash**·대쉬

1516

epochal
·에페컬

신기원의
획기적인

72. 결혼, 가족, 관계

1517	**marriage** ·메뤼쥐	**marital** ·메뤼틀 결혼(생활)의 **marry** ·메뤼 결혼하다
	결혼(생활)	**matrimony** ·매트뤼모우니
	결혼식	**wedding** ·웨딩

1518	**spouse** ·스파우스	**spousal** ·스파우절 결혼(생활)의
	배우자	**mate** ·메이트 **match** ·매츼

1519	**husband** ·허즈벤드	
	남편	**goodman** ·굳멘 **hubby** ·허비

1520	**groom** ·그룸	
	신랑	**bridegroom** ·브롸이드·그룸

1521	**bride** ·브롸이ㄷ	
	신부, 새색시	

1522	**darling** ·달링	
	여보, 자기 "얘야"	

1523	**widow** ·위도우	
	과부, 미망인	

1524	**divorce** 디·ˈ붜-ㅅ	**divorcement** 디·ˈ붜스먼ㅌ 이혼
	이혼하다 분리시키다	**disunite** ·디스유·나잍 **separate** ·셒어뤠ㅌ **disjoin** 디스·쥐인 **split** ·스플리ㅌ **divide** 디·ˈ바이ㄷ

1525	**mate** ·메이ㅌ	
	동료	**peer** ·피어 **colleague** ·칼리ㄱ **co-worker** ·코·워커- **associate** 어·소우씨에이ㅌ **comrade** ·캄·뤠ㄷ **fellow** ·ˈ펠로우
	배우자	**spouse** ·스파우ㅅ
	친구	**companion** 컴·패니언 **fellow** ·ˈ펠로우 **pal** ·팰 **friend** ·ˈ프렌ㄷ

1526 fellow
·'펠로우

| 친구 | pal·펠 companion·컴·패니언 company·컴퍼니 comrade·캄·뢔ㄷ friend·'프뤤ㄷ |
| 동료 | comrade·캄·뢔ㄷ buddy·버디 company·컴퍼니 colleague·칼리ㄱ companion·컴·패니언 |

1527 acquaintance
어·퀘인턴ㅅ

| 아는 사람 | |
| 지식 | knowledge·나리쥐 |

1528 link
·링ㅋ

관련	connection·커·넥션 relevance·뤨러번ㅅ relation·륄·레이션 relativity·뤨러·티'비티
연결	connection·커·넥션
고리	ring·륑

1529 engage
엔·게이쥐

engagement·엔·게이쥐먼ㅌ 계약, 서약, 약속

관여하다	beconcerned·비·언컨·써-은ㄷ be[get]·involved·(in)·비[·겥]·인·'뷜ㅂㄷ (인)
고용하다	employ·엠·플러이 hire·하이어
약혼하다, 약속하다	

1530 relationship
륄·레이션·쉽

| 관계 | relation·륄·레이션 connection·커·넥션 bearing·베어잉 |

1531 associate
어·소우씨에이ㅌ

association·어소우씨이·에이션 협회, 연계, 제휴

연상하다, 결부짓다	interlock·인터-·락 combine·캄바인 connect·커·넥ㅌ unite·유·나잍
제휴하다	affiliate·어·'필리·에이ㅌ unite·유·나잍 join hands·줘인·핸ㄷㅈ
한패가 되다, 교제하다	consort·컨·소어-ㅌ forgather·풔·개ㅇㅓ
동료(의), 친구	companion·컴·패니언

1532 connection
커·넥션

connect·커·넥ㅌ 연결하다

관련성, 연관성	relevance·뤨러번ㅅ relevancy·뤨러번씨 relation·륄·레이션
연결, 접속	conjunction·컨·정션 linking·링킹
연줄, 관계	association·어소우씨이·에이션 relationship·륄·레이션·쉽

1533 pertain
퍼-·테인

| 관련하다 | relate·륄·레이ㅌ |
| 적합하다, 어울리다 | become·비·컴 be fit·비·'핕 |

1534 interlock
·인터-·락

서로 맞물리다
연동하다

1535 interaction
·인터·뢕션

interact ·인터·뢕ㅌ 소통[상호작용]하다

상호작용, 교류　　**interplay** ·인터-·플레이

1536 mutual
·뮤츄얼

mutually ·뮤츄얼리 상호간에

상호간의, 서로의　　**reciprocal** 뤼·씨프뤄클 **joint** ·줘인ㅌ
공동의, 공통의　　**common** ·카먼 **joint** ·줘인ㅌ

1537 interrelated
·인터-·륄·레이티ㄷ

(상호)연관된[밀접한]　**germane** 져-·메인 **related** 륄·레이티ㄷ **connected** 커·넥티ㄷ

1538 intimately
·인터메틀리

intimate ·인티메이ㅌ 친밀한, 사적인
intimacy ·인터머씨 친밀, 친분

친밀히　　**closely** ·클로우슬리 **nearly** ·니얼리 **friendly** ·프뤤들리

1539 rapport
뢔·포어

친밀(관계)　　**intimacy** ·인터머씨

1540 kinship
·킨·쉽

혈연관계　　**consanguinity** ·컨쌩·귀니티 **clan** ·클랜 **kin** ·킨 **kindred** ·킨드뤠ㄷ
유사, 비슷함　　**affinity** 어·피니티 **similarity** ·씨밀·레뤼티 **resemblance** 리·젬블런ㅅ **likeness** ·라익네ㅅ **analogy** 어·낼러쥐-
　　　　　　alikeness 얼라익·네ㅅ **sameness** ·세임네ㅅ

1541 ethnic
·에θ닉

ethnicity 에θ·니시티 민족성

민족의, 인종의　　**racial** ·뤠이셜
민족 전통적인

1542 Hispanic
히·스패닉

중남미계 미국인

1543 folk
포우크

사람들, 국민, 민족   **people**·피플
민속풍의, 전통의   **traditional**·트뤄·디셔널

1544 paternal
퍼·터-늘

paternity·퍼·터·너티 부성, 부계
paternally·퍼·터·널리 아버지로서

아버지의   **fatherly**·파ð얼리

1545 ancestor
·앤·세스터-

ancestral·앤·세스트럴 조상의

조상   **forefather**·풔어-·파ð어 **ancestry**·앤세스트뤼 **predecessor**·프뤠디세서- **forerunner**·포어·러너-
antecedent·앤티·씨던트

1546 tribe
·트롸이ㅂ

tribal·트롸이블 종족의

부족
종족   **race**·뤠이ㅅ

1547 clan
·클랜

씨족   **race**·뤠이ㅅ **family**·패멀리 **sib**·씨ㅂ
파벌, 집단   **clique**·클릭 **group**·그룹

1548 sibling
·씨블링

형제(의)

1549 population
·파퓰·레이션

populate·파퓰레이트 거주시키다, 살다

인구

1550 census
·센서ㅅ

인구 조사

1551	**gender** ·잰더	
	성별	**sex** 쎅ㅅ **sexuality** 쎅슈·앨러티

1552	**sir** ·써-	
	님, 씨	

1553	**macho** ·마쵸우	
	상남자(의)	

1554	**virgin** '붜젼	
	처녀(의)	**maiden** 메이든
	깨끗한	**innocent** ·이너쎈ㅌ **pure** 퓨어 **clear** 클리어 **spotless** 스파틀레ㅅ **clean** 클린
	순수한, 순결한	**chaste** 최에이스ㅌ **clean** 클린 **pure** 퓨어

1555	**gay** ·게이	
	동성애자	
	명랑한	**sanguine** 쌩·귄 **joyful** 줘이'펄 **cheerful** 최어'펄 **happy** 햎이 **merry** 메뤼 **vivacious** 버·'베이셔ㅅ **convivial** 컨·'비'비얼

73. 상속, 후손

1556 inherit ·인·헤맅

inheritance·인·헤뤼턴ㅅ 유산, 상속

상속받다
유전하다

1557 heritage ·헤뤼티쥐

유산 legacy·레거씨 inheritance·인·헤뤼턴ㅅ bequest비·퀘스트

1558 succession 썩·세션

succeed썩·씨ㄷ 성공하다, 뒤를 잇다
successive썩·세시'ㅂ 연속하는

연속, 연쇄, 계속 progression프러·그뤠션 sequence·씨퀀ㅅ
계승, 상속 accession엑·세션 inheritance·인·헤뤼턴ㅅ

1559 endow 엔·다우

증여[기증]하다 give·기'ㅂ donate도우·네이ㅌ contribute컨·트뤼뷰ㅌ subscribe썹·스크롸이ㅂ
부여하다 grant·그뢘ㅌ give·기'ㅂ vest'베스ㅌ invest·인·'베스ㅌ

1560 heir ·에어

상속인, 후계자 successor썩·세서- inheritor·인·헤뤼터-

1561 descendant 디·센던ㅌ

자손, 후손 offspring·어'프·스프륑 progeny·프롸줘이 posterity파·스테뤼티

1562 hereditary 허·뤠디테뤼

세습의
유전성의 descendent디·센던ㅌ

1563 relic ·뤨릭

유물 remains뤼·메인ㅈ antiquity앤·티쿼티
유품 keepsake·킾·세잌 memento메·멘토우
유적 ruins·루인ㅈ remains뤼·메인ㅈ

74. 상업, 기업

1564 consumer
·컨·쑤머-

consume컨·쑴 소비하다
consumption컨·섬프션 소비, 소모

소비자 · **buyer**·바이어-

1565 deal
·딜

deal with·딜 위θ 다루다

거래 · **trade**·트뤠이드 **dealings**·딜링즈 **transaction**·트뤤·젝션

1566 credit
·크뤠디트

신용거래
신뢰, 신용 · **trust**·트뤄스트 **reliance**륄·라이언스 **faith**·페이θ **belief**뷜·리'프 **dependence**디·펜던스

1567 retailer
·뤼·테일러-

retail·뤼·테일 소매, 소매하다

소매업자

1568 purchase
·퍼-쳐ㅅ

구매하다 · **buy**·바이
획득하다 · **procure**프뤄·큐어 **earn**·어-은 **gain**·게인 **win**·윈 **get**·겓 **acquire**어·콰이어- **obtain**엡·테인

1569 merchant
·머-쳔ㅌ

상인, 무역상 · **merchandiser**·머·쳔·다이저- **seller**·쎌러 **retailer**·뤼·테일러-

1570 smuggler
·스머글러-

밀수업자 · **contrabandist**·칸·트뤄·밴디스ㅌ

1571 customer
·커스터머

고객 · **client**·클라이언ㅌ **buyer**·바이어- **patron**·페이트런

1572 **boycott** ·보이캍

불매운동(하다)
금지(하다)

1573 **franchise** ·'프랜·챠이ㅈ

판매권(을 주다) **dealership**·딜러-·쉽
특권 **privilege**·프뤼'빌리즤 **prerogative**프뤼·롸게티'ㅂ

1574 **bargain** ·바-겐

흥정하다 **palter**·펄터-
싼 물건

1575 **tout** 타우ㅌ

강매하다
귀찮게 요구하다

1576 **bid** ·비ㄷ

입찰하다 **tender·for**·텐더'풔
입찰 **tender**·텐더-
값을 매기다 **tag**·태ㄱ

1577 **exchange** 익스·채인즤

교환(하다) **barter**·바-터- **swap**·스왚 **interchange**·인터-·채인즤
환전(하다)

1578 **booth** ·부θ

노점, 매점 **stand**·스탠ㄷ **stall**·스털
전화 박스, 칸막이석

1579 **boutique** 부·팈

(고급)소형 매장

1580

stationery
·스테이셔네뤼

문방구
문구류

1581

enterprise
·엔터-·프라이ㅈ

기업, 사업 **business**·비즈니ㅅ **undertaking**·언더·텡잉

1582

corporation
·코어퍼·뤠이션

corporate·코어퍼-에이ㅌ 법인 조직의, 공동의
corporative·코어퍼러티'ㅂ 사단 법인의

법인, 주식회사 **Inc.**·아이·엔·씨 **stock company**·스탁·컴퍼니

1583

firm
·'펌

firmly·'펌리 단호히, 확고히

회사 **company**·컴퍼니 **business**·비즈니ㅅ **enterprise**·엔터-·프라이ㅈ **corporation**·코어퍼·뤠이션 **industry**·인더스트뤼
확고한 **inflexible**·인·'플렉서블 **steady**·스테디 **stable**·스테이블 **solid**·쌀레ㄷ

1584

stock
·스탁

주식 **shares**·셰어ㅈ
저장 **preservation**·프뤠져-'베이션 **keeping**·키핑 **storing**·스토륑
재고 **stockpile**·스타크·파일
가축

1585

department
디·퐈-트먼ㅌ

부서 **section**·섹션
학과

1586

bureau
·뷰롸우

부(서), 과

1587

chief
·치'ㅍ

(부서)장 **head**·헤ㄷ **director**디·뤵터- **leader**·리더 **captain**·캡튼
최고의 **paramount**·페뤄마운ㅌ **topmost**·텊모우스ㅌ **superlative**쑤·포얼러티'ㅂ **uppermost**·어퍼모우스ㅌ
ultimate·얼티메이ㅌ **sovereign**·싸'버런 **sublime**서·블라임
주요한 **prime**·프라임 **staple**·스테이플 **principal**·프륀서플 **capital**·캐피틀

1588

accession
엑·세션

취임
가입 **joining**·줘이닝 **affiliation**어'필리·에이션
증가 **addition**어·디션 **increase**·인·크리ㅅ **increment**·인크러멘ㅌ **gain**·게인
접근

1589 inaugural
·인·아규랄

취임(식)의
최초의   **leadoff**·리·드어'ㅍ **premiere**프뤼·미어 **primary** 프롸이·메뤼 **first** ·퍼-스ㅌ **foremost** ·풔모우스ㅌ

1590 delinquency
딜·링퀀씨

delinquent딜·링퀀ㅌ 태만자, 비행청소년

직무태만
범죄   **crime**·크롸임 **delict**딜·릭ㅌ **misdemeanor**·미스디·미너 **misdeed**·미·스디ㄷ **wrongdoing**·륑두잉
비행   **irregularity**이·뤠규·레뤄티 **misdeed**·미·스디ㄷ **misconduct**·미·스칸덕ㅌ **wrongdoing**·륑두잉

1591 employee
엠·플러이

employer엠·플러이어- 고용주
employ엠·플러이 고용하다, 이용하가
employment엠·플러이먼ㅌ 고용

직원   **staff**·스태'ㅍ

1592 career
커·뤼어

직업   **vocation**보우·케이션 **job**·좝 **profession**프러·'페션 **occupation**·아큐·페이션
경력   **career**커·뤼어

1593 incumbent
·인·컴벤ㅌ

현직의, 재직중인

1594 hire
·하이어

고용하다   **employ**엠·플러이 **engage**엔·게이쥐
빌리다, 임차하다   **borrow**·바·롸우 **lease**·리ㅅ
빌림, 대여

1595 retire
뤼·타이어

retirement뤼·타이어-먼ㅌ 은퇴, 퇴직

은퇴하다, 퇴직하다   **withdraw**위ㅎ·드롸 **resign**뤼·자인 **leave**·리'ㅂ

1596 dismiss
·디·스미스

해고하다   **fire**·'파이어-

1597 resignation
·뤠지그·네이션

resign뤼·자인 사임하다, 포기하다

| 사퇴, 사직 | **abdication**·앱디·케이션 |
| 단념 | **relinquishment**륄·링퀴싀먼ㅌ **despair**·디·스페어 **abandonment**어·밴던먼ㅌ |

1598 professional
프러·'페셔널

professionally프러·'페셔널리 직업적으로, 전문적으로
profession프러·'페션 직업, 전문직

전문적인	**technical**·테크니클 **exclusive**익·스클루시'ㅂ
직업의	**occupational**아큐·페이셔널 **vocational**보우·케이셔널
전문가	**expert**·엑스퍼-ㅌ **specialist**·스페셜리스ㅌ

1599 practitioner
프뢥·티셔너-

| 전문직 종사자 |

1600 expert
·엑스퍼-ㅌ

expertize·엑스퍼-타이ㅈ 전문적 의견을 말하다

| 전문가 | **specialist**·스페셜리스ㅌ |
| 전문적인, 숙련된 | **skillful**·스킬'플 **skilled**·스킬ㄷ **adept**어·뎊ㅌ **proficient**프러·'피션ㅌ **experienced**익·스피뤼언스ㅌ **professional**프러·'페셔널 |

1601 amateur
·앰어터-

| 비전문가 |

1602 internship
·인터-은·싶

| 견습과정 |

1603 salary
·쌜러뤼

| 급여 | **wage**·웨이쥐 **payroll**·페이롸울 **allowance** *수당·얼라원ㅅ |

1604 cost
·카스ㅌ

costly·카스틀리 값비싼, 희생이 큰

| 가격, 값 | **price**·프라이ㅅ **figure**·'피규어 **value**·'밸류 **worth**·워-θ |
| 비용(이 들다) | **set back**·셑 ·백 **pay**·페이 |

1605 charge
·챠-쥐

요금	**fee**·'피 **fare**·페어 **rate**·뤠이트
충전하다	**electrify**일·렉트뤼'파이
부과하다	**impose**임·포우즈 **levy**·레'비

1606 gratis
·그래터ㅅ

무료로	**free of charge**·'프뤼 어'ㅂ 챠-쥐 **free**·'프뤼 **at no cost**엩 ·노우 카스ㅌ **for nothing**풔 ·낫팅

1607 impose
임·포우즈

부과하다	**levy**·레'비 **charge**·챠-쥐
강요하다	**compel**컴·펠 **force**·'풔ㅅ **exact**익·잭ㅌ **demand**·디·맨ㄷ

1608 administration
애드·미너·스트뤠이션

administer에드·미네스터- 관리하다, 통치하다
administrative에드·미너스ㅌ뤠티'ㅂ 경영상의, 행정상의

경영, 관리	**management**·매네쥐먼ㅌ
통치, 행정	**rule**·룰 **governance**·거'버넌ㅅ **regimen**·뤠져멘

1609 executive
이그·제큐티'ㅂ

execute·엑서·큐ㅌ 실행하다

경영진	**the management**ㅎ어 ·매니쥐먼ㅌ
행정적인	**administrative**에드·미너스ㅌ뤠티'ㅂ
실행의	

1610 commercial
커·머-셜

commerce·커머-ㅅ 무역, 상업

상업의	**mercantile**·머-컨·티일
상업적인, 영리적인	**mercenary**·머-서·네뤼 **profit-making**·프롸'핕·메이킹 **profitable**·프롸'퍼터블 **lucrative**·루커티'ㅂ

75. 재무, 금융

1611 fiscal
·'피스클

| 재정상의 회계의 | **financial**파이·낸셜 |

1612 accountant
어·카운턴ㅌ

| 회계원, 회계사 | **treasurer**·트뤠져러- |

1613 sake
·세이ㅋ

| 유익, 이득 | **interest**·인트레스ㅌ **benefit**·베네·'핕 **good**·굳 **favor**·'페이버- |
| ~을 위한[하여] (for the - of) | **in behalf of**인 비·해'프 어'ㅂ **in favor of**인 ·'페이버- 어'ㅂ **in the interest of**인 ㅎ이 ·인트뤠스ㅌ 어'ㅂ |

1614 behalf
비·해'프

| 위함, 이로움 |

1615 revenue
·뤠'비뉴

| 수익 세입 | **earnings**·어-닝ㅈ **gains**·게인ㅈ **proceeds**프러·씨ㅈ **returns**뤼·터-은ㅈ |

1616 lucrative
·루커티'ㅂ

| 돈이 벌리는, 이익이 되는 | **profitable**·프롸'퍼터블 |

1617 benefit
·베네·'핕

	beneficial·베네·'피셜 유익한, 이로운
이익(이 되다)	**profit**·프롸'퍼ㅌ **gains**·게인ㅈ **returns**뤼·터-은ㅈ **proceeds**프러·씨ㅈ
혜택	**favor**·'페이버-

1618 earner
·어-너-

| 소득자 얻은 사람 |

1619 earn
·어-은

(돈)벌다	**make money** 메이ㅋ ·머니 **make a profit** 메이ㅋ 어 ·프라'퍼ㅌ
획득하다	**procure** 프뤄·큐어 **obtain** 업·테인 **get** 겥 **gain** ·게인 **take** ·테잌 **acquire** 어·콰이어- **secure** 씨·큐어

1620 income
·인·컴

소득, 수입, 수익	**revenue** 뤠'비뷰 **profit** 프라'퍼ㅌ **earnings** 어-닝ㅈ **emoluments** 이·멀유먼ㅊ **gainings** 게이닝ㅈ

1621 financial
파이·낸셜

finance 파이·낸ㅅ 재정, 금전관리
financially 파·이낸셜리 재정적으로

금융의	**monetary** ·머네·테뤼
재정(상)의, 재무의	**fiscal** '피스클

1622 capital
·캐피틀

capitalize 캐피틀라이ㅈ 대문자로 쓰다, 자본화하다
capitalist 캐피틀리스ㅌ 자본주의자
capitalism 캐피틀리즘 자본주의

자본금, 자본(의)	
수도	**metropolis** 머·트라펄레ㅅ
가장 중요한	
대문자(의)	

1623 property
·프라퍼티

재산	**fortune** '풔천 **estate** 에·스테이ㅌ **possessions** 퍼·제션ㅈ **wealth** ·웰θ **belonging** 빌·렁잉 **asset** ·애·쎝
특성	**characteristic** 케뤽터·뤼스틱 **feature** '피쳐- **quality** ·콸러티 **attribute** ·애트뤼뷰ㅌ **trait** ·트뤠이ㅌ
소유(물)	**possessions** 퍼·제션ㅈ **ownership** ·오우너-·쉽 **belongings** 빌·렁잉ㅈ

1624 asset
·애·쎝

자산	**property** 프라퍼티 **substance** ·썹스턴ㅅ
재산	**property** 프라퍼티 **fortune** '풔천 **estate** 에·스테이ㅌ **possessions** 퍼·제션ㅈ **wealth** ·웰θ **belonging** 빌·렁잉

1625 budget
·버짙

예산	
경비	**expenses** 잌·스펜서ㅈ **cost** 카스ㅌ

1626 fund
'펀ㄷ

기금	
자금	**capital** 캐피틀 **money** ·머니

1627 investment
·인·'베스트먼ㅌ

invest·인·'베스ㅌ 투자하다

투자

1628 borrow
·바·롸우

빌리다
기회를 얻다

1629 reimbursement
·뤼엠·버-스먼ㅌ

변제   repayment·뤼·페이먼ㅌ payment·페이먼ㅌ settlement·세틀먼ㅌ discharge·디스쨔-쥐

1630 lease
·리ㅅ

임대(하다)   rent·뤤ㅌ let·렡 hire out·하이어 ·아울

1631 lend
·렌ㄷ

빌려주다, 대출해주다   loan·로운
주다   give·기ㅂ grant·그뢘ㅌ bestow·비·스토우 confer·컨·'퍼-

1632 loan
·로운

대출(금)   credit·크뤠디ㅌ
(돈을) 빌려주다, 대출   lend·렌ㄷ advance·에드·'밴ㅅ
하다

1633 debt
·데ㅌ

빚, 부채   obligation·어블리·게이션 liabilities·라이어·빌러티ㅈ loan·로운 borrowings·버뤄우잉ㅈ

1634 owe
·오우

owing to·오우잉 투 ~때문에
owing·오우잉 갚아야 할

빚지고 있다   run[get] into debt·런[겔]·인·투·뎉
덕분이다, 신세지다

1635 mortgage
·모어·기쥐

| 저당, 담보 저당 잡히다 | **collateral**컬·래트뤌 **security**씨·큐리티 |

1636 foreclosure
풔·클로우·져

| 담보권 행사, 압류 | **seizure**·씨져 |

1637 bankruptcy
·뱅크뤕씨

bankrupt·뱅크뤕ㅌ 파산한

| 파산, 파탄 | **insolvency**·인·썰벤씨 **failure**·페일리어 **liquidation**·리퀴·데이션 |

1638 insolvent
·인·썰번ㅌ

| 파산한 | **bankrupt**·뱅크뤕ㅌ **failed**·풰일ㄷ |

1639 recession
뤼·세션

recess뤼·세ㅅ 휴회기간
recede뤼·씨ㄷ 물러나다, 철회하다

| (경제)불황 후퇴 | **depression**디·프뤠션 **slump**슬·럼ㅍ **retreat**뤼·트륃 **retrogression**뤠트뤄·그뤠션 **withdrawal**위ð·드뤌 |

1640 economic
·에커·나믹

economical·에커·나미클 (=economic)
economically·에커·나미클리 경제적[절약적]으로
economy이·카너미 경제, 절약
economics·에커·나믹ㅅ 경제학
economist이·카너미스ㅌ 경제학자

| 경제적인, 절약하는 경제학의 | |

1641 thrifty
·θ뤼'프티

| 절약하는 번성하는 | **frugal**'프루걸 **saving**·세이'빙 **economical**·에커·나미클 |

1642 frugality
프루·갤러티

| 절약 검소 | **saving**·세이'빙 **economy**이·카너미 **husbandry**·허즈벤드뤼 **parsimony**·파·서·모우니 **thrift**θ뤼'프ㅌ **austerity**·아·스테뤠티 **parsimony**·파·서·모우니 |

1643 inflation
·인·'플레이션

inflate·인·'플레이트 팽창하다

통화 팽창, (물가) 폭등
팽창 swelling·스웰링 expansion·익·스팬션 distension·디스·텐션 dilation·다이·얼레이션

1644 currency
·커-뤤씨

current·커-런트 지금의, 통용되는

통화, 통화유통, 통용 circulation·써-큘레이션

1645 export
엘·스포어트

exportation·엑스포어·테이션 수출
exporter·익·스포어터- 수출자, 수출국
exports·엑·스포어ㅊ 수출품

수출하다, 전하다
수출

1646 import
·임·포어트

importation·임포어·테이션 수입
importer·임·포어터- 수입자, 수입국
imports·임·포어ㅊ 수입품

수입하다, 들여오다 bring in·브링 인 introduce·인트뤄·두ㅅ admit·에드·밑
내포하다, 의미하다 connote·커·노우트 imply·임·플라이 infer·인·'퍼-
수입

1647 carry
·캐뤼

소지하다 possess·퍼·제ㅅ hold·호울ㄷ
운반하다 deport·디·포어트 transport·트뤤·스포어트 take·테익

1648 possession
퍼·제션

possess·퍼·제ㅅ 소유하다, 지배하다
possessive·퍼·제시ㅂ 소유의, 질투하는

소유물 property·프라퍼티 belongings·빌·렁잉ㅈ
재산 fortune·'풔쳔 assets·애·쎄ㅊ estate·에·스테이트 wealth·웰θ
영토 territory·테뤼퉈뤼 domain·도우·메인 dominion·디·미니언

1649 acquisition
·애퀴·지션

습득(물) acquirement·어·콰이어먼트

1650 estate
에·스테이트

소유지 property·프라퍼티
재산 possession·퍼·제션 fortune·'풔쳔 assets·애·쎄ㅊ wealth·웰θ
계급 class·클래ㅅ caste·캐스트 grade·그뤠이ㄷ rank·뤵ㅋ

76. 생산, 배출

1651 industry ·인더스트뤼
산업, 공업
제조(업)

industrialize ·인·더스트뤼얼라이ㅈ 산업화하다
industrial ·인·더스트뤼얼 산업의, 공업의
industrious ·인·더스트뤼어ㅅ 근면한, 부지런한
manufacture ·매뉴·'팩쳐 **production** 프러·덕션

1652 manufacturer ·매뉴·'팩쳐뤄
생산자, 제조업자

manufacture ·매뉴·'팩쳐 제조하다, 생산하다
producer 프러·듀서- **maker** ·메이커-

1653 produce 프러·듀ㅅ
생산하다, 제조하다

product ·프라덕ㅌ 생산물, 상품
production 프러·덕션 생산, 제조
productive 프러·덕티ㅂ 풍부한, 다산의, 생산적인
manufacture ·매뉴·'팩쳐

1654 forge ·'풔쥐
만들다, 구축하다
위조하다

대장간

create 크뤼·에이ㅌ **make** ·메이ㅋ **build** ·빌ㄷ
counterfeit ·카운터-·'핕 **fake** ·'페이ㅋ **imitate** ·이미테이ㅌ **copy** ·카피 **reproduce** ·뤼프뤄·두ㅅ **falsify** ·'펄서·'파이
fabricate ·'프앱뤼케이ㅌ

1655 yield ·이일ㄷ
산출하다, 생산하다
항복하다
양도하다
산출량, 수확량

produce 프러·듀ㅅ **manufacture** ·매뉴·'팩쳐
surrender 서·뤤더 **capitulate** 커·핕츌레이ㅌ **give oneself up** ·기·ㅂ 원쎌ㅍ 엎 **submit** 섭·밑 **succumb** 서·컴
transfer ·트뤤스·'퍼- **alienate** ·에일리어네이ㅌ **cede** ·씨ㄷ **devolve** 디·'봘·ㅂ

1656 output ·아웉·풑
생산(품)
산출(량)

production 프러·덕션
production 프러·덕션 **yield** ·이일ㄷ

1657 quality ·콸러티
품질
특성, 특색

qualify ·콸러·'파이 권한을 부여하다

characteristic ·케뤽터·뤼스틱 **peculiarity** 피·큘리·어뤼티 **property** ·프라퍼티 **trait** ·트뤠이ㅌ **attribute** ·애트뤼뷰ㅌ
individuality ·인·디·'비쥬·앨러티 **feature** ·'피쳐-

1658 hallmark ·하을마-ㅋ
품질보증(하다)
순금인증각인

1659 coarse ·코어ㅅ

조잡한 **crude**·크루-ㄷ **raw**·롸 **rough**·뤄'ㅍ
천한 **vulgar**·'벌거- **mean**·민 **humble**·험블 **base**·베이ㅅ **filthy**·'필θ이 **indecent**·인·디슨ㅌ

1660 emit 이·밑

emitter이·미터- 방사체, 발포자
emission이·미션 방사, 배출
emissive이·미시'ㅂ 방사성의

방사하다, 내뿜다 **give off**·기'ㅂ·어'ㅍ **give out**·기'ㅂ·아웉 **radiate**·뤠이디·에이ㅌ **effuse**이·'퓨ㅈ

1661 fling ·'플링

내던지다 **cast**·캐스ㅌ **hurl**·헐- **throw**·θ롸우 **toss**·퇴ㅅ **sling**·슬링 **pitch**·피치 **project**·프러·젝ㅌ

1662 outlet ·아웉·렡

배출구 **vent**·'벤ㅌ **floodgate**·'플러ㄷ·게이ㅌ
판매장, 판로 **market**·마-커ㅌ

1663 drain ·드뤠인

배수[배출]하다 **flow out**·'플로우·아웉 **draw off**·드롸·어'ㅍ **exhaust**익·저스ㅌ **eliminate**일·리미·네잍 **discharge**·디스챠-쥐 **outpour**·아웉·포어
소모시키다 **waste**·웨이스ㅌ **consume**컨·쓤 **use up**·유ㅈ 엎 **exhaust**익·저스ㅌ

1664 discharge ·디스챠-쥐

방출(하다)
해고(하다)
발사하다

1665 exit ·엑앁

출구 **way out**·웨이·아웉 **outlet**·아웉·렡 **gateway**·게이·트웨이
나가다 **go out**·고우·아웉 **get out**·겥·아웉 **take one's way out**·테익 원ㅈ·웨이·아웉

1666 entrance ·엔트런ㅅ

입구
입장 **admittance**에ㄷ·미턴ㅅ

1667 entree ·언·트뤠

입장(권)

77. 건축, 설립, 설비, 장치, 기술

1668 edifice
·에디'피스

건물	**building**·빌딩
체계, 구성	

1669 structure
·스트뤌쳐-

구조(물), 건축물	**construction**컨·스트럭션 **building**·빌딩
조직하다, 구조화하다	**organize**·오-거나이즈 **make up**·메이크 엎 **compose**컴·포우즈 **constitute**·칸스터투-ㅌ

1670 architecture
·아-키·텍쳐-

architect·아-키·텍트 건축가, 설계자
architectural·아-키·텍처럴 건축술의

건축학	
건축 양식	

1671 build
·빌드

건설하다	**construct**컨·스트럭ㅌ **erect**이·뤡ㅌ
조립하다	**structure**·스트뤌쳐- **construct**컨·스트럭ㅌ **assemble**어·셈블 **put together**·풋 투·게더어 **erect**이·뤡ㅌ

1672 construction
컨·스트럭션

constructive컨·스트럭티'ㅂ 건설적인, 구조적인
constructively컨·스트럭티'블리 건설적이게, 유용하게

건설, 건축	**building**·빌딩
공사	

1673 establish
에·스태블리쉬

establishment에·스태블리쉬먼ㅌ 설립

설립하다, 세우다	**institute**·인스터투-ㅌ **found**·파운ㄷ **build**·빌ㄷ

1674 foundation
파운·데이션

fundamental·펀더·멘틀 기본적인, 중요한

창립	**establishment**에·스태블리쉬먼ㅌ
근거	**base**·베이ㅅ **basis**·베이·씨ㅅ **grounds**·그라운드즈
토대	**ground**·그라운ㄷ

1675 facility
퍼·씰리티

facile·패씰 손쉬운, 경박한
facilitate퍼·실리테이ㅌ 용이하게 하다

시설, 설비(-ies)	**amenity**어·메너티 **equipment**이·퀖먼ㅌ **accommodation**어캄어·데이션
재능	**talent**·텔렌ㅌ **gift**·기'프ㅌ **faculty**·패컬티
쉬움	**ease**·이지 **effortlessness**·에'퍼-틀리스네ㅅ

1676 install ·인·스털
installation·인스털·레이션 설치, 시설
installment·인·스털먼ㅌ 할부, 분납, n회 분
설치하다   set up·셑 엎
취임시키다   appoint어퍼인ㅌ establish에·스태블리쉬 seat·씯

1677 device 디·'바이ㅅ
devise디·'바이ㅈ 창안하다, 고안하다
장치   gadget·개젵 apparatus·애퍼·뢔터ㅅ
기구   apparatus·애퍼·뢔터ㅅ

1678 gimmick ·기믹
(비밀)장치
속임수, 수법   trick·트릭

1679 appliance 어·플라이언ㅅ
apply어·플라이 신청하다, 적용하다
(가정용) 기구
장치, 설비   equipment이·큎먼ㅌ installation·인스털·레이션 facilities퍼·씰리티ㅈ

1680 equip 이·큎
equipment이·큎먼ㅌ 장비, 설비, 준비
장비하다, 갖추게 하다

1681 gear ·기어
톱니바퀴   rowel·롸우얼

1682 knob ·나ㅂ
손잡이
혹

1683 plumbing ·플러밍
배관(공사)

1684 harness
·하-네ㅅ

동력화하다, 이용하다	use·유ㅅ utilize·유틸라이ㅈ employ엠·플러이
마구(를 채우다)	
직무	job·쟙 task·태스ㅋ duty·두티 place·플레이ㅅ

1685 faculty
·'패컬티

능력, 재능	ability어·빌러티 talent·탤렌ㅌ capability·케퍼·빌러티 gift·기'프ㅌ capacity커·패서티 aptitude·앺티투ㄷ
교수진	professors프러·'페서-ㅈ
기능	function·'펑션

1686 versatile
·'붜서틀

versatility·버-써-틸러티 다재, 다능

| 다재다능한 | all-around얼·어·롸운ㄷ many-sided·메니·싸이디ㄷ |
| 다목적의 | multi-purpose·멀티·퍼-페ㅅ |

1687 function
·'펑션

functional·'펑셔널 기능(상)의, 실용적인
functionality·'펑셔·낼러티 기능(성)
functionless·'펑션·레ㅅ 기능이 없는

| (작동하는) 기능 | faculty·패컬티 |

1688 craft
·크뢔'프ㅌ

| 공예, 기술 | technics·텍닉ㅅ |
| 선박 | vessel·'베슬 |

1689 technology
텍·'날리쥐-

tech·텍 기술, 기술적인
techie·테키 기술 전문가
technology-driven텍·날리쥐-·드뢰'븐 기술 주도의

| 기술 | craft·크뢔'프ㅌ tech·텍 |
| 공학 | engineering·엔지·니어륑 |

690 engineer
엔지·니어

engineering·엔지·니어륑 공학기술, 공학

| 기술자 | technician테크·니션 |

78. 도구, 무기

1691 needle ·니들

바늘
자극하다

1692 stitch ·스티치

한 바늘
꿰매다　　**sew**·소우 **mend**·멘ㄷ
솔기　　　**seam**·씸

1693 stylus ·스타일레ㅅ

레코드 바늘
기록침

1694 pin ·핀

핀(으로 고정하다)
중심점, 중심　　**center**·센터- **core**·코어
꼼짝 못하게 누르다

1695 drill ·드릴

드릴
구멍 뚫다
훈련(하다)　　**practice**·프뢕·티ㅅ **discipline**·디서플런 **exercise**·엑서-·싸이ㅈ

1696 screw ·스크루-　　　**screw up**·스크루- 엎 망치다

나사(로 죄다)
(비)틀다, 죄다, 구부리다
강요하다, 압박하다

1697 spade ·스페이ㄷ

삽, 삽모양　　**shovel**·셔블
삽(으로 파다)

1698 plow ·플라우

쟁기(질하다)
경작하다　　**cultivate**·컬티·베이ㅌ **farm**·팜 **till**·틸

1699 hoe
·호우

괭이(질하다)

1700 grill
·그륄

석쇠(에 굽다)

1701 paddle
·패들

노(젓다)
물갈퀴

1702 clamp
·클램ㅍ

집게
고정시키다　　fix·'필ㅅ　fasten·'패슨　lock up·라ㅋ 엎

1703 harpoon
하-·푼

작살(로 잡다)

1704 spear
·스피어

창　　　　　lance·랜ㅅ
찌르다　　　lance·랜ㅅ　pierce·피어ㅅ　stab·스탭　impale·임·페일　knife·나이'프

1705 sword　　　　sworder·소어-더 검술가
·소어-ㄷ

검

1706 stiletto
스털·레토우

송곳(칼)
뾰족한 하이힐

1707 gladiator
·글래디·에이터-

검투사

1708 knight
·나잍

기사

1709 barb
·바ㅡㅂ

가시(돋힌 말)　thorn·θ오ㅡ은 spine·스파인 prickle·프뤼클
미늘

1710 thorny
·θ오ㅡ니

가시가 난[많은]
험난한

1711 slice
슬·라이ㅅ

썰다　chop·최앞 mince·민ㅅ dice·다이ㅅ cut up·컽 엎
조각　piece·피ㅅ bit·빝 slip·슬맆 scrap·스크뢥 cut·컽 chop·최앞 fragment·프뢔그먼ㅌ

1712 chop
·챺

자르다, 썰다　cut·컽 sever·쎄버ㅡ

1713 sting
·스팅

stinging·스팅잉 찌르는, 얼얼한, 괴롭히는

찌르다, 쏘다　poke·포우ㅋ stab·스탭 jab·쥐앱 prick·프륔 pierce·피어ㅅ
괴롭히다　torment·토ㅡ멘ㅌ torture·토어쳐ㅡ harass·허·뢔ㅅ afflict어·'플맄ㅌ bother·바ð어
자극하다　stimulate·스티뮬레이ㅌ spur·스퍼ㅡ
찌름, 쏨
(곤충의) 침

1714 penetrate
·페너·트뤠ㅌ

penetration·페너·트뤠이션 침투, 관통, 삽입

관통하다　pass[go] through·패스·[고우] θ루 pierce·피어ㅅ perforate·퍼ㅡ'퍼·뤠ㅌ puncture·펑쳐ㅡ
침투하다, 스며들다　permeate·퍼ㅡ미·에이ㅌ percolate·퍼ㅡ커레이ㅌ pervade퍼ㅡ'베이ㄷ soak소우ㅋ infiltrate·인·'필트뤠ㅌ

1715 spiky
·스파이키

뽀족한　sharp·샾
깐깐한

1716 shrewd
·쉬루ㄷ

날카로운　biting·바이팅 keen·킨 acute어·큐ㅌ sharp·샾
영리한
빈틈없는

79. 곡, 연주

1717
tune
·튠

곡, 곡조, 선율	**melody**·멜러디 **song**·쏘엉 **air**·에어
조율하다	**attune**어·튠 **key**·키
조정하다, 맞추다	**adjust**어·져스트 **harmonize**·하-머나이즈 **accord**어·코-어드 **pitch**·피치

1718
chorus
·코뤄스

합창(곡)
후렴

1719
performance
퍼-·'풔먼스

perform퍼-·'풤 행하다, 공연하다
performable퍼-·'풔·머블 행할 수 있는

연주, 공연	
성과, 성적	**results**뤼·절츠
실행	**execution**·엑서·큐션 **operation**·아퍼·뤠이션 **practice**·프뢕티스

1720
instrument
·인스트러멘트

instrumental·인스트뤄·멘틀 도움이 되는, 악기의, 중요한

| 악기 | |
| 기구, 도구 | **tool**·툴 **implement**·임플멘트 **appliance**어·플라이언스 **utensil**유·텐슬 **gadget**·개젵 |

1721
flute
·'플룻

플루트(를 불다)

1722
ensemble
언·썸블

합주단

1723
busker
·버스커-

길거리 공연자

1724
chord
·코-어드

화음 **accord**어·코-어드

1725
dissonance
·디서넌스

dissonant디서넌트 부조화한, 불협화음의

| 불협화음 | **discord**·디스코-어드 **disharmony**·디스·하-머니 **cacophony**캐·카퍼니 |
| 불화, 의견 충돌 | **disagreement**·디서·그뤼먼트 **discord**·디스코-어드 **dissension**·디·센션 **differences**·디'퍼뤈스즈 **disharmony**·디스·하-머니 |

80. 물질, 화학

1726	**substance** ·썹스턴ㅅ	**substantial**셉·스탠셜 상당한, 실질적인 **substantially**셉·스탠셜리 실질적으로
	물질	**material**머·티뤼얼 **stuff**·스터'ㅍ **matter**·매터-
	본질	**essence**·에슨ㅅ **nature**·네이쳐-
	핵심, 요지	**gist**·쥐-ㅅㅌ **point**·퍼인ㅌ **core**·코어

1727	**material** 머·티뤼얼	**materialize**머·티뤼얼라이ㅈ 구체화하다
	재료	**component**컴·포우넌ㅌ **constituent**컨·스티츄언ㅌ **element**·엘리먼ㅌ **stuff**·스터'ㅍ **ingredient**잉·그뤼디언ㅌ
	물질	**stuff**·스터'ㅍ **matter**·매터- **substance**·썹스턴ㅅ
	자료	**data**·데이터
	물질적인	**physical**·'피지클 **corporeal**코어·풔뤼얼

1728	**solid** ·쌀리ㄷ	
	고체(의)	
	단단한	**rigid**·뤼져ㄷ **hard**·하-ㄷ **firm**·'풤
	입체의	**cubic**·큐빅 **three dimensional**·θ뤼 디·멘셔널

1729	**ingredient** 잉·그뤼디언ㅌ	
	재료, 성분	**component**컴·포우넌ㅌ **constituent**컨·스티츄언ㅌ **element**·엘리먼ㅌ **stuff**·스터'ㅍ **material**머·티뤼얼
	구성 요소	**component**컴·포우넌ㅌ

1730	**nuclear** ·뉴클리어	**nucleus**·뉴클리어ㅅ (세포, 원자)핵, 핵심
	핵의	
	원자력의	**atomic**어·타믹

1731	**atom** ·애텀	**atomic**어·타믹 원자(력)의
	원자	

1732	**melt** ·멜ㅌ	
	녹이다	**unfreeze**·언·'프뤼ㅈ
	용해하다	**dissolve**·디·절'ㅂ **liquefy**·리퀴'파이

1733	**chemical** ·케멕클	**chemicals**·케멕클ㅅ 화학제품
	화학의, 화학적인	

1734

dioxide
다·이앜·싸이ㄷ

이산화물

1735

nitrogen
·나이트뤄젼

질소

1736

potassium
퍼·태씨엄

칼륨   **kalium**케일리엄

1737

phosphorus
·'파쓰'페레ㅅ

인

1738

acid
·애세ㄷ

산(성의)	**acidity**어·씨디티
신맛(의)	**acidity**어·씨디티 **sour**·싸우어 **acidulous**어·씨듈레ㅅ
신랄한	**bitter**·비터- **keen**·킨 **corrosive**커·롸우시'ㅂ **vitriolic**'비트뤼·얼맄 **acidulous**어·씨듈레ㅅ **acrimonious**·애크뤼·모우니어ㅅ

1739

mercury
·머-큐뤼

수은	**quicksilver**·큌·씰버-
온도계	
수성 (Mercury)	

1740

sulfuric
썰.'퓨뤽

유황의

1741

arsen
아–썬

비소를 함유한

81. 불, 연소, 폭발

1742 flame
·'플레임

aflame어·'플레임 불타는, 환한

| 불꽃, 불길 | blaze·블레이즈 fire·'파이어- spark·스파-ㅋ blaze·블레이즈 |
| 타오르다 | blaze up·블레이즈 엎 burn up·버-은 엎 flare up·'플레어 엎 |

1743 extinguish
익·스팅귀시

extinguishment익·스팅귀시먼ㅌ 소화, 소멸

| (불)끄다, 진화하다 | put out·풑·아웉 quench·퀜취 smother·스머ð어 |
| 없애다, 소멸시키다 | annul·애널 kill out·킬·아웉 annihilate어·나이얼레이ㅌ |

1744 kindle
·킨들

enkindle인·킨들 타오르게 하다, 자극하다

불 붙이다, 점화하다	ignite·이그·나잍 light a fire·라이ㅌ 어 ·'파이어- set on fire·쎌 안 ·'파이어
태우다	burn·버-은 scorch·스코어취
밝게 하다, 빛내다	light up·라이ㅌ 엎 lighten·라이튼 irradiate이·'뤠이디·에이ㅌ

1745 bask
·배스ㅋ

| (햇빛, 불)쬐다 |
| (은혜)입다 |

1746 roast
롸우스ㅌ

| 굽다, 볶다 | parch·파-취 bake·베잌 |
| 구운 고기 |

1747 combustion
컴·버스쳔

| 연소 | burning·버-닝 |
| 발화 | ignition이그·니션 |

1748 soot
·쑤ㅌ

| 그을음 | smut·스멑 |
| 매연 |

1749 smolder
·스모울더

| 그을리다 | smoke스모울 |

1750 fume
·'퓸
연기(나다) smoke 스모욱
증기
화(나다)

1751 ash
·애쉬 ashen ·애션 잿빛의
(불탄)재
재가 되다

1752 explosion
익·스플로우즌 explode 익·스플로우ㄷ 폭발하다, 폭발시키다
explosive 익·스플로우시'ㅂ 폭발의, 폭발물
폭발 blasting ·블래스팅 bursting ·버-스팅 blowup ·블로우·업 detonation ·데테·네이션

1753 burst
·버-스ㅌ
터지다, 폭발하다 explode 익·스플로우ㄷ detonate ·데테네이ㅌ
갑자기 ~하다

1754 eruption
이·뤂션 erupt 이·뤞ㅌ 분출하다, 폭발하다
(화산)폭발
분출 spouting ·스파우팅 gushing ·거쉬

1755 gush
·거쉬
분출하다 erupt 이·뤞ㅌ spout ·스파우ㅌ spurt ·스퍼-ㅌ

1756 volcano
발·케이노우 volcanic 발·캐닉 화산의
화산

1757 lava
·라버
용암

1758 fuel
·'퓨얼
연료 biofuel *바이오 연료 ·바·이오우·'퓨얼

82. 공기, 호흡

1759

atmosphere
·앹머스·'피어

atmospheric·앹머스·'피어일 대기의, 분위기의

| 공기, 대기 | **air**·에어 |
| 분위기, 기운 | **ambience**·앰비언ㅅ **mood**·무ㄷ |

1760

oxygen
·악서젼

산소

1761

aerobic
에·롸우빅

(유)산소의
산소가 필요한

1762

sigh
·싸이

| 한숨(쉬다) | **suspire**서·스파이어 |
| 탄식(하다) | |

1763

respiratory
·뤠스피뤄터뤼

respiration·뤠스퍼·뤠이션 호흡

호흡의

1764

breathe
·브뤼ð

breath·브뤠θ 숨, 호흡, 조금

| 숨쉬다, 호흡하다 | **respire**뤼·스파이어- |

1765

stuffy
·스터'피

| 숨막히는 | **choky**·최오우키 |
| 무더운 | **sticky**·스티키 |

1766

suffocate
·써'퍼·케이트

suffocation·써'퍼·케이션 질식, 질식사
suffocative·써'퍼·케이티ㅂ 질식시키는, 숨막히는

| 질식시키다, 질식하다 | **choke**쵸우ㅋ **stifle**·스타이'펄 **smother**·스머ð어 |

83. 하늘, 기상, 우주, 빛, 어둠

1767 celestial
썰·레스쳘

| 하늘의 | heavenly·헤번리 |
| 천국의 | heavenly·헤번리 paradisiac·패뤄·디지앸 |

1768 cerulean
써·룰리언

| 하늘색의 | sky blue·스카이 ·블루 |

1769 climate
·클라이멭

climatic클라이·매틱 기후상의
climatically클라이·매티클리 기후적으로

| 기후 | |
| 분위기 | atmosphere·앹머스·'피어 mood·무ㄷ |

1770 meteorological
·미티·어--라쥐클

| 기상의 | |
| 기상학의 | |

1771 pneumatic
뉴·매틱

| 기압의 | barometric·배뤄·메트륔 |
| 기체의, 공기가 든 | |

1772 frost
·'프뤄스ㅌ

| 서리 | |
| 결빙 | freezing·'프뤼징 |

1773 blur
·블러-

| 흐림, 흐리게 하다 | tarnish·타-·니쉬 befog비·'퍼그 puddle·퍼들 dull·덜 fog·'풔ㄱ |
| 더러움, 더럽히다 | |

1774 overcast
·오우'버·카스ㅌ

흐린	foggy·'풔기 turbid·터-비ㄷ muddy·머디 fuzzy·'풔지 cloudy·클라우디
음울한	
구름이 뒤덮다	

1775 avalanche
·애'벌랜취

눈사태
쇄도　　　snowslide·스노우슬·라이ㄷ

1776 blizzard
·블리저-ㄷ

눈폭풍, 폭설

1777 breezily
·브뤼질리

산들바람이 불어
경쾌하게　　cheerfully·치어'펄리 lightly·라이틀리

1778 blustery
·블러스터뤼

bluster·블러스터- 거세게 몰아치다

바람이 거센

1779 aback
어·백

역풍을 맞은

1780 whistle
·위슬

휘파람(을 불다)

1781 fan
·'팬

선풍기
환풍기　　electric fan일·렉트뤽·'팬
부채(질 하다)

1782 hurricane
·허뤼케인

폭풍, 허리케인　　cyclone싸이·클로운 typhoon·타이·'푼

1783
tornado
토-·네이·도우
토네이도(회오리 폭풍) **windstorm** 윈드·스톰 **whirlwind** 월-·윈드

1784
precipitation
프리씨퍼·테이션
precipitate 프리·씨퍼테이트 재촉하다, 촉진하다

강수량 **rainfall** 뤠인·'프얼
침전 **deposition** 데퍼·지션 **sedimentation** 세더멘·테이션 **subsidence** 썹·싸이던스

1785
aerospace
·에어뤄우스페이스
항공우주(의)
대기권 이상(의)

1786
galaxy
·갤럭씨
은하(계)
화려한 사람들

1787
universe
·유니·버-스
universal ·유니·'붜슬 보편적인, 모든 사람의

우주 **cosmos** 카즈모스 **space** 스페이스
세계 **world** 월-드

1788
astronomer
어·스트롸너머-
천문학자

1789
The Big bang
ㅎ어 ·빅 ·뱅
우주대폭발

1790
meteor
·밑이어-
meteoric ·미티·어뤽 유성의, 일약~한

유성, 운석 **shooting star** ·슈팅 ·스타-

1791 comet
·카머 트
혜성

1792 satellite
·새털라이 ㅌ
(인공)위성

satellitic ·새털라이틱 위성의

1793 orbit
·오-빝
궤도
궤도를 돌다

orbiting ·오어비팅 궤도선회하는

path ·패θ

1794 trajectory
트뤄·잭터뤼
탄도

1795 infrared
·인'프뤄·뤠 ㄷ
적외선(의)

1796 ultraviolet
·얼트뤄·'바이얼맅
자외선(의)

1797 ray
·뤠이
광선
가오리

beam ·빔

1798 glare
·글레어
섬광(을 내다)
노려봄[보다]

flash ·'플래싂

1799 shiny
·샤이니

빛나는
해가 비치는

bright·브롸잍 **shining**·샤이닝 **radiant**·뤠이디언트 **luminous**·루메네스

1800 glow
·글로우

빛나다, 반짝이다
작열, 달아오름

shine·샤인 **glitter**·글리터 **gleam**·글림 **twinkle**·트윙클

1801 illuminate
·일·루미네이트

밝게하다
계몽하다

1802 spectrum
·스펙트럼

분광
연속체, 범위

1803 dim
·딤

어둑한, 어두워지다
흐릿한

hazy·헤이지 **dirty**·디-티 **dull**·덜

1804 nocturnal
낙·터-늘

nocturnality·낙·터-늘리티 야행성
nocturnally·낙·터-늘리 야간에

야간의, 밤의

nightly·나이틀리 **night**·나일

1805 silhouette
·씰루·엩

그림자, 음영

shadow·셰·도우

1806 shade
·셰이ㄷ

그늘(지다)
음영

1807 polish
·퐐리쉬

polishing·퐐리싱 광택내기

광택(을 내다)
폴란드의 (사람, 언어)

burnish·버-·니쉬

84. 눈, 감시

1808 optical
앞티클

눈의, 시각의, 광학의   **optic**앞틱

1809 blind
·블라인ㄷ

                              blinding·블라인딩 눈 부신, 눈을 뜰 수 없는

눈 먼, 장님의   **sightless**·싸이틀리ㅅ **eyeless**·아일리ㅅ
맹목적인   **unseeing**언·씨잉 **eyeless**·아일리ㅅ **reckless**·뤠클레ㅅ

1810 visual
·'비쥬얼

                  vision·'비즌 시력, 시각, 통찰력
                  visualize·'비쥬얼라이ㅈ 시각화하다
                  visually·'비쥬얼리 시각적으로

시각적인
보이는   **visible**·'비저블 **viewable**·'뷰·어블 **seen**·신 **eyeable**·아이·어블

1811 myopic
마·이어픽

근시의   **shortsighted**·쏠·싸이티ㄷ
근시안적인   **shortsighted**·쏠·싸이티ㄷ

1812 bifocal
·바이·'포우클

이중 초점의
이중 초점 안경(s)

1813 glance
·글랜ㅅ

흘끗 보다   **glimpse**·글림프ㅅ **skim**·스킴
흘끗 봄   **glimpse**·글림프ㅅ
섬광   **flash**·'플래쉬 **beam**·빔 **gleam**·글림 **flare**·'플레어

1814 leer
·리어

곁눈질(하다)
음흉한 시선

1815 skim
·스킴

훑어 보다
걷어내다

1816 overlook
·오우'·버·룩

간과하다	miss·미ㅅ omit·오우·밑
눈감아 주다	forgive·퍼-·기'ㅂ excuse·익·스큐ㅅ pardon·파-든 condone·컨·도운 turn a blind eye to·터-은 어 ·블라인ㄷ·아이 투
	ignore·이그·노-어 pass over·패ㅅ ·오우'버
내려다보다	look down·룩 ·다운

1817 connivance
커·나이번ㅅ

| 묵인 | toleration·탈러·뤠이션 |

1818 observation
·압저·'베이션

observe·업·저-'ㅂ 관찰하다
observational·압저·'베이셔널 관찰의, 감시의
observer·업·저-버 관찰자, 감시자

| 관찰 | survey·서-'베이 view·뷰 |
| 감시 | watch·와취 lookout·룩·아웃 vigil·비절 |

1819 patrol
퍼·트뤄울

patroller·퍼·트롸울러- 순찰자

| 순찰병, 순찰대 |
| 순찰하다 |

1820 monitor
·머네터-

monitoring·머니터링 감시, 관찰

| 감시하다 | oversee·오우'버·씨 watch·와취 overlook·오우'버·룩 |
| 모니터 | |

1821 stare
·스테어

| 응시하다 | gaze·게이ㅈ glare·글레어 |

1822 behold
비·호울ㄷ

beholder·비·호울더 보는 사람, 구경꾼

| 주시하다 | watch·와취 regard·뤼·가-ㄷ consider·컨·씨더 observe·업·저-'ㅂ |

1823 aspect
·애스펙ㅌ

| 관점 | point of view·포인ㅌ 어'ㅂ ·'뷰 standpoint·스탠ㄷ·퍼인ㅌ viewpoint·'뷰·퍼인ㅌ angle·앵글 |
| 양상 | phase·'페이ㅈ appearance·어·피런ㅅ looks·룩ㅅ condition·컨·디션 |

1824 audience
·아디언ㅅ

| 관객 | spectator·스펙테이터- |
| 청중 | hearers·히어러ㅈ auditors·아디터-ㅈ the attendance·ㅎ이 어·텐던ㅅ the crowd·ㅎ어 ·크롸우ㄷ |

85. 신체

1825

physical
·'피지클

physically ·'피지클리 육체적으로, 물리적으로

육체의
물질적인
물리학의

carnal ·카-늘 **corporal** ·코어퍼뤌 **bodily** ·바딜리 **corporeal** 코어·풔뤼얼 **fleshly** ·'플레쉴리
corporeal 코어·풔뤼얼 **corporal** ·코어퍼뤌

1826

torso
·토르·소우

몸통, 흉상

1827

bosom
·부즘

bosom of ·부즘 어'ㅂ ~의 내부, 품안

(여자의)가슴
애정(하는)

breast ·브뤠스트

1828

paw
·퍼

(동물의)발
발로 긁다

1829

hoof
·후'ㅍ

발굽

1830

claw
·클러

발톱, 집게발
할퀴다

scratch ·스크뤠취 **maul** ·멀

1831

toe
·토우

발가락
발끝을 대다

1832

limbless
·림레ㅅ

손발[날개, 가지]가 없는

1833 manual
·매뉴얼
손의
안내서
수동의

1834 intact
·인·택 트
손대지 않은　**untouched**언·터치 트
전체의, 그대로의

1835 dexterity
덱·스테뤼티
손재주(있음)
민첩함
오른손잡이

1836 gesture
·쟤스쳐–
몸짓　**motion**·모우션

1837 bare
bareness 베어네ㅅ 발가벗음, 노출
barely 베얼리 거의~않다, 간신히
·베어
발가벗은　**naked**·네이키 ㄷ **starknaked**·스탘~ 네이키 ㄷ
노출된　**exposed**잌·스포우즈ㄷ **uncovered**언·커버–ㄷ
가까스로의　**narrow**·네롸우
드러내다, 벗다

1838 bald
·벌 ㄷ
대머리의　**hairless** *털이 없는·헤얼레ㅅ
노골적인　**outspoken**·아웉·스포우컨

1839 cortex
cortical 코어티클 피질의
·코어텍 ㅅ
피질, 표피, 외피

86. 의학, 약, 질병

1840
medical
·메디클
의료의, 의학의

1841
physiology
·'피지·알러지-
생리학

physiologist·'피지·알러지스트 생리학자

1842
therapy
·θ에뤄피

therapist·θ에뤄피스트 치료 전문가, 치료사

치료	**treatment**·트뤼먼트 **remedy**·뤠메디 **cure**·큐어
요법	**remedy**·뤠메디

1843
treat
·트륍

treatment·트뤼먼트 취급, 대우, 치료

치료하다	**cure**·큐어 **remedy**·뤠메디
다루다	**deal with**·딜 위θ **manage**·매네지
대하다	**receive**·뤼·시'ㅂ **face**·'페이스

1844
antibody
·앤티바디
항체

1845
vaccine
·'백·신

vaccinate·'백서네이트 예방접종 하다

백신 *바이러스 예방 항원

1846
immune
·이·뮨

immunize·이뮤·나이즈 면역시키다, 무효화하다
immunity·이·뮤너티 면역, 면제

면역의	
면제된	**exempt**·익·젬프트 **excepted**·익·셉테드

1847
clinic
·클린익

병원, 진료소　　**hospital**·하·스피틀 **infirmary**·인·'펌어뤼

1848 infirmary
·인·'펆어뤼

진료소　　　　**clinic**·클린잌

1849 hospice
·하스피ᄉ

말기 환자용 병원

1850 ward
·워-ㄷ

병동
감시
감독

1851 surgery
·써-져뤼
　　　　　surgical·써-쥐클 외과적인, 수술의

(외과) 수술(실)　**operation**·아퍼·뤠이션
외과

1852 patient
·페이션ㅌ
　　　　　patience·페이션ᄉ 인내
　　　　　patiently·페이션틀리 끈기 있게

환자　　　　**sufferer**·써'퍼뤄 **case**·케이ᄉ
참을성 있는, 끈기 있는　**enduring**·엔·듀륑 **persevering**·풔써·'비어륑 **forbearing**·풔·베어륑

1853 voyeur
·'붜이·어
　　　　　voyeurism·'붜이·유·뤼즘 관음증

관음병자

1854 tissue
·티·슈

(생체)조직
직물　　　**textile**·텍·스타일 **cloth**·클러θ **texture**·텍스쳐-
화장지

1855 liver
·리버-

간

1856 colorectal
코울로렉틀
결장의
항문의

1857 artery
·아-터뤼
동맥
간선 도로

1858 coronary
·콜뤄네뤼
관상 동맥의
심장의

1859 cardiovascular
·카디오우·'배스큘러
심장 혈관의

1860 blood
·블러드
피
혈통

bleed ·블리드 출혈하다
bloody ·블러디 피의, 유혈의

lineage ·린이어즤 **pedigree** ·페디그뤼

1861 bleed
·블리드
출혈하다
흘러나오다

flow out ·'플로우·아울 **run out** ·런 ·아울 **effuse** ·이·'퓨즈

1862 cerebral
·쎌리브럴
뇌의, 대뇌의
지적인

intellectual ·인털·렉츄얼

1863 limbic
·림빅
대뇌변연의

1864 skull
·스컬
두개골

1865 skeleton
·스켈러튼
skeletal ·스켈러틀 골격의, 유골의
골격, 해골
뼈대　　　frame ·프뤠임

1866 drug
·드뤄ㄱ
약(품)　　medicine ·메디슨
마약, 마취제　narcotic 나·카틱

1867 pill
·필
캡슐약　　tablet *정제약 ·태블맅

1868 potion
·포우션
(물)약

1869 panacea
·팬어·씨어
만병 통치약

1870 antidote
·앤티도우ㅌ
해독제　detoxicant 디·토얼씨컨ㅌ counterpoison ·카운터-·포이즌

1871 placebo
·플러·씨보우
위약 *심리적 효과만 주는 약
위안의 말

1872 penicillin
·페니·씰린
페니실린 *항생제

1873 pharmaceutical
·'파-머·쑤티클
pharmaceutically ·'파-머·쑤티클리 약학적으로
약 조제의
약물의

1874 dose
도우ㅅ
(1회)복용량
투약하다

1875 diagnostic
·다이그·나스틱
diagnosis ·다이에그·노우씨ㅅ 진단
진단상의

1876 ailment
·에일먼ㅌ
병　　**ill**·일 **illness**·일네ㅅ **sickness**·식네ㅅ **disease**·디·지ㅈ **malady**·맬러디

1877 ill
·일
illness ·일네ㅅ 병
병든　　**sick**·식
나쁜[쁘게], 악한　　**bad**·배ㄷ **wrong**·뤙 **vicious**·'비셔ㅅ **wrongful**·뤙'펄 **foul**·'파울 **evil**·이'블 **wicked**·위키ㄷ

1878 disease
·디·지ㅈ
질병　　**sickness**·식네ㅅ **illness**·일네ㅅ **malady**·맬러디 **ailment**·에일먼ㅌ **infirmity**·인·'펌어티 **disorder**·디·소어-더

1879 sore
·소어-
아픈　　**painful**·페인'펄
슬픔에 잠긴

1880

ache
·에이ㅋ

ache to do ·에이ㅋ 투 두 ~하고 싶어하다
ache for ·에이ㅋ '풔 열망하다

아프다
통증

hurt ·허-트 smart ·스마-트 be painful ·비 ·페인'펄 rankle ·랭클
pain ·페인 pang ·팽

1881

rankle
·랭클

아프다, 괴롭다
(마음을)괴롭히다

ache ·에이ㅋ hurt ·허-트 pain ·페인 smart ·스마-트
distress ·디 ·스트뤠ㅅ fester ·페스터- pain ·페인

1882

wound
·운-ㄷ

상처
부상
wind의 과거(분사)

hurt ·허-ㅌ gash ·개쉬

1883

debilitating
디 ·빌러 ·테이팅

쇠약하게 하는

1884

enervate
·에너'베이ㅌ

약화시키다

unnerve 어 ·너-'ㅂ enfeeble 엔 ·피블 weaken ·위큰

1885

epidemic
·에퍼 ·데믹

epidemically ·에피 ·데미클리 전염적으로

전염성의, 전염병의
유행하는

infectious 인 ·'펙셔ㅅ pandemic 팬 ·데믹 communicable 커 ·뮤니커블 catching 캐칭 contagious 컨 ·테이져ㅅ
rampant ·뢤펀ㅌ pandemic 팬 ·데믹 prevailing 프리 ·'베일링 prevalent ·프뤠벌런ㅌ rife ·롸이'ㅍ

1886

outmoded
·아웉 ·모우디ㄷ

유행에 뒤진
구식의

antiquated ·앤티퀴티드

1887

rampant
·뢤펀ㅌ

유행하는, 만연하는

rife ·롸이'ㅍ

1888 pervasive
퍼-·'베이시'ㅂ

퍼지는	**expanded**잌·스팬디ㄷ
스며드는	**soaking**·소우킹 **permeate**·퍼-미·에이ㅌ
침투성의	**penetrating**·페너·트뤠팅

1889 dispersion
·디·스퍼-젼

disperse·디·스퍼-ㅅ 흩어지다, 퍼트리다

확산	**proliferation**·프뤌·리'퍼·뤠이션 **diffusion**디·'퓨즌
분산, 흩트림	**dispersion**·디·스퍼-젼 **scattering**·스캐터링

1890 scatter
·스캐터-

흩뿌리다	**sprinkle**·스프륑클 **disseminate**·디·세미네이ㅌ
흩어지다	**disperse**·디·스퍼-ㅅ

1891 dissemination
·디·세미·네이션

disseminate·디·세미네이ㅌ 퍼트리다, 뿌리다

파종	**sowing**·소우잉 **insemination**·인·세머·네이션
보급, 유포	**spreading**·스프뤠딩 **airing**·에어잉 **diffusion**디·'퓨즌 **dispersal**·디·스퍼-슬 **dispersion**·디·스퍼-젼

1892 prevalent
·프뤠벌런ㅌ

prevalently·프뤠벌런틀리 널리 퍼져
prevalence·프뤠블런ㅅ 유행

널리 퍼진, 만연한	**common**·카먼 **universal**·유니·'붜슬 **established**에·스태블리쉴 **widespread**·와이드·스프뤠ㄷ

1893 plague
·플레이ㄱ

전염병	**epidemic**·에퍼·데믹
괴롭히다	**pester**·페스터- **bother**·바더어 **annoy**·어노이 **tease**·티ㅈ **harry**·헤뤼 **torment**·토-·멘ㅌ **harass**·허·뤠ㅅ

1894 infection
·인·'펙션

infect·인·'펙ㅌ 감염시키다, 오염시키다
infectious·인·'펙셔ㅅ 전염성의, 오염되는
infective·인·'펙티'ㅂ 전염성의, 오염되는

감염	**contagion**컨·테이젼

1895 pathogen
·패θ어젼

병원균	**germs**·져-ㅁㅈ

1896 germ
·져-ㅁ

germinate ·져-미네이ㅌ 싹이 트다, 생겨나다
germless ·져-ㅁ·레ㅅ 세균이 없는, 위생적인
germinant ·져-미난ㅌ 싹트는, 시초의, 발단의

세균, 균　　microbe ·마이크라우ㅂ bugs ·벅ㅈ bacteria 백·티뤼어 bacilli 배·씰라이

1897 sanitizer
·쌔니타이저

살균제　　germicide ·져-미싸이ㄷ bactericide 백·티뤼·싸이ㄷ fungicide ·펀져·싸이ㄷ microbicide ·마이크라우비싸이ㄷ

1898 inflammatory
·인·'플래머퉈뤼

염증을 일으키는
자극적인
염증의

1899 cancer
·캔서-

암, 악성 종양　　tumor *종양 ·튜머-

1900 allergic
얼러-쥑

allergy ·앨러쥐- 알레르기

알레르기의

1901 anorexia
·앤어·뤡씨어

거식증　　anorexia nervosa ·앤어뤡씨어 눠-'보우서
식욕 감퇴

1902 aphasia
어·'페이져

실어증 *언어적 장애 증상

1903 autism
·아·티즘

자폐증 *지적 장애나
발달장애증

1904 dementia
·디·멘시아
치매

1905 asthma
·애즈머
천식

1906 cough
·카'프
기침

coughing ·카'핑 기침(하는), 기침소리
getting up ·게팅 엎

1907 flu
·'플루
독감
influenza의 단축

influenza ·인'플루·엔자

1908 MERS
·머–ㅈ
메르스 *바이러스성 전염병

1909 SARS
·싸–ㅈ
사스 *바이러스성 전염병

1910 dengue
·뎅 ㄱ
뎅기열 *바이러스성 전염병

1911 mumps
·멈프ㅅ
볼거리 *바이러스성 전염병

1912 rubella
루·벨러
풍진 *바이러스성 전염병

1913
measles
·미즈을즈

홍역 *바이러스성 전염병

1914
AIDS
·에이즈

에이즈 *후천성 면역 결핍증

1915
gout
·가울

통풍 *손, 발 관절에 발
생하는 질병
방울

1916
arthritis
아·θ롸잍어ㅅ

관절염

1917
cataract
·캐타뢕ㅊ

백내장 *시력장애 질환
큰 폭포

1918
diabetes
·다이어·빝이즈

당뇨병

1919
tinnitus
·티니터ㅅ

이명 *귀에서 소음이
들리는 증상

1920
hormone
·호어·모운

호르몬

1921 endorphin
인·도-어'핀

엔도르핀 *행복감을 주
는 호르몬

1922 insulin
·인설런

인슐린 *당뇨병 개선에
효과가 있는 호르몬

1923 pediatrician
·피디어·트뤼션

소아과의사

1924 obstetrics
엡·스테트릭ㅅ

obstetrics and gynaecology 엡·스테트릭ㅅ 엔ㄷ 가이니·칼러쥐 **산부인과**

산과

1925 ambulance
·앰뷸런ㅅ

구급차

1926 veterinary
·'베터뤼네뤼

수의학의

1927 gene
·쥔

유전자

1928 chromosome
·크롸우머소엄

염색체

1929 neurological
·뉴뤄·라쥐클

neurobiologist 뉴·롸우·바이알러져스ㅌ 신경 생리학자
neurolinguistics 뉴·롸우·링·귀스틱ㅅ 신경 언어학

신경의, 신경학의

87. 오염, 유해, 청결

pollution 펄·루션
오염 공해
pollute펄·룰 오염시키다
contamination컨·태머·네이션

contaminate 컨·태머네이트
오염시키다
contamination컨·태머·네이션 오염, 더러움
contaminant컨·태미넌ㅌ 오염 물질
corrupt커·럽ㅌ pollute펄·룰

venom ·'베넘
독
venomous·'베너머ㅅ 독이 있는, 앙심에 찬
poison·포이즌 toxin·탁씬 toxicant·토얼씨컨ㅌ

toxic ·탁씩
독성의 유독한
toxically·탁씨컬리 유독하여, 독성이 있어
poisonous·포이즈너ㅅ venomous·'베너머ㅅ
poisonous·포이즈너ㅅ toxicant·토얼씨컨ㅌ baneful·베인'펄 virulent·'비뤌런ㅌ

harmful ·하암'펄
해로운
harmless·하암-레ㅅ 해가 없는
harm·하-암 해, 피해, 손해
detrimental·데트뤼·멘틀 baleful·베일'프를 deleterious·델러·티뤼어ㅅ maleficent멀·레'피슨ㅌ noisome·노이섬
hurtful·허-트'펄 noxious·낙셔ㅅ injurious·인·쥬뤼어ㅅ

pernicious 퍼-·니셔ㅅ
유해한
치명적인
noxious·낙셔ㅅ injurious·인·쥬뤼어ㅅ malign멀·라인 poisonous·포이즈너ㅅ baneful·베인'펄 harmful·하암'펄
deleterious·델러·티뤼어ㅅ maleficent멀·레'피슨ㅌ
fatal·'페이틀 mortal·모어틀 vital·'바이틀 deadly·데들리

innocuous ·이·나큐어ㅅ
무해한
innoxious이·낙셔ㅅ harmless·하암-레ㅅ

addiction 어·딕션
(마약)중독 몰두
addict어·딕ㅌ 중독시키다
dependency디·펜던씨

1938 dirty
·더-티

dirt·더-ㅌ 먼지, 때, 흙

더러운, 지저분한	foul·파울 unclean·언·클린 sordid·소어-디드 nasty·내스티 squalid·스콸리드
추잡한	nasty·내스티 ungodly·언·가들리
칙칙한	sordid·소어-디드 hazy·헤이지 dim·딤 dull·덜

1939 bedraggled
비·드래글드

| 더러워진 | smudgy·스머지- |
| 젖은 | wet·웻 |

1940 decay
디·케이

decadence·데커던ㅅ 타락, 퇴폐, 방종

부패하다, 부패시키다	rot·롸트 corrode·커·로우드 go bad·고우·배드 spoil·스뭐일 decompose·디컴·포우즈 moulder·모울더
부패, 부식	corruption·커·럽션 corrosion·커·롸우즌 erosion·이·롸우즌 rot·롸트 decomposition·디컴포우·지션
쇠퇴하다	decline·디·클라인 molder·모울더 diminish·디·미니쉬

1941 corrupt
커·럽ㅌ

corruption·커·럽션 타락, 부패

| 부패한, 타락한 | rotten·롸튼 putrid·퓨트뤠드 decomposed·디컴·포우즈드 debauched·디·붜최ㅌ degraded·디·그뤠이디드 depraved·디·프뤠이'브드 |

1942 decompose
·디컴·포우ㅈ

부패되다	
분해되다	
썩다	addle·애들 go bad·고우·배드 spoil·스뭐일 rot·롸트 decay·디·케이

1943 perishable
·페뤼셰이블

perish·페뤼쉬 죽다, 비명횡사하다

| 썩기 쉬운(것) | vitiable·비쉬·어블 |

1944 untidy
언·타이디

| 단정치 못한 | slovenly·슬러'븐리 sluttish·슬·러티쉬 slatternly·슬래튼리 disheveled·디·셰벌드 scruffy·스크뤄'피 |

1945 taint
·테인ㅌ

얼룩	blot·블랕 blob·블라ㅂ smear·스미어
오점	blot·블랕 smear·스미어
더럽히다	blemish·블레미쉬 soil·소어일 besmirch·비·스머-최

1946 bruise
·브루즈

| 멍, 타박상 | contusion 컨·투즌 |

1947 stigma
·스티그마

오명	disgrace 디·스그레이스 dishonor 디·스아너- infamy 인'퍼미
낙인	
증상	symptoms 심프텀즈

1948 unstained
언·스테인드

| 오점 없는 | flawless '플러리스 innocent 이너쎈ㅌ spotless 스퐈틀레스 |

1949 tidiness
·타이디네스

| 깨끗함 | cleanness 클린네스 |

1950 refine
뤼·'파인

| 정제하다 | render 뤤더 |
| 세련되다 | |

1951 sweep
·스윞

| 쓸다, 청소하다 | clean 클린 scavenge 스캐빈쥐 |
| 휩쓸고 가다 | |

1952 wipe
·와이프

| 닦다 | |

1953 scour
·스카우어

문질러 닦다	burnish 버-·니싀 polish 퐐리싀 rub 륍
뒤지다	
소탕하다	
헤매다	

88. 전자, 전기

1954

electron
일·렉트롼

electronic일렉·트롸닉 전자의
electronics일렉·트롸닉ㅅ 전자공학

전자

1955

magnetron
·매그너·트뤈

전자관

1956

electromagnetic
일·렉트뤄매그·네틱

전자석의, 전자기의

1957

electric
일·렉트뤽

electricity일렉·트뤄씨티 전기, 전력
electrical일·렉트뤼클 전기의
electrically일·렉트뤼클리 전기로

전기의

1958

galvanize
·갤'버나이ㅈ

전기로 자극하다
활성화시키다 　activate·액티'베이트
도금하다

1959

transistor
트뤤·지스터-

트랜지스터 *증폭장치

89. 액체, 하천, 홍수

1960 liquid
·리퀴ㄷ

액체

liquidity 리·퀴디티 유동성
aqua 아쿠아

1961 aquatic
어·쿠아틱

물의
수생의

aqua 아쿠아 물, 액체
aqueous 에이퀴어ㅅ water 왙어- watery 웥어뤼

1962 drip
·드륖

물방울
물방울이 떨어지다

waterdrop 웥어·드뢒
dribble 드뤼블

1963 shore
·쇼어-

물가, 해안

beach 비취 coast 코우스ㅌ

1964 puddle
·퍼들

웅덩이

plash 플래쉬 pool 풀

1965 levee
·레'비

둑, 제방

bank 뱅ㅋ dike 다잌

1966 dam
·댐

댐

1967 canal
커·낼

운하
수로

waterway 워러웨이 channel 채늘

1968

tide
·타이ㄷ

조수
조류   **ocean current**·오우션·커-런ㅌ

1969

surf
·써-'프

파도   **wave**·웨이'ㅂ **billow**·빌로우
파도를 타다

1970

flow
·'플로우

흐름   **stream**·스트림 **current**·커-런ㅌ
흐르다   **stream**·스트림 **run**·런

1971

meander
미·앤더

굽이쳐 흐르다   **wander**·완더
헤매다

1972

torrential
            torrent·토·뤤ㅌ 급류
토·뤤셜

급류의
맹렬한   **drastic**·드래스틱 **harsh**·하-싀 **violent**·'바이얼런ㅌ **fierce**·'피어ㅅ **intense**·인·텐ㅅ

1973

stream
·스트림

하천, 시내   **watercourse**·워-터코어ㅅ **river** *강·뤼버-
흐름   **flow**·'플로우 **current**·커-런ㅌ
흐르다   **flow**·'플로우 **run**·런

1974

drift
·드뤼'프ㅌ

표류(하다)

1975

float
플로우ㅌ

(물에) 뜨다, 떠오르다   **buoy**·부이 **keep afloat**·킾 어·'플로우ㅌ

1976 buoyant
·부이언 ㅌ

buoy ·부이 뜨다, 떠오르다

부력이 있는
탄력이 있는 **springy** ·스프링이 **whippy** ·위피

1977 faucet
·'풔시 ㅌ

수도꼭지 **tap** ·탭

1978 moisture
·뭐이스쳐-

습기, 수분 **dampness** ·댐프네ㅅ **humidity** 휴·미디티

1979 damp
·댐 ㅍ

습기(있는)
축축하게 하다

1980 vapor
·'베이퍼-

증기 **steam** ·스팀
발산시키다 **effuse** 이·'퓨즈 **emanate** ·에메네이 ㅌ **diffuse** 디·'퓨ㅅ
증발시키다 **evaporate** 이·'배퍼뤠이 ㅌ

1981 distil(l)
·디·스틸

증류하다

1982 fluid
·'플루에 ㄷ

fluidic ·'플루이딕 유동·성의, 유체의

유체, 유동체 **liquid** ·리퀴ㄷ
유동적인
부드러운, 우아한 **elegant** ·엘레강 ㅌ **graceful** ·그뤠이스'펄

1983 irrigate
·이뤼게이 ㅌ

irrigation ·이뤼·게이션 물을 댐, 관개

물을 대다, 관개하다 **water** ·왘어-
(상처를) 세척하다

1984 saturated
·새쳐뤠이티 ㄷ

saturate ·새쳐뤠 ㅌ 적시다, 포화시키다
saturation ·새쳐·뤠이션 포화

흠뻑 젖은, 속속 스며든 **wet** ·웱 **soaked** ·소욱 ㅌ **drenched** ·드뤤취 ㅌ
가득한, 배어든 (with) **full** ·풀

1985 soak
소우ㅋ

적시다, 담그다 | wet·웻 drench·드뤤치 moisten·모이슨 dampen·댐펀 soak·소우ㅋ
흡수하다 | absorb·엡·즈오-어ㅂ suck in·썩 인 imbibe·임·바이ㅂ

1986 succulent
·써·큘런ㅌ

즙[수분이] 많은 | juicy·쥬씨

1987 squeeze
·스퀴ㅈ

압착(하다)
꽉 쥐다

1988 splash
·스플래쉬

물 튀기다 | spatter·스패터- dabble·대블
끼얹다 | pour·포어 shower·샤우어

1989 surge
·써-쥐

밀려들다 | deluge·델류쥐 flood·플레ㄷ
급증 | upsurge·엎·서-쥐

1990 flood
·'플레ㄷ

flooding·'플러딩 홍수, 범람

홍수, 범람 | inundation·이넌·데이션 deluge·델류쥐
쇄도, 폭주 | rush·러쉬 stampede·스탬·피드
범람하다 | overflow·오우버-·'플로우 inundate·이넌·데이트
물에 잠기다(잠기게 하다), 침수되다

1991 deluge
·델류쥐

대홍수 | flood·'플레ㄷ
범람(시키다)

1992 exuberant
이그·주브뤈ㅌ

넘칠 듯한
원기 왕성한 | vigorous·비거뤄ㅅ

1993 spill
·스필

| 흘리다, 쏟다 | shed·셰ㄷ drop·드뢒 |
| 엎지름, 유출 | outflow·아웉·'플로우 efflux·에'플럭ㅅ effusion·이·'퓨즌 |

1994 infuse
·인·'퓨즈

| (액체를) 붓다 주입하다 | inspire·인·스파이어 indoctrinate·인·닥트뤼네이ㅌ instill·인·스틸 |

1995 injection
·인·'잭션

inject·인·잭ㅌ 주사하다, 주입하다

| 주사 | inoculation·이·나큘·레이션 |
| 주입 | transfusion 트렌스·'퓨즌 |

1996 transfusion
트렌스·'퓨즌

| 주입 | injection·인·잭션 infusion·인·'퓨즌 |
| 수혈 | |

1997 instill
·인·스틸

| 주입하다 | indoctrinate·인·닥트뤼네이ㅌ infuse·인·'퓨즈 inspire·인·스파이어 |
| 스며들게 하다 | insinuate·인·신유에이ㅌ engrain·엔·그뤠인 impregnate·임·프뤠그·네이ㅌ |

1998 pour
·포어

| 붓다, 쏟다 | spill·스필 |
| 흐르다 | drain·드뤠인 stream·스트륌 |

1999 decant
디·캔ㅌ

| 옮겨 붓다 | transfuse 트렌스·'퓨ㅈ |

2000 drool
·드룰

| 침흘리다 | drivel·드뤼'블 |

2001 foam
포움

foamy·포우미 거품의

| 거품 | bubble·버블 froth·'프뤄θ |

90. 지형, 지질

2002 **geography** 죄어·그러'피
지리(학)

geographics 죄-어·그래'픽ㅅ 지리학

2003 **geopolitical** ·죄-오우·펄리티클
지정학적인

2004 **continent** ·칸티넌ㅌ
대륙

continental ·칸티·넨틀 대륙의
continentally ·칸티·넨틀리 대륙적으로

2005 **ocean** ·오우션
바다, 해양

sea ·씨

2006 **marine** 머·륀
바다의
해병대원

maritime ·메뤼타임 바다의, 배의, 해안의

maritime ·메뤼타임 **sea** ·씨

2007 **Mediterranean** ·메디터·뤠이니언
지중해(의)

2008 **channel** ·채늘
해협
수로
경로

straits ·스트뤠이ㅊ **sound** ·싸운ㄷ
canal 커·낼
route ·루ㅌ

2009 **sail** ·세일
항해(하다)
돛

sailor ·세일러 선원, 뱃사람

voyage ·붜이쥐 **navigate** ·내'비게이ㅌ

2010 bay
·베이
만　　　gulf·걸'ㅍ

2011 creek
·크릭
작은 만
개울

2012 peninsula
퍼·닌설러　　　peninsular퍼·닌슬러- 반도의
반도

2013 marsh
·마-쉬
늪, 습지　　　swamp·스왐ㅍ

2014 plateau
플래·토우
고원　　　tableland·테이블랜ㄷ
정체기

2015 canyon
·캐니언
협곡　　　gorge·고어-쥐 ravine로어-'빈

2016 field
·'필ㄷ
들판　　　plain·플레인
분야　　　sphere스·'피어 realm·뤨름
현장　　　site·싸잍

2017 soil
소어일
토양, 흙　　　earth·어-θ clay *찰흙·클레이
땅　　　ground·그롸운ㄷ land·랜ㄷ
더럽히다　　　stain·스테인 blemish·블레미쉬 taint·테인ㅌ besmirch비·스머-취

2018 mound ·마운드

흙무더기, 동산

2019 slimy 슬·라이미

진흙투성의 **muddy**·머디
끈적끈적한 **sticky**·스티키

2020 rugged ·뤄게드

ruggedly·뤄게들리 울퉁불퉁하게

울퉁불퉁한 **rude**·루드 **rough**·뤄'ㅍ
바위투성의 **rocky**·롸키 **stony**·스토우니
거친, 억센 **husky**·허스키 **hefty**·헤'프티 **hardy**·하-디 **rough**·뤄'ㅍ

2021 ledge ·레지

암붕 *절벽의 돌출 바위
선반 **shelf**·셸'ㅍ

2022 reef ·뤼'ㅍ

암초 **cay**·케이

2023 grub ·그뤕

파헤치다 **dig**·디ㄱ **burrow**·버-뤄우 **excavate**·엑스커·'베이ㅌ
유충 **larva**·라어버

2024 bury ·베뤼

burial·베뤼얼 매장, 장례식

묻다, 매장하다 **inter**·인·터- **entomb**·인·툼
숨기다 **conceal**·컨·씰 **hide**·하이드 **cover**·커'버-

2025 exhume 익·쥼

파다, 발굴하다 **dig**·디ㄱ **excavate**·엑스커·'베이ㅌ **burrow**·버-뤄우 **unearth**·언어-θ

2026 burrow ·버-뤄우

굴파다 **excavate**·엑스커·'베이ㅌ **dig**·디ㄱ **tunnel**·터늘 **undermine**·언더·마인
굴 **cave**·케이'ㅂ **tunnel**·터늘
숨다

2027
earthquake
·어-θ·퀘잌
지진   **quake**·퀘잌 **temblor**·템블러- **seism**·싸이즘

2028
seismologist
·싸이즈·팔러쥐스트
지진학자

2029
geology
·쥐이·알러쥐-
지질학

2030
topographical
·타퍼·그래'피클
지형(학)의

2031
steep
·스팊
가파른   **sharp**·샾 **rapid**·뤠핃
적시다   **soak**·소우ㅋ **wet**·웹 **saturate**·새쳐뤠ㅌ **drench**·드뤤치 **moisten**·모이슨 **dampen**·댐펀

2032
razorback
·뤠이저-·백
가파른 능선
야생 돼지
긴수염 고래

2033
mineral
·미네럴
광물
무기물

2034
crystal
·크뤼스틀
결정체, 수정

2035 **magnet** ·매그너ㅌ

magnetic매그·네틱 자석의

자석
끌리는 사람[물건]

2036 **pebble** ·페블

조약돌, 자갈　　gravel·그래'블

2037 **keystone** ·키·스토운

쐐기돌
요점, 요지　　the gist ð어 ·쥐-스ㅌ the point ð어 ·풔인ㅌ the substance ð어 ·썹스턴ㅅ the essentials ð이 에·센셜ㅈ crux·크럭ㅅ

2038 **boulder** ·보울더

둥근 돌　　bowlder·보울더

2039 **brick** ·브릭

벽돌

2040 **mortar** ·모어터–

회반죽(을 바르다)
절구
박격포 *소형 대포

2041 **pit** ·핕

구멍　　vent·'벤ㅌ cavity·캐비티 pore·포어
구덩이

2042 **pore** ·포어

작은 구멍, 모공
숙고하다, 골똘히 생각하다　　deliberate딜·리버레이ㅌ ponder·판더

91. 종, 생물

2043

lineage
·린이어지
혈통, 계보　**descent** 디·센 ㅌ **pedigree** ·페디그뤼 **genealogy** ·쥐이·알러쥐-

2044

genus
·쥐너ㅅ
종, 부류

2045

species
·스피싀-ㅈ
종, 인종
종류　**kind** ·카인ㄷ **sort** ·소어- ㅌ **type** ·타이ㅍ

2046

ecosystem
·이코우씨ㅅ텀
생태계

2047

ecology
이·칼러쥐-
생태학　**bionomics** ·바이어·나믹ㅅ

2048

wild
　　　　wildly ·와일들리 거칠게, 야생적으로
·와일ㄷ
야생의　**feral** ·페뤌
거친, 사나운　**brutal** ·브루틀 **coarse** ·코어ㅅ **savage** ·새'비쥐

2049

ape
·에잎
유인원
영장류

2050

parasite
　　　　parasitic ·페뤄·씨틱 기생하는, 기생물의
·페뤄싸잍
기생충　**worms** ·웜-ㅈ

2051 pest
·페스트

| 해충 | **vermin** ·붜·민 **fly** ·플라이 |
| 성가신 사람 | **blighter** ·블라이터 **cuss** ·커ㅅ **pesterer** ·페스터러 **gadfly** ·개드·'플라이 **plague** ·플레이ㄱ |

2052 bumblebee
·범블비

땅벌

2053 drone
·드롸운

수벌
무인 비행체
게으름뱅이

2054 termite
·터-마잍

흰개미

2055 reptile
·뤱타일

파충류

2056 mammal
·매믈

포유 동물

2057 rodent
·롸우든ㅌ

설치류(의)

2058 oyster
·오이스터-

굴

2059 cattle
·캐틀
소떼

2060 calf
·캐'프
송아지
새끼 고래

2061 antelope
·앤틸로웊
영양

2062 mare
·메어
암말
바다

2063 mule
·뮬
노새

2064 hog
·하ㄱ
돼지

2065 seal
·씰
물개
인장
봉인하다

2066 squirrel
·스쿼뤌
다람쥐

2067 hen
·헨
암탉

2068 sparrow
·스페롸우
참새

2069 ostrich
·아스트뤼치
타조

2070 salmon
·쌔먼
연어

2071 untamed
언·테임ㄷ
길들이지 않은
야생의

tame·테임 길들이다

2072 biological
·바이어·라쥐클
생물학의, 생물학적인　**biologic**·바이어·라쥐잌

biologically바이어·라쥐클리 생물학적으로
biology바·이알러쥐- 생물학

2073 morphology
모어·'퐐러쥐-
형태학

2074 biometric
·바이오우·메트맄
생물 측정학의
수명 측정의

2075 paleontologist
·펠리언·퇄러쥐스ㅌ
고생물학자

paleontologist·펠리언·퇄러쥐스ㅌ 고생물학자

2076 pet
·펱

애완동물(의)
어루만지다   stroke 스트로우ㅋ

2077 livestock
·라이'브·스탁

가축

2078 junior
·쥰이어

2세(의)
후배(의)
2학년의

2079 offspring
·어'프·스프링

자식, 새끼   young·영

2080 kitten
·키튼

새끼 고양이

2081 enzyme
·엔·자임

효소   ferment 퍼--멘ㅌ

2082 ferment
퍼--멘ㅌ

fermentation ·퍼멘·테이션 발효(작용)

효소, 효모   enzyme *효소·엔·자임 yeast·이스ㅌ leaven·레'븐
발효시키다   leaven·레'븐 yeast·이스ㅌ

2083 moldy
·모울디

곰팡이 핀
케케묵은   banal 베·낼 timeworn·타임·워-은

92. 식물, 농업

2084

vegetable
·'베쥐터블

채소	**greens**·그륀ㅈ **greenstuff**·그린·스터'ㅍ
식물의	**botanical**버·탠클 **vegetal**·'베저를 **vegetative**·'베저·테이티'ㅂ

2085

botany
·바터니

식물학

2086

prairie
·프뤠뤼

대초원

2087

pasture
·패스쳐-

목초지
방목(하다)

2088

foliage
·'포울리이쥐

잎(장식)

2089

trunk
·트렁ㅋ

줄기	**stem**·스템 **stalk**·스턱
여행 가방	

2090

bud
· 버ㄷ

싹	**sprout**·스프롸웉 **shoot**·슈ㅌ
봉오리를 맺다, 싹이 나다	

2091

sprout
·스프롸웉

싹트다	**bud**·베ㄷ
싹	**bud**·베ㄷ **sprout**·스프롸웉 **shoot**·슈ㅌ

2092 herbal
·어-블
herb·어-ㅂ 허브, 약초
약초의

2093 horticulture
·호어티·컬쳐-
원예(학)

2094 pollen
·팔런
꽃가루
anther dust·앤θ어- ·더스트

2095 bloom
·블룸
blooming·블루밍 꽃 핀, 만발한, 꽃다운

꽃이 피다
blossom·블라섬 flower·'플라우어
번영하다
prosper·프라스퍼- succeed·썩·씨ㄷ flourish·'플뤄뤼쉬 thrive·θ라이'ㅂ
환히 빛나다, 발하다
glow·글로우 blaze·블레이즈 radiate·뤠이디·에이ㅌ beam·빔
꽃, 개화
flower·'플라우어

2096 anther
·앤θ어-
꽃밥

2097 petal
·페틀
꽃잎

2098 twig
·트위ㄱ
잔가지
깨닫다

2099 branch
·브뢘취
나뭇가지
ramification·래머'피·케이션
부서, 부문
지사, 지국

264 D53 / / □□□□□□□ 2019 공무원 영어단어 끝판왕, 마왕보카

2100 sap
·샙
수액

2101 sequoia
씨·쿠아이아
삼나무

2102 maple
·메이플
단풍나무

2103 elm
·엘름
느릅나무

2104 bamboo
뱀·부
대나무

2105 oak
오욱
떡갈나무

2106 aspen
·애스펜
사시나무

2107 cedar
·씨더
삼나무

2108 fir
·'퍼-
전나무

2109 vine
·'바인
포도나무

2110 cirrus
·씨뤄ㅅ
덩굴　　**vine**·'바인 **bine**바인

2111 heath
·히θ
관목　　**shrub**·쉬뤕 **bush**·부쉬

2112 arboretum
·아–버·뤼텀
수목원

2113 orchard
·오–쳐–ㄷ
과수원

2114 timber
·팀버–
목재　　**lumber**·럼버– **wood**·우ㄷ

2115 log
러ㄱ
통나무
일지(를 쓰다)　　**diary**·다이어뤼 **journal**·져–늘

2116 lumberjack
·럼버·쥐액
벌목꾼

2117 turf
·터–'프
잔디　　**lawn**·런 **grass**·그뢔ㅅ **sod**·싸ㄷ
세력권

2118

bush
·부시

덤불   **thicket**·θ일잍 **scrub**·스크뤕 **clump**·클럼ㅍ **boscage**·바스키즤

2119

weed
·위ㄷ

잡초

2120

anemone
·애너모네

아네모네 꽃
말미잘

2121

spinach
·스피너취

시금치

2122

citrus
·씨트뤄ㅅ

감귤류(의)

2123

leek
·릭

부추

2124

garlic
·갈릭

마늘

2125

allium
·앨리엄

부추류 (마늘, 양파 등)

2126 agriculture
·애그뤼컬쳐–

농업

agricultural ·애그뤼·컬쳐뤌 농업의, 농사의

farming ·파밍

2127 crop
·크뢉

농작물

harvest ·하–버스트

2128 farmer
·'파머–

농부

farming ·'파밍 농사, 양식, 농업
farm ·'팜 농장, 농원

peasant ·페즌트 plowman ·플라우멘

2129 organic
오–·개닉

유기농의
신체 장기의
조직적인

organize ·오–거나이ㅈ 조직하다, 정리하다
organ ·오어건 장기, 오르간, 기관
organically 오–·개닉클리 유기적으로, 조직적으로

systematic ·씨스터·매틱 systematical ·씨쓰티·매티컬

2130 cultivate
·컬티'베이트

경작하다

cultivation ·컬티·'베이션 경작, 재배, 양성

farm ·'팜 till ·틸 cultivate ·컬티'베이트

2131 seed
·씨ㄷ

씨(를 뿌리다)

seedless ·씨들레ㅅ 씨가 없는

sow ·싸우

2132 harvest
·하–버스트

수확(하다)
추수

harvesting ·하–버스팅 수확

reap ·륖

2133 glean
·글린

수확하다
모으다

harvest ·하–버스트 reap ·륖 gather ·개더어

gather ·개더어

2134 grain
·그뤠인
곡물 　**cereals**·씨뤼얼ㅈ **corn**·코온

2135 GM Crops
·쥐이·엠 ·크롺ㅅ
유전자 조작 농작물

2136 stave
·스테이'ㅂ
막대기 　　　**stave off**·스테이'ㅂ ·어'ㅍ 막다

2137 stake
·스테잌
말뚝 　**pile**·파일 **picket**·픽잍 **post**포우스트
막대기 　**stick**·스틱 **rod**·롸ㄷ **bar**·바–
내기(자금) 　**bet**·벹 **gambling**·갬블링

2138 lever
·레버–
지렛대
레버
수단 　**means**·민ㅈ **measure**·메져 **way**·웨이

2139 raft
·뢔'프트
　　　　raft of·뢔'프트 어'ㅂ 많은
뗏목

2140 cane
·케인
지팡이 　**wand**·완ㄷ **staff**·스태'ㅍ
사탕수수

2141 algal
·앨걸
해조류의

93. 번식, 다산, 양육

2142 reproduction
·뤼프뤄·덕션

reproduce·뤼프뤄·두ㅅ 복제하다, 복사하다

생식, 번식	**procreation**·프뤄우크뤼·에이션 **generation**·재너·뤠이션 **propagation**·프뢒어·게이션 **increase**·인·크뤼ㅅ **breeding**·브뤼딩
재생, 재현	**regeneration**·뤼·재너·뤠이션 **remaking**·뤼·메이킹 **rejuvenation**·뤼·쥬·버·네이션 **revival**·뤼·'바이'블
복사, 복제품	**duplicate**·듀플리케잍 **copy**·카피

2143 propagate
·프뢒어게이ㅌ

| 번식시키다, 번식하다 전파하다 | **proliferate**·프륄·리'퍼·뤠ㅌ |

2144 beget
비·겔

| 자식을 얻다 초래하다 | |

2145 bear
·베어

bearable·베어러블 참을 만한, 견딜 만한
bearably·베어·뤄블리 견딜 수 있게

낳다	**give birth to**·기'ㅂ ·버-θ 투 **be delivered of**·비 딜·리버-ㄷ 어'ㅂ
견디다	**endure**엔·듀어 **abide**어·바이ㄷ **tolerate**·탈러·뤠ㅌ **accept**액·셒ㅌ **put up with**·푿 엎 위θ **stand**·스탠ㄷ **withstand**위ㅎ·스탠ㄷ
[동물] 곰	

2146 lay
·레이

(알을) 낳다	**breed**·브뤼ㄷ **spawn**·스퐌
놓다, 두다	**put**·푿 **place**·플레이ㅅ
lie의 과거형	

2147 hatch
·해취

| 부화하다[되다, 시키다] | **incubate** *인공 부화하다·인큐베이ㅌ |
| (계획을) 꾸미다 | **plan**·플랜 **plot**·플랕 **scheme**·스킴 **invent**·인·'벤ㅌ |

2148 fawn
·'퐌

| 새끼를 낳다 새끼 사슴 | |

2149 spawn
·스퐌

| 알(을 낳다) 생산하다 | |

2150 prolific 프뤌·리'픽

다산[다작]의
풍부한

fecund·'페켄'ㄷ **productive**프러·덕티'ㅂ fruitful·'프룰'펄

2151 abundant 어·반던ㅌ

abundantly어·반던틀리 풍부하게, 매우
abundance어·반던ㅅ 풍부
abound어·바운ㄷ 많다, 풍부하다

풍부한

copious·코웊이어ㅅ rich·뤼취 **opulent**아퓰런ㅌ **affluent**·애'플루언ㅌ **exuberant**이그·주브뤈ㅌ
profuse프러·'퓨ㅅ **bountiful**·바운티'펄 **wealthy**·웰θ이 **lavish**·래'비쉬 **prolific**프뤌·리'픽

2152 fertility 퍼-·틸리티

fertile·'퍼-틀 비옥한, 다산의

비옥함
생식력

richness·뤼취네ㅅ

2153 affluence ·애'플루언ㅅ

affluent·애'플루언ㅌ 풍부한, 부유한

부유, 풍족, 풍부함

richness·뤼취네ㅅ **fertility**퍼-·틸리티 **fullness**·'풀네ㅅ **profusion**프러·'퓨즌

2154 pregnant ·프뤠그넌ㅌ

pregnancy·프뤠그넌씨 임신

임신한

2155 embryo ·엠브뤼·오우

태아
초기 상태

2156 cell ·쎌

cellular·쎌룰러- 세포의, 휴대전화의
cellulous·쎌룰레ㅅ 세포로 된

세포

2157 gynecology ·가이너·칼러쥐-

산부인과

2158 midwives
·미·드와이'브ㅈ

산파
출산을 돕다

2159 travail
트뤄·'베일

산고   **labor pains**·레이붜 ·페인ㅈ
진통, 고생

2160 miscarriage
·미·스케뤼즤

자연 유산   **abortion** *유산, 낙태·어·붜션
실패, 실책

2161 menopausal
·메너·파우절

폐경의

2162 grow
·그롸우

                  growth그로우θ 성작, 발전

자라다   **increase**·인·크뤼ㅅ **reach**·륖쉬
늘어나다, 증가하다, 발   **develop**디·'벨럽 **increase**·인·크뤼ㅅ **advance**에드·'밴ㅅ **progress**프롸·그뤠ㅅ **improve**·임·프루-'ㅂ
전하다   **augment**어그·멘ㅌ **proliferate**프뤌·리'퍼·뤠ㅌ
되다   **become**비·컴 **get**·겥 **come**·컴 **turn**·터-은

2163 breed
·브뤼ㄷ

사육하다   **raise**·뤠이ㅈ **rear**·뤼어
낳다, 번식시키다   **lay**·레이 **spawn**·스퐌
종류, 종

2164 foster
·'퐈스터-

기르다, 양육하다   **nurture**·너-쳐- **breed**·브뤼ㄷ **rear**·뤼어 **raise**·뤠이ㅈ **bring up**·브링 엎
조성하다, 발전시키다   **develop**디·'벨럽 **improve**·임·프루-'ㅂ **progress**프롸·그뤠ㅅ **advance**에드·'밴ㅅ **enhance**엔·핸ㅅ
    further·'퍼-ðㅓ **promote**프러·모우ㅌ

2165 nourishment
·너뤼싀먼ㅌ

영양분

2166 nutritional
뉴·트뤼셔널

nutrition 뉴·트뤼션 영양
nutritionist 뉴·트뤼셔네스트 영양학자, 영양사
nutritionally 뉴·트뤼셔널리 영양적으로

영양(상)의

2167 ripe
·롸이ㅍ

익은　　mellow·멜로우

2168 precocious
프뤼·코우셔ㅅ

조숙한　　premature·프뤼머·츄어

2169 maturity
머·처러티

성숙　　ripeness·롸잎네ㅅ

94. 번영, 개선, 변화, 회복, 수리

2170

prosperity
프라·스페뤼티

번영, 번창, 성공

prosperous 프라스퍼뤄ㅅ 번창한

flourish ·'플뤄뤼쉬 success 썹·세ㅅ

2171

flourish
·'플뤄뤼쉬

번창[번성]하다
잘 자라다
번영

prosper 프라스퍼- thrive θ라이'ㅂ boom 붐
thrive θ라이'ㅂ
prosperity 프롸·스페뤼티

2172

boom
·붐

호황, 붐
갑작스런 인기, 대유행
쾅하는 소리를 내다

prosperity 프롸·스페뤼티

2173

achieve
어·최'ㅂ

성취하다

achievement 어·최'브먼ㅌ 상취, 성과, 업적
achievable 어·최'버블 성취할 수 있는

accomplish 어·캄플리쉬 attain 어·테인 effect 이·'펙ㅌ

2174

feat
·'핕

위업, 공적
곡예, 묘기

achievement 어·최'브먼ㅌ services ·써-비시ㅈ
stunts ·스턴ㅊ tricks ·트뤽ㅅ

2175

progress
·프롸·그뤠ㅅ

진전하다, 나아가다
진전, 진척

progressive 프러·그레시'ㅂ 진보적인, 점진적인

advance 에드·'밴ㅅ improve ·임·프루-'ㅂ proceed 프러·씨ㄷ go forward 고우·'풔워ㄷ move on 무'ㅂ 안

2176

develop
디·'벨렆

성장[발전]하다(시키다)
개발하다
발병하다, 일으키다

development 디·'벨렆먼ㅌ 개발, 발전
developing 디·'벨렆잉 개발도상의
developer 디·'벨러퍼- 개발자

grow ·그롸우 advance 에드·'밴ㅅ progress 프롸·그뤠ㅅ flourish ·'플뤄뤼쉬 improve ·임·프루-'ㅂ
exploit ·엑·스플러잍

2177

evolve
이·'봘'ㅂ

진화하다
발전하다

evolution 에'벌·루션 진화, 발전

develop 디·'벨렆 improve ·임·프루-'ㅂ progress 프롸·그뤠ㅅ advance 에드·'밴ㅅ enhance 엔·핸ㅅ

2178

enrich
엔·뤼ㅊ쉬

질을 높이다
풍요롭게 하다

enrichment 엔·뤼ㅊ먼ㅌ 풍부하게 함
rich ·뤼ㅊ쉬 돈많은, 부자의, 풍부한

enhance 엔·핸ㅅ improve ·임·프루-'ㅂ develop 디·'벨렆 augment 어그·멘ㅌ heighten ·하이튼
fertilize ·'퍼-틸라이ㅈ

2179 rectify
·뤡티'파이

개정하다   **reform**뤼·'폼 **revise**뤼·'바이ㅈ

2180 reclaim
뤼·클레임

개선[교화]하다

2181 improve
·임·프루-'ㅂ

improvement·임·프루-'브먼ㅌ 개선, 향상

개선하다(되다), 향상   **better**·베터- **mend**·멘ㄷ **reform**뤼·'폼 **enhance**엔·핸ㅅ **progress**·프롸·그뤠ㅅ **advance**에드·'밴ㅅ
하다(시키다)

2182 bettering
·베터링

개선(하는)   **improving**·임·프루-'빙
더 나은(것)

2183 reinforce
·뤼·인·'풔ㅅ

reinforcement뤼엔·'풔스먼ㅌ 보강, 강화, 증원

강화하다   **toughen**·터'픈 **beef up**·비'프 엎 **strengthen**·스트렝θ은 **fortify**·'풔티·파이 **invigorate**·인·'비거뤠잍

2184 underpin
·언더·핀

underpinning·언더·핀잉 받침대, 토대

보강하다   **bolster**·보울스터 **reinforce**·뤼·인·'풔ㅅ **strengthen**·스트렝θ은 **buttress**·버트뤼ㅅ
지지하다   **bolster**·보울스터 **support**·써·포어ㅌ

2185 correct
·커·뤡ㅌ

correction커·뤡션 정정, 수정
correctable커·뤡·터블 정정 가능한
correctly커·뤡틀리 바르게, 정확하게

정정[수정]하다   **revise**뤼·'바이ㅈ **amend**어·멘ㄷ
정확한   **accurate**·애큐레이ㅌ **exact**익·잭ㅌ **precise**프리·싸이ㅅ **right**·롸잍 **perfect**퍼-·'펙ㅌ
옳은   **right**·롸잍 **just**져ㅅㅌ **upright**어·프롸잍

2186 amendment
어·멘드먼ㅌ

amendable어·멘더블 수정할 수 있는
amend어·멘ㄷ 수정하다

수정, 개정   **revision**뤼·'비즌

2187 modify
·뭐디·'파이

modification·뭐디·피·케이션 변경, 변형   **modificatory**·뭐디·피케이터뤼 변경하는
modifiability·뭐디·피어·빌러티 변경가능함   **modifiable**·뭐디·파이어블 변경할 수 있는

수정하다   **revise**뤼·'바이ㅈ **amend**어·멘ㄷ **correct**커·뤡ㅌ **rewrite**뤼·롸잍 **edit**·에디ㅌ **rectify**·뤡티·'파이
변경하다   **change**·채인쥐 **alter**·얼터- **shift**·쉬-'프ㅌ **tamper** *변조하다·탬퍼-

2188 transform
·트렌스'폼

transformation·트렌스·퍼-·메이션 변형
transformative·트렌스'풔메티'ㅂ 변화시키는, 변형의

변형시키다	change·채인즤 metamorphose·메터·뭐'포우즈
바꾸다, 전환하다	change·채인즤 convert·칸버-ㅌ
변압하다	

2189 deformed
디·'폼ㄷ

| 변형된 | distorted·디·스토-어티ㄷ modified·마디'파이ㄷ |
| 일그러진 | twisted·트위스티ㄷ distorted·디·스토-어티ㄷ |

2190 convert
·칸버-ㅌ

conversion·컨·'붜전 전환, 변환
convertive·칸버-티'ㅂ 변환성의

| 바꾸다, 전환하다 | switch·스위치 swap·스왚 transform·트렌스'폼 change·채인즤 |

2191 reverse
뤼·'붜ㅅ

reversal·뤼·'붜슬 반전, 역전
reversely·뤼·'붜슬리 거꾸로, 반대로

뒤바꾸다	invert·인·'붜ㅌ switch·스위치
정반대의	opposite·아퍼젵 antipodal·앤·티페들 polar·포울러
되돌리다	regress·뤼그뤠ㅅ return·뤼·터-은 revert·뤼·'붜ㅌ

2192 remodel
뤼·마들

| 개조하다 | rebuild·뤼·빌ㄷ |

2193 fluctuate
·'플럭츄에잍

| 변동하다 | go up and down·고우 엎 엔ㄷ ·다운 rise and fall·롸이즈 엔ㄷ ·'풜 |
| 흔들리다, 동요하다 | shake·셰이ㅋ tremble·트뤰블 vacillate·'배서레이ㅌ waver·웨이버- |

2194 mutation
뮤·테이션

mutate·뮤·테이ㅌ 돌연변이가 되다, 변화하다
mutative, mutational·뮤·테티'ㅂ, 뮤·테이셔널 변화의, 변형의
mutationally·뮤·테이셔널리 변화하여

| 변이, 변화 | variation·'베뤼·에이션 alteration·얼터·뤠이션 |
| 돌연변이 | |

2195 transition
트뤤·지션

| 변천 | vicissitude·'비·씨서투ㄷ ups and downs·엎ㅅ 엔ㄷ ·다운즈 |
| 전환 | |

2196 catastrophic
·캐터·스트뤄'픽

대변동의
파멸의, 대재앙의

2197 restoration
·뤠스터·뤠이션

restore 뤼·스토- 복구[회복]하다

복구 **retrieval** 뤼·트뤼벌 **rehabilitation** 뤼허빌러·테이션 **reconstruction** 뤼컨·스트럭션 **reproduction** 뤼프뤄·덕션
회복 **restoration** 뤠스터·뤠이션 **retrieval** 뤼·트뤼벌 **recuperation** 뤼·쿠퍼·뤠이션
복원

2198 revive
뤼·'바이'ㅂ

revival 뤼·'바이'블 재생, 회복, 부흥

회복하다 **regain** 뤼·게인 **restore** 뤼·스토- **recuperate** 뤼·쿠퍼뤠이ㅌ **recover** 뤼·커'버 **rally** 뤨리
되살리다 **reanimate** 뤼·애니메이ㅌ **resurrect** 뤠저·뤡ㅌ **bring back to life** 브륑 ·백 투 ·라이'프
회상하다 **recollect** 뤠컬·렉ㅌ **recall** 뤼·컬 **retrace** 뤼·트뤠이ㅅ **retrospect** 뤠트뤼스펙ㅌ

2199 renewable
뤼·뉴어블

renew 뤼·뉴 재개하다, 갱신하다
renewable 뤼·뉴어블 갱신[재생] 가능한

회복할 수 있는 **retrievable** 뤼·트뤼'버블
재개할 수 있는
계속할 수 있는

2200 resurrection
·뤠저·뤡션

부활 **rebirth** 뤼·버·θ **revival** 뤼·'바이'블
부흥 **restoration** 뤠스터·뤠이션

2201 mechanic
머·캐닉

정비공 **repairman** 뤼·페어·맨

2202 fix
·'픽ㅅ

fixture '픽스쳐- 고정물
fixable '픽서블 고정시킬 수 있는

수리하다, 고치다 **repair** 뤼·페어 **mend** 멘ㄷ **recondition** 뤼컨·디션
고정하다 **fasten** '패슨 **immobilize** 이·모우빌라이ㅈ

2203 Easter
·이스터-

부활절

2204 resurgence
뤼·써-젼ㅅ

재기 **comeback** 컴·백

95. 균형, 조정, 적용

2205	**balance** ·밸런ㅅ	**balancing**·밸런싱 균형(잡는) **balanced** 밸런스ㅌ 균형 잡힌
	균형 평균 잔액 저울 균형을 유지하다	**poise**·포이ㅈ **equipoise**·엘위퍼이ㅅ **equilibrium**·이퀼·리브뤼엄 **average**·애버뤼쥐 **mean**·민 **remainder**뤼·메인더 **scales**·스케일ㅈ

2206	**poise** ·포이ㅈ	
	균형(잡다) 자세(잡다)	**balance**·밸런ㅅ

2207	**offset** 엎·세ㅌ	
	상쇄(하다)	

2208	**coordinate** ·코우·어디네이ㅌ	**coordination**·코우·어디·네이션 조직, 합동, 조화 **coordinative**·코우·어디네이티'ㅂ 동등한, 대등한 **coordinately**·코우·어디네이틀리 동등하게, 대등하게
	조정하다	**adjust**어·져스ㅌ **mediate**·미디·에이ㅌ **arbitrate**·아-비트뤠ㅌ **arrange**어·뤠인쥐 **reconcile**·뤠컨·싸일 **intercede**·인터-·씨ㄷ
	동등한 대등하게 하다	**coequal**코·이퀄 **equal**·이퀄 **equivalent**이·퀴벌런ㅌ **counterweigh**카운터-·웨이

2209	**adapt** 어·댚ㅌ	**adaptation**·애덮·테이션 적응, 각색 **adaptive**·어·댚티'ㅂ 적응할 수 있는, 적응의
	맞게 조정하다 적응하다 개작하다, 각색하다	**adjust**어·져스ㅌ **alter**·얼터- **accommodate**어·카머·데이ㅌ **conform**컨·'풤 **fit**·'핕 **accommodate**어·카머·데이ㅌ **conform**컨·'풤 **remake**·뤼·메이ㅋ **dramatize**·드롸머타이ㅈ

2210	**adjust** 어·져스ㅌ	**adjustment**어·져스트먼ㅌ 조정, 조절, 순응
	조절하다 조정하다 맞추다	**regulate**·뤠규레이ㅌ **modulate**·뭐쥴레이ㅌ **set**·쎝 **coordinate**·코우·어디네이ㅌ **mediate**·미디·에이ㅌ **arbitrate**·아-비트뤠ㅌ **arrange**어·뤠인쥐 **reconcile**·뤠컨·싸일 **intercede**·인터-·씨ㄷ

2211	**pitch** ·피츼	**pitcher**·피쳐- 투수, 물주전자
	(음조를)조절하다 던지다	**tone**·토운 **throw**·θ뤄우

2212 harmony ·하-머니

harmonize·하-머나이ㅈ 조화시키다
harmonious하-·모우니어ㅅ 조화로운, 화목한

조화, 화합, 일치　**unison**·유니슨 **accord**어·코-어ㄷ **agreement**어·그뤼먼ㅌ **unity**·유니티 **union**·유니언 **concord**·칸·코-어ㄷ

2213 application ·애플리·케이션

apply어·플라이 적용하다, 신청[지원]하다

적용, 응용
신청
원서

96. 통일, 결합

2214 unification
·유니'피·케이션

unify ·유니'파이 통합[통일]하다

통일, 단일화   **unity** ·유니티 **unification** ·유니'피·케이션 **coherency** ·코우·히어러씨 **coherence** ·코우·히어런ㅅ

2215 integration
·인티·그뤠이션

integrate ·인티그뤠이ㅌ 통합시키다

통합   **unification** ·유니'피·케이션 **unity** ·유니티 **synthesis** ·씬θ에쎄ㅅ **combination** ·캄버·네이션 **coordination** ·코우·어디·네이션

2216 united
유·나이티ㄷ

통합한   **integrated** ·인티그뤠이티ㄷ **corporated** ·코어퍼러티ㄷ
합병한   **incorporated** ·인·코어퍼뤠이티ㄷ

2217 coherence
·코우·히어런ㅅ

cohere 코우·히어- 일관성이 있다
coherent 코·히런ㅌ 일관적인, 응집성의

결합, 응집, 밀착   **combination** ·캄버·네이션 **union** ·유니언 **conjunction** ·컨·정션
일관성   **consistence** 컨·씨스턴ㅅ **consistency** 컨·씨스턴씨

2218 combine
·캄바인

combining 컴·바이닝 결합하는   **combinative** ·캄버네이티ㅂ 결합하는
combined 컴·바인ㄷ 결합된, 합동의   **combinable** 컴·바이너블 결합 가능한
combination ·캄버·네이션 결합, 연합, 배합

결합시키다, 통합시키다   **colligate** ·칼리게이ㅌ **associate** 어·소우씨에이ㅌ **ally** ·앨라이 **unify** ·유니'파이 **synthesize** ·신θ어싸이ㅈ **unite** 유·나잍

2219 federal
·'페더럴

연방의, 연방정부의

2220 alliance
얼라이언ㅅ

ally 앨라이 동맹[결합]시키다

동맹, 연합   **union** ·유니언 **league** ·리ㄱ **coalition** ·코우얼리션 **federation** ·'페더·뤠이션 **confederation** 컨·'페디·뤠이션

2221 involve
·인·'발'ㅂ

involvement ·인·'발'브먼ㅌ 포함, 연결, 연루

포함하다   **include** ·인·클루ㄷ **contain** 컨·테인 **comprise** 컴·프라이ㅈ **implicate** ·임플리·케이ㅌ
관련시키다   **relate** 륄·레이ㅌ **connect** 커·넥ㅌ **associate** 어·소우씨에이ㅌ
참가시키다

2222 **affiliation** 어'필리·에이션

affiliate어·'필리·에이ㅌ 제휴하다, 합병시키다

제휴, 합동	**cooperation**코우·어퍼·뤠이션 **coalition**·코우얼리션
가입	**joining**·줘이닝 **entry**·엔트뤼
합병	**union**·유니언 **merger**·머-져- **consolidation**컨·썰러·데이션 **annexation**·앤엑·세이션 **amalgamation**어맬거·메이션

2223 **bond** ·반ㄷ

결속, 유대	**tie**·타이 **band**·밴ㄷ
채권	**debenture**디·벤쳐- **note**노우ㅌ
접착(제, 시키다)	**adhesion**에드·히즌 **glue** *접착제·글루
약정, 계약	

2224 **consolidation** 컨·썰러·데이션

합병	**union**·유니언 **merger**·머-져- **affiliation**어'필리·에이션 **annexation**·앤엑·세이션 **amalgamation**어맬거·메이션
강화	**strengthening**·스트뤵θ닝 **reinforcement**·뤼엔·'풔스먼ㅌ **intensification**·인·텐써'퍼·케이션

2225 **merge** ·머-쥐

합병하다	**annex**·애·넥ㅅ **unite**유·나잍 **incorporate**·인·코어퍼뤠잍 **amalgamate**어·맬거메잍 **conglomerate**컨·글라머렡

2226 **confluence** ·칸'플루언ㅅ

합류(점)	
집합	

2227 **accompany** 어·컴퍼니

동반하다	
수반하다	**entail**엔·테일 **go along[together] with**·고우 얼·렁[투·게ð어] 위θ **involve**·인·'발'ㅂ **be accompanied**비 어·컴퍼니ㄷ

2228 **institution** ·인스터·투션

institute·인스터투ㅌ 학회, 기관, 학원
institutional·인스터·투셔널 제도화된, 학회의

협회	**society**서·싸이어티 **association**어소우시이·에이션
학회	**society**서·싸이어티 **academy**어·캐더미
(공공)시설	**establishment**에·스태블리리쉬먼ㅌ **facilities**퍼·씰리티ㅈ

2229 **consortium** 컨·소어-셤

조합	**association**어소우시이·에이션 **society**서·싸이어티 **guild**·길ㄷ **league**·리ㄱ
공동체	**abbey** *수도원 공동체·애비

2230 clique
·클릭

| 파벌 | faction·팩션 cabal·커·발 clan·클랜 party·퐈-티 |

2231 organization
·오거너·제이션

organize·오-거나이ㅈ 조직하다, 정리하다

조직(화)	
단체	group·그룹 union·유니언 party·퐈-티 band·밴ㄷ
기구, 기관	machinery·메·쉬이너뤼 mechanism·메커·니즘 structure·스트뤽쳐-

2232 collaborate
·컬·래버뤠ㅌ

| 협력하다 | cooperate·코우·아퍼뤠잍 conspire·컨·스파이어- enlist·인·리스ㅌ |

2233 hybrid
·하이브뤼ㄷ

잡종(의)	
혼혈(의)	
혼합(의)	

2234 compound
·캄파운ㄷ

혼합물	mixture·믹스쳐- mix·믹ㅅ blend·블렌ㄷ amalgam·어·맬검 admixture·에ㄷ·믹스쳐- alloy·앨·러이
합성의, 합성물	synthetic·신·θ에틱 composite·컴·퐈젤 complex·캄플렉ㅅ
타협하다	compromise·캄프뤄마이ㅈ

2235 cocktail
·칵·테일

| 칵테일 | |
| 혼합물 | mixture·믹스쳐- blend·블렌ㄷ compound·캄파운ㄷ amalgam·어·맬검 alloy·앨·러이 medley·메들리 |

2236 multiplex
·멀티플렉ㅅ

| 복합의 | complex·캄플렉ㅅ multifold·멀티·'포울ㄷ |
| 복합상영관 | |

2237 shuffle
·셔'플

| 뒤섞다 | |
| 질질 끌다 | |

2238 mingle
·밍글

| 섞(이)다 | blend·블렌ㄷ mix·믹ㅅ stir·스터- |
| 어울리다, 교제하다 | keep company·킾·컴퍼니 get along·겥 얼·렁 associate·어·소우씨에이ㅌ join·죠인 |

97. 증감, 생략

2239

promote
프러·모우ㅌ

promotion프러·모우션 발전, 승진, 촉진

증진하다, 촉진하다
승진시키다
판촉하다

accelerate액·셀러뤠ㅌ hasten헤이슨 expedite엑스퍼다잍
advance to에드·'밴스 투 raise to뤠이ㅈ 투

2240

augment
어그·멘ㅌ

augmentation어그멘·테이션 증가, 증가물

증가시키다
늘리다

increase인·크뤼ㅅ multiply멀티플라이 proliferate프뤌·리'퍼·뤠ㅌ
extend잌·스텐ㄷ spread·스프뤠ㄷ widen와이이든 enlarge인·라아쥐

2241

bulge
·벌쥐

부풀다, 팽창하다
팽창

expand잌·스팬ㄷ inflate·인·'플레이ㅌ

2242

decline
디·클라인

declination·데클리·네이션 기움, 경사

감소
쇠퇴
거절하다

reduction뤼·덕션 abatement어·베이트먼ㅌ
refuse뤼·'퓨ㅈ reject뤼·잭ㅌ rebuff뤼·버'ㅍ

2243

plunge
·플런쥐

감소하다
추락하다
빠져들다

attenuate어·테뉴·에이ㅌ diminish디·미니쉬 reduce뤼·두ㅅ

2244

nosedive
·노우ㅈ다이'ㅂ

급강하, 폭락

slump슬·럼ㅍ

2245

ascend
어·센ㄷ

ascent어·센ㅌ 상승, 올라감
ascension어·센션 승천, 상승
ascendant어·센던ㅌ 상승하는, 조상, 우세

(~에) 오르다
상승하다

climb클라임 mount마운ㅌ rise롸이ㅈ
rise롸이ㅈ go up고우 엎

2246

elevate
·엘러·베이ㅌ

elevation·엘러·'베이션 승격, 증가, 고지

들어올리다
승진[승격] 시키다

raise·뤠이ㅈ lift·리'프ㅌ
promote프러·모우ㅌ raise·뤠이ㅈ

2247 rise
·롸이ㅈ

상승(하다)	**rising**·롸이징 **ascension**어·센션 **ascent**어·센ㅌ
일어서다	**stand up**·스탠드 엎 **arise**어·롸이ㅈ

2248 reduce
뤼·듀ㅅ

reduction뤼·덕션 축소, 줄임

줄(이)다	**diminish**디·미니쉬 **dwindle**·드윈들 **shrink**·쉬륑ㅋ **decrease**디·크뤼ㅅ **lessen**·레슨 **bate**·베이ㅌ
낮추다	**lower**·로우어 **let down**·렡 ·다운 **abase**어·베이ㅅ

2249 diminish
디·미니쉬

줄(이)다, 줄어들다	**dwindle**·드윈들 **shrink**·쉬륑ㅋ **decrease**디·크뤼ㅅ **lessen**·레슨 **reduce**뤼·듀ㅅ

2250 wane
·웨인

작아지다, 줄어들다	**contract**·칸·트뤡ㅌ
약해지다	**swoon**·스운 **weaken**·위큰

2251 shrink
·쉬륑ㅋ

수축(되다)	**contract**·칸·트뤡ㅌ
줄다	**decrease**디·크뤼ㅅ **diminish**디·미니쉬 **lessen**·레슨 **dwindle**·드윈들 **reduce**뤼·듀ㅅ

2252 abbreviation
어브뤼'비·에이션

생략	**omission**오우·미션
단축, 약어	**contraction**컨·트뤡션

2253 subtract
섭·트뤡ㅌ

빼다, 공제하다	**deduct**디·덕ㅌ

98. 버림, 제거, 삭제

2254
abandon
어·밴던

버리다　discard·디·스카·드 desert·데저트 forsake·풔·세이크 cast away·캐스트 어·웨이 dump·덤프 abjure·엡·쥐어-　abnegate·앱너게이트

그만두다, 포기하다　give up·기'ㅂ 엎 renounce·뤼·나운ㅅ waive·웨이'ㅂ put away·풀 어·웨이 forsake·풔·세이크 surrender·서·뤤더

2255
waste
·웨이스트

wasteful·웨이스트'펄 낭비하는
wastefully·웨이스트'펄리 낭비되게
wasteland·웨이·스트랜드 불모지

쓰레기　garbage·가·비지 junk·정ㅋ rubbish·뤄비시 trash·트뢔쉬
낭비하다　squander·스콴더 fribble·'프뤼블 dissipate·디서·페이트

2256
remove
뤼·무'ㅂ

removal·뤼·무벌 제거, 이동, 철거

제거하다, 없애다　get rid of·겥 ·뤼드 어'ㅂ eliminate·일·리미·네잍 clear away·클리어 어·웨이 subduct·섭·닥ㅌ rid·뤼드　do away with·두 어·웨이 위θ
옮기다　transfer·트뢘스'퍼-
이동하다　transfer·트뢘스'퍼- move·무'ㅂ

2257
eradicate
이·뢔더케이트

eradication·이·뢔더·케이션 근절, 박멸
eradicative·이·뢔더케이티'ㅂ 근절시키는

근절하다　exterminate·잌·스터·미네이트 extirpate·엑스터·페이트 root out·루트 ·아웉

2258
defuse
디·'퓨즈

신관을 제거하다
진정시키다　appease·어·피즈 allay·얼레이 ease·이지 soothe·쑤θ settle·세틀 calm·캄 placate·플레이케이트 defuse·디·'퓨즈

2259
obliterate
어·블리터뤠잍

obliteration·어블리터·뤠이션 말소, 삭제
obliterative·어·블리터뤠티'ㅂ 말소하는

지우다　efface·어·페이ㅅ erase·이·뤠이ㅅ wipe out·와이ㅍ ·아웉 rub out·뤕 ·아웉 clear off·클리어 어'ㅍ
말소하다　efface·어·페이ㅅ

2260
indelible
·인·델리블

지울 수 없는　ineffaceable·이니·'페이세블 inerasable·이니레이세블

2261
liquidate
·리퀴데이트

청산하다　pay off·페이 ·어'ㅍ clear·클리어 take up·테잌 엎
없애다　eliminate·일·리미·네잍 get rid of·겥 ·뤼드 어'ㅂ remove·뤼·무'ㅂ

2262 nullify
·날러'파이

nullification ·날러'피·케이션 무효

무효로 하다	**repeal** 뤼·필 **annul** ·애널 **invalidate** ·인·'밸러데이ㅌ **negate** 니·게이ㅌ **void** ·'붜이ㄷ **neutralize** ·뉴트뤌라이즈 **rescind** 뤼·신ㄷ
취소하다	**cancel** ·캔설 **retract** 뤼·트뤡트 **withdraw** 위ㅎ·드롸 **revoke** 뤼·'보우ㅋ **recall** ·뤼·컬 **take back** ·테잌 ·백 **reverse** 뤼·'붜ㅅ

2263 revoke
뤼·'보우ㅋ

취소(하다)	**cancel** ·캔설 **repeal** 뤼·필
폐지(하다)	**abolish** 어·'벌·리싀 **annul** ·애널 **invalidate** ·인·'밸러데이ㅌ **nullify** ·날러'파이 **rescind** 뤼·신ㄷ **abrogation** ·애브뤄·게이션

99. 재개, 반복

2264	**resume** 뤼·줌	
	재개하다	**continue** 컨·티뉴
	되찾다	**recover** 뤼·커'버 **repossess** ·뤼퍼·제 ㅅ **retrieve** 뤼·트뤼'ㅂ **retake** ·뤼·테잌 **regain** 뤼·게인 **get back** ·겟' ·백 **recapture** 뤼·꽾쳐
	개요	**outline** ·아울·라인 **summary** ·써머뤼 **synopsis** 씨·낲시 ㅅ **abstract** 앱·스트뢕ㅌ
	이력서	

2265	**routine** 루·틴	**routinely** 루·틴리 일상적으로
	(판에 박힌) 일, 일상	
	반복적인 일	
	일상적인, 보통의	**usual** ·유쥬얼 **standard** ·스탠더ㄷ **ordinary** ·오-디네뤼 **everyday** ·에'브뤼데이
	판에 박힌, 지루한	

2266	**repetition** ·뤠퍼·티션	**repeat** 뤼·핕 반복하다, 되풀이하다 **repetitional** ·뤠퍼·티셔널 되풀이하는 **repetitious** ·뤠퍼·티셔ㅅ 자꾸 반복되는
	반복	**reiteration** 뤼·잍어·뤠이션

2267	**overlap** ·오우'버·뢮	
	겹치다	**coincide with** ·코우인·싸이ㄷ 위θ
	중복되다	**duplicate** ·듀플리케잍 **repeat** 뤼·핕 **double** ·더블

2268	**reuse** 뤼·유ㅅ	
	재사용하다	
	재생하다	

2269	**reiterate** 뤼·잍어뤠ㅌ	
	되풀이하다	**repeat** 뤼·핕
	반복되는	**recurring** 뤼·커-륑 **repetitional** ·뤠퍼·티셔널 **repetitious** ·뤠퍼·티셔ㅅ

100. 시도, 도전, 경험

2270 attempt
어·템프 ㅌ

시도하다	**try**·트롸이 **essay**에·세이 **endeavor**엔·데버-
시도	**tryout**·트롸이아웉

2271 experiment
익·스페뤼먼 ㅌ

experimental익·스페뤼·멘틀 실험의, 실험적인

실험	**test**·테스ㅌ **experimentation**익·스페뤼먼·테이션
실험하다	

2272 exertion
익·져-션

노력	**endeavor**엔·데버- **effort**·에'퍼-ㅌ **try**·트롸이

2273 strive
·스트라이'ㅂ

노력하다	**endeavor**엔·데버- **try**·트롸이 **make an effort**·메이ㅋ 언 ·에'퍼-ㅌ **labor**·레이붜
항쟁하다, 분투하다	**struggle**·스트뤄글

2274 struggle
·스트뤄글

분투하다	**fight against**'파일 어·겐스ㅌ **battle against**·배틀 어·겐스ㅌ **exert oneself**익·져-ㅌ 원쎌'ㅍ **strive**·스트라이'ㅂ **labor**·레이붜
노력, 분투	**effort**·에'퍼-ㅌ **endeavor**엔·데버- **exertion**익·져-션 **striving**·스트라이'빙 **labor**·레이붜 **hard work**·하-ㄷ ·월

2275 perspiration
·퍼-스퍼·뤠이션

땀, 발한	**sweat**·스웰

2276 dare
·데어

감히 ~하다	**presume**프리·쥼 **pretend**프뤼·텐ㄷ
도전(하다)	**challenge**·챌린쥐 **defy**디·'파이

2277 defiant
디·'파이언 ㅌ

defy디·'파이 반대하다, 반항하다, 무시하다
defiance디·'파이언ㅅ 불복종, 반대

도전적인, 반항적인	**noncompliant**·난·컴·플라이언ㅌ **rebellious**뤼·벨리어ㅅ **mutinous**·뮤터네ㅅ **rebellious**뤼·벨리어ㅅ **disobedient**·디서·비디언ㅌ
거만한	**arrogant**·에뤄건ㅌ **haughty**·허티 **uppish**·어피쉬 **insolent**·인설런ㅌ **bumptious**·범프셔ㅅ

2278 proficiency
프러·'피션씨

proficient프라·'피션ㅌ 익숙한, 능숙한

숙달, 능숙   technique텍·닉 skillfulness·스킬'플·네ㅅ expertness·엑스퍼-트네ㅅ

2279 adept
어·뎊ㅌ

숙달한   versed·'붜ㅅㅌ complete컴·플리ㅌ

2280 familiar
퍼·밀리어-

familiarity퍼·밀·리어뤄티 잘 앎, 친함
familiarly퍼·밀리얼리 친근하게, 흔히
familiarize퍼·밀리어롸이ㅈ 익숙하게 하다

익숙한, 친숙한
잘 아는
close클로우ㅈ friendly·'프뤤들리 intimate·인티메이ㅌ accustomed어·커스텀ㄷ acquainted어·쿼인티ㄷ
well-known·웰노운

2281 experience
잌·스피뤼언ㅅ

empirical·엠·피뤼클 경험적인   empirically엠·피뤼클리 경험적으로
experiential엔·스페어이·엔셜 경험상의, 경험적인   empiricism엠·피뤼씨즘 경험주의

경험
겪다, 경험하다
suffer·써'퍼- undergo·언더·고우 go through·고우 θ루

2282 undergo
·언더·고우

겪다, 경험하다
견디다
suffer·써'퍼- experience잌·스피뤼언ㅅ go through·고우 θ루
endure엔·듀어 bear·베어 withstand위ð·스탠ㄷ stand·스탠ㄷ

101. 강제, 의무, 명령

2283 **coercion**
코우·어션

| 강요, 강제 | **forcing** '풔싱 **constraint** 컨·스트뤠인ㅌ **compulsion** 컴·펄션 **enforcement** 엔·풔스먼ㅌ **exaction** 익·잭션 |
| | **extortion** 익·스토·션 |

2284 **mandatory**
·맨더퉈뤼

강제의	**compulsive** 컴·펄시·ㅂ **compulsory** 컴·펄서뤼 **forceful** '풔스'펄
의무적인	**compulsory** 컴·펄서뤼 **obligatory** 어·블리게터뤼
위임받은	

2285 **insist**
·인·씨스ㅌ

insistence ·인·씨스턴ㅅ 주장, 고집, 억지
insistent ·인·씨스턴ㅌ 고집하는, 우기는

강요하다	**compel** 컴·펠 **constrain** 컨·스트뤠인 **impose** 임·포우ㅈ **coerce** 코우·어ㅅ **force** '풔ㅅ **press** 프뤠ㅅ
주장하다	**assert** 어·써-ㅌ **maintain** 멘·테인 **contend** 컨·텐ㄷ **claim** 클레임 **take charge of** 테익 ·챠-쥐 어·ㅂ **urge** ·어-쥐
	vindicate ·빈디케이ㅌ

2286 **impel**
·임·펠

| 재촉하다 | **urge** ·어-쥐 **demand** ·디·맨ㄷ **request** 뤼·퀘스ㅌ **press** 프뤠ㅅ |
| 추진시키다 | |

2287 **duty**
·듀티

dutiful ·듀티'펄 의무를 다하는

의무	**obligation** ·어블리·게이션 **responsibility** 뤼·스퐌서·빌러티 **liability** ·라이어·빌러티
직무, 임무	**task** ·태스ㅋ **work** ·워-ㅋ
세금	**tax** ·택ㅅ

2288 **responsible**
뤼·스퐌서블

responsibility 뤼·스퐌서·빌러티 책임, 의무
responsibly 뤼·스퐌서블리 책임감 있게

책임이 있는	**liable** ·라이어블 **accountable** 어·카운테블 **answerable** ·앤서뤄블 **obligatory** 어·블리게터뤼
믿을 수 있는	**reliable** 륄·라이어블 **faithful** '페이θ'펄 **dependable** 디·펜더블 **trustworthy** 트뤄·스트워-θ이
	steadfast ·스테드·패스ㅌ

2289 **derelict**
·데뤌릭ㅌ

| 무책임한 | **irresponsible** 이뤼·스퐌서블 **unreliable** ·언륄·라이어블 |
| 버려진 | **abandoned** 어·밴던ㄷ |

2290 **rein**
·뤠인

| 억제, 제어 | **curb** 커-ㅂ **repression** 뤼·프뤠션 **control** 컨·트롸울 |
| 고삐 | |

2291 inhibit
·인·히빝

inhibition·인허·비션 금지, 억제

| 억제하다 | **rein**·뤠인 **stifle**·스타이'펄 **strangle**·스트뤵글 **suppress**써·프뤠ㅅ **forbear**풔·베어 **mortify**모어티'파이 **abstain**엡·스테인 **refrain**뤼·'프뤠인 **curb**커·ㅂ **restrain**뤼·스트뤠인 |

2292 suppressive
써·프뤠시'ㅂ

| 억압하는 | **repressive**뤼·프뤠시'ㅂ |
| 은폐하는 | **dissimulative**디·씨뮬레이티'ㅂ |

2293 obsession
업·세션

| 강박 관념 | **compulsion**컴·펄션 **fixation**픽·세이션 |
| 집착 | |

2294 command
커·맨ㄷ

commander커·맨더 지휘관, 사령관

명령	**order**·오·더 **direction**디·뤡션 **instructions**·인·스트럭션ㅈ
명령하다, 지시하다	**order**·오·더 **direct**디·뤡ㅌ **enjoin**인·줘인 **demand**·디·맨ㄷ
지휘(하다)	**conduct**컨·덕ㅌ

2295 enjoin
인·줘인

enjoin from인·줘인 '프뤔 금지하다

| 명령하다 | **order**·오·더 **command**커·맨ㄷ **demand**·디·맨ㄷ **direct**디·뤡ㅌ |

2296 reign
·뤠인

| 지배, 군림 | **rule**·룰 **domination**·다머·네이션 |
| 지배하다 | **dominate**·다미네이ㅌ **rule**·룰 **govern**·거'번 **command**커·맨ㄷ |

2297 ridden
·뤼든

| 지배된, 시달린 | |

102. 금기, 중지, 단념

2298

ban
·밴

금지, 금지령	prohibition 프라우이·비션 prohibition 프라우이·비션 prohibition 프라우이·비션 prohibition 프라우이·비션
파문, 추방	expulsion 익·스펄션 banishment 밴이쉬먼ㅌ exile 엑·자일
금지하다	prohibit 프뤄·히빗 interdict 인터··딕ㅌ forbid 풔·비ㄷ taboo 태·부

2299

taboo
태·부

| 금기(하다) | |

2300

forbid
풔·비ㄷ

| 금지하다 | prohibit 프뤄·히빗 ban 밴 interdict 인터··딕ㅌ place a ban 플레이ㅅ 어 ·밴 |

2301

embargo
엠·바-고우

| 출항[입항]금지 | |
| (보도)제한 | |

2302

cease
·씨ㅅ

	cessation 쎄·세이션 중지, 중단
	ceaseless 씨슬레ㅅ 끊임없는
중지하다, 그치다	suspend 서·스펜ㄷ discontinue 디스컨·티뉴 cut off 컽 ·어'ㅍ stop 스땊 abort 어·보어ㅌ pause 퍼ㅈ quit 쿠잍

2303

halt
·헐ㅌ

| 멈추다, 정지하다 | stop 스땊 |
| 정지 | stop 스땊 suspension 서·스펜션 abeyance 어·베이언ㅅ |

2304

withhold
위ð·호울ㄷ

| 보류하다 | shelve 셀'ㅂ reserve 뤼·저-'ㅂ |
| 억제하다 | restrain 뤼·스트레인 |

2305

brake
·브뤠이ㅋ

제동(장치)	
방해(하는 것)	obstacle 압스티클 hindrance 힌드런ㅅ
브레이크를 걸다	stop 스땊

2306	**deter** 디·터-
단념[포기]시키다	**dissuade**·디·스웨이드

2307	**deterrent** 디·터-런ㅌ
단념하게 하는, 방해하는	**obstructive**·엡·스트럭티'ㅂ **interfering**·인터-·'피링 **blocking**·블라킹 **clogging**·클라깅
단념하게 하는 것, 억제물	**balk**·뷝 **handicap**·핸디·꽵 **hind(e)rance**·하인드·뢘ㅅ **impediment**·임·페디먼ㅌ **obstruction**·엡·스트럭션
	obstacle·압스티클 **disincentive**·디신·센티'ㅂ

2308	**forgo** 풔·고우	**foregoer**·풔·고워 앞선 사람, 지도자, 조상
포기하다, 그만두다	**relinquish**·릴·링퀴쉬 **waive**·웨이'ㅂ **remise**·뤼·마이즈 **give up**·기'ㅂ 잎 **abandon**·어·밴던	
	renounce·뤼·나운ㅅ **quit**·쿠잍 **abdicate**·앱디·케이ㅌ	
~없이 지내다	**do without**·두 위ð·아웉 **spare**·스페어	

2309	**refrain** 뤼·'프뤠인
그만두다, 삼가다	**abstain**·엡·스테인 **quit**·쿠잍 **discontinue**·디스컨·티뉴 **forbear**·풔·베어 **avoid**·어'붜이드

2310	**surrender** 서·뤤더
항복(하다)	**capitulate**·커·핕츄레이ㅌ **submission**·섭·미션
자수(하다)	
인도(하다)	

2311	**disclaim** ·디·스클레임	**disclaimer**·디·스클레이머- 기권, 포기
(권리를)포기하다, 기권하다	**renounce**·뤼·나운ㅅ **waive**·웨이'ㅂ	

103. 곤경, 고역, 노동, 인내, 휴식

2312	**plight** ·플라이ㅌ	
	곤경	**quandary**·쿤더뤼 **difficulties**·디'퍼컬티 ㅈ **puzzlement**·퍼즐멘 ㅌ **predicament**·프리·디커먼 ㅌ

2313	**hardship** ·하-ㄷ·쉽	**hard**·하-ㄷ 단단한, 어려운, 열심인
	어려움	**difficulty**·디'피·컬티
	곤란	**difficulty**·디'피·컬티 **suffering**·써'퍼륑 **tribulations**·트뤼뷸·레이션즈

2314	**dilemma** ·딜·레마	
	궁지, 진퇴양난	**morass**·머·뢔ㅅ **predicament**·프리·디커먼ㅌ **plight**·플라이ㅌ **quandary**·쿤더뤼

2315	**impasse** ·임·패ㅅ	
	막다른 골목, 난국	**deadlock**·데들락 **stalemate**·스테일메이ㅌ

2316	**crisis** ·크롸이서ㅅ	**critical**·크뤼티클 비판적인, 결정적인
	위기, 중대 사태 난국	**emergency**·이·머-젼씨

2317	**risk** ·뤼스ㅋ	
	위험	**hazard**·해저-ㄷ **peril**·페륄 **jeopardy**·재퍼-디 **danger**·데인져-
	모험	**adventure**애ㄷ·'벤쳐 **venture**·'벤쳐 **hazard**·해저-ㄷ
	위태롭게 하다	**jeopardize**·재퍼-·다이즈 **endanger**엔·데인져- **imperil**·임·페륄

2318	**jeopardize** ·재퍼-·다이ㅈ	**jeopardy**·재퍼-디 위험 **jeopardous** 재퍼-더ㅅ 위험한 **jeopardously**·재퍼-더슬리 위험하게
	위태롭게 하다	**risk**·뤼스ㅋ **hazard**·해저-ㄷ **peril**·페륄

2319	**menace** ·메네ㅅ	
	위협(하다), 협박(하다)	**threat**·θ뤠ㅌ **intimidation**·인·티머·데이션

2320 toil ·토어일

| 힘써 일하다 | **labor** ·레이붜 **fag** ·패ㄱ |
| 고역 | **drudgery** ·드뤄저뤼 **fag** ·패ㄱ |

2321 hardly ·하–들리

| 거의 ~않(-다) | **scarcely** ·스케어슬리 **barely** ·베얼리 **little** ·리틀 |
| 고되게, 어렵게 | |

2322 daunting ·던팅

| 벅찬 | **overflowing** ·오우'버'·플로우잉 |
| 위압적인 | **peremptory** 퍼·뤱프터뤼 **coercive** 코우·어시'ㅂ **overpowering** ·오우'버·파워링 **forcible** ·풔서블 |

2323 labor ·레이붜

labour ·레이붜 노동(력), 업무
labour market ·레이붜 ·마–커ㅌ 노동시장
laboring 레이붜링 노동에 종사하는, 힘든

노동	**labour** ·레이붜 **task** ·태스ㅋ **work** ·워–ㅋ
노력	**effort** ·에'퍼–ㅌ **endeavor** 엔·데버– **exertion** 익·저–션 **struggle** ·스트뤄글 **striving** ·스트라이'빙
출산	**childbirth** ·챠일드·버–θ **delivery** 딜·리버뤼 **parturition** ·파–튜·뤼션

2324 clerk ·클러–ㅋ

| 사무원 | |

2325 chore ·춰어

| 허드렛일, 잡일 | **odd jobs** ·아ㄷ ·쟙즈 **underwork** ·언더·워–ㅋ |

2326 weary ·위어뤼

wearisome ·위뤼섬 피곤하게 하는
wearily ·웨어럴리 지치게

피곤한, 지친	**tired** ·타이어–ㄷ **aweary** 어·위어뤼 **wearied** ·위뤼ㄷ **jaded** ·쟤이디ㄷ **faint** ·페인ㅌ **grueling** ·그루얼링
싫증이 난	**aweary** 어·위어뤼
지치게 하다	**use up** ·유즈 엎 **wear out** ·웨어·아웉 **exhaust** 익·저스ㅌ **spend** ·스펜ㄷ

2327 fatigue 퍼·티ㄱ

| 피로 | **tiredness** ·타이어–드네스 **exhaustion** 익·저스쳔 |
| 노고 | **labor** ·레이붜 **toil** ·토어일 **pains** ·페인즈 |

2328 suffer
·써'퍼-

suffering ·써'퍼링 괴로움, 수난

고통 받다[겪다]
참다　**bear** ·베어 **endure** 엔·듀어 **stand** ·스탠ㄷ **tolerate** ·탈러·뤠ㅌ
겪다　**undergo** ·언더·고우 **experience** 익·스피뤼언스

2329 pain
·페인

painful 페인'펄 고통스러운
painless 페인레ㅅ 고통이 없는
painlessly 페인리슬리 고통 없이

고통　**torment** ·토-멘ㅌ **suffering** ·써'퍼링 **distress** ·디·스트뤠ㅅ **affliction** 어·'플릭션 **ache** ·에이ㅋ **pang** ·팽
agony ·애거니

2330 perseverance
·퍼-서·'비런스

persevere 퍼-서·'비어 인내하다, 견디다, 고집하다
perseverant 퍼-서·'비런ㅌ 인내심 강한

인내　**patience** 페이션ㅅ **endurance** 엔더런ㅅ **fortitude** '풔티투ㄷ

2331 impatient
·임·페이션ㅌ

참을성이 없는　**intolerant** 인·톨러뤈ㅌ
화를 잘 내는　**fretful** '프뤹'펄 **irritable** 이뤼터블 **irascible** 이·뤠세블 **testy** ·테스티

2332 vacation
·베·케이션

휴가　**holidays** ·할리데이ㅈ **leave of absence** 리ㅂ·어'ㅂ·앱썬ㅅ
방학

2333 relax
·륄·랙ㅅ

relaxation ·륄액·세이션 휴식, 활동 중단, 이완

휴식을 취하다　**rest** ·뤠스ㅌ **relax** 륄·랙ㅅ
진정하다　**ease up** ·이지 엎 **relax** 륄·랙ㅅ **loosen** ·루슨

2334 dormant
·도-어먼ㅌ

dormancy ·도-어멘씨 휴면, 휴지

휴면기의　**inactive** ·인·액티ㅂ **sleeping** ·슬·리핑 **idle** ·아이들
잠재하는　**potential** 퍼·텐셜

2335 resort
·뤼·조-어ㅌ

휴양지
의존하다　**depend on** 디·펜ㄷ 안

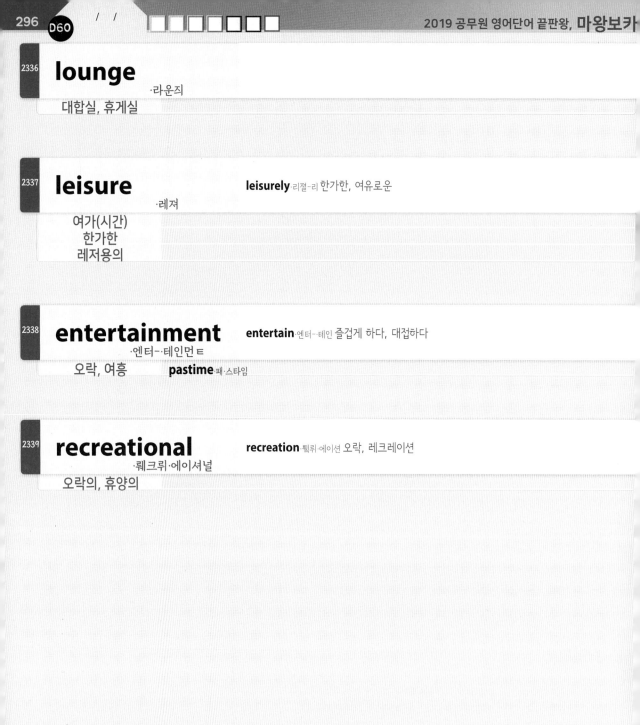

2336
lounge
·라운지

대합실, 휴게실

2337
leisure
·레져

leisurely·리절-리 한가한, 여유로운

여가(시간)
한가한
레저용의

2338
entertainment
·엔터-·테인먼ㅌ

entertain·엔터-·테인 즐겁게 하다, 대접하다

오락, 여흥   **pastime**·패·스타임

2339
recreational
·뤠크뤼·에이셔널

recreation·뤠뤼·에이션 오락, 레크레이션

오락의, 휴양의

104. 전통, 습관, 규칙, 방법

2340 custom ·커스텀

customary·커스터메뤼 습관적인
customs·커스텀ㅈ 관세, 세관

관습	**usage**·유세쥐 **convention**컨·'벤션
전통	**tradition**트뤄·디션

2341 mundane ·먼·데인

세속적인, 현세의 평범한	**earthly**·어-ㄹ리 **terrene**테·륀 **temporal**·템퍼럴 **worldly** 월-들리 **secular**·쎄큘러 - **down-to-earth**·다운투·어-θ

2342 traditional ·트뤄·디셔널

tradition트뤄·디션 전통, 관습, 관례
traditionally트뤄·디셔널리 전통적으로

전통적인	**conventional**컨·'벤셔널 **traditionary**트뤄·디셔네뤼 **conservative**컨·써-버티'ㅂ **classical**·클래시클 **orthodox**·오-θ어닼ㅅ
전설적인	**legendary**·레젼·데뤼 **fabled**·'페이블드

2343 conservative ·컨·써-버티'ㅂ

conserve컨·써-'ㅂ 보존하다, 보호하다
conservation·칸서-'베이션 보존, 유지, 절약
conservatively컨·써-버티'블리 보수적으로, 전통적으로

보수적인	**orthodox**·오-θ어닼ㅅ
전통적인	**traditional**트뤄·디셔널 **traditionary**트뤄·디셔네뤼 **conventional**컨·'벤셔널 **classical**·클래시클 **orthodox**·오-θ어닼ㅅ

2344 classic ·클래식

classical·클래시클 고전 문학의, 고전주의의, 전통적인

고전적인	**classical**·클래시클 **vintage**·'빈티지 **Attic**·애틱
전형적인	**typical**·티피클 **exemplary**이그·젬플러뤼 **representative**·뤠프뤼·젠터티'ㅂ **classical**·클래시클

2345 orthodox ·오-θ어닼ㅅ

Orthodox·오-θ어닼ㅅ 그리스 정교회의

정통의	**accredited**어·크뤠디티ㄷ **recognized**·뤠커그·나이즈ㄷ
보수적인	**conservative**컨·써-버티'ㅂ **protective**프러·텍티'ㅂ

2346 manner ·매너

풍습	**customs**·커스텀ㅈ **practices**·프뢕·티서ㅈ
방법	**method**·메θ에ㄷ **way**·웨이 **mode**·모우ㄷ
예절	**propriety**프러·프라이어티

2347 ethics ·에θ익ㅅ

윤리(학)	**morals**·모뤌ㅈ

2348 moral ·모럴
도덕적인, 윤리적인   **ethic**·에θ잌 **ethical**·에θ클

moralize·뭐뤌라이즈 훈계하다, 설명하다
morality·머·랠리티 도덕, 도덕성
morally·모뤌리 도덕적으로, 실제로

2349 regular ·뤠·귤러
규칙적인, 정기적인   **orderly**·오-덜리 **routine**루·틴 **steady**·스테디
보통의, 평상시의   **usual**·유쥬얼 **normal**·노-어믈 **common**·카먼 **ordinary**·오-디네뤼 **typical**·티피클
정규의

regulation·뤠귤·레이션 규제, 법률, 규칙, 정규의
regulatory·뤠귤러터뤼 규제의, 조절하는
regulate·뤠규레이트 규제하다, 조절하다

2350 discipline ·디서플린
규율   **rules**·룰ㅈ **regulations**·뤠귤·레이션ㅈ
훈련, 연습   **practice**·프뤡·티ㅅ **exercise**·엑서-·싸이ㅈ **training**·트뤠이닝 **drill**·드륄

2351 canonical 커·노-니클
규범적인   **canonic**·커·노-닉
교회법의

2352 appropriate 어·프롸프뤼에이ㅌ
적절한   **apt**·앺ㅌ **felicitous**·필·리서터ㅅ **suitable**·수터블 **pertinent**·퍼-티넌ㅌ **proper**·프롸퍼 **apposite**·애퍼짙
   germane·져--·메인 **congenial**·컨·지니얼
전용하다   **divert**·디·붜ㅌ **misappropriate**·미서·프롸옾뤼에이ㅌ
충당하다   **allot**·얼랕 **fill up**·필 옆 **replenish**·뤼·플레니쉬

appropriately·어·프루프뤼어틀리 적당히, 적절하게

2353 irrelevant 이·뤨러번ㅌ
부적절한   **inapposite**·인·애퍼짙 **inappropriate**·인어·프라우프뤼에이ㅌ

2354 prescription 프리·스크륖션
처방(전)   **recipe**·뤠서피

prescript·프뤼스크륖ㅌ 규정, 지령

2355 formula '풔뮬러
공식, …식
제조법   **recipe**·뤠서피 **process**·프라우세ㅅ

formulate·'풔뮬레이ㅌ 공식을 표시하다, 체계 서술하다
formulation·'풔뮬·레이션 공식 표시, 체계적 서술

2356 method ·메θ에ㄷ
방법, 방식   **way**·웨이 **manner**·매너 **mode**·모우ㄷ
수단   **means**·민ㅈ **measure**·메져 **step**·스텦

105. 법, 범죄, 처벌

2357

legal ·리글

법적인	**juridical** 쥬·뤼디클
합법적인	**licit** 리씯 **lawful** 러·펄

legalize ·리걸라이ㅈ 합법화하다
legality 리·갤리티 적법함
legally ·리걸리 법적으로, 합법적으로

2358

legislation ·레져슬·레이션

법률	**law** 라
입법	**lawmaking** 러·메이킹

legislate ·레져스레이ㅌ 법률을 제정하다
legislative ·레져스·레티이'ㅂ 입법의, 입법부의

2359

enact 인·액ㅌ

제정하다	**establish** 에·스태블리쉬 **constitute** 칸스터투ㅌ
상연하다, 연기하다	**act** 액ㅌ **play** ·플레이 **present** 프뤠즌ㅌ

enactment 인·액트먼ㅌ 입법, 제정

2360

constitution ·칸스터·투션

헌법	**constitutional law** 칸스터·투셔널 ·라 **organic law** 오-·개닉 ·라
구성	**organization** 오거너·제이션 **composition** 캄퍼·지션 **make-up** 메이·ㅋ엎 **formation** 풔·메이션 **lineup** ·라인·엎
체격	**physique** 피·직
체질	

constitute 칸스터투ㅌ 구성하다, 제정하다
constitutional 칸스터·투셔널 헌법상의

2361

trial ·트롸이얼

재판, 공판	**justice** ·져스티ㅅ **hearing** ·히륑 **court** ·코어ㅌ
시도, 시험	**attempt** 어·템프ㅌ **testing** ·테스팅 **tryout** ·트롸이아웉

2362

attorney 어·터-니

변호사	**lawyer** ·러이어- **advocate** ·애드버케잍 **barrister** ·배뤼스터-
대리인	**proxy** ·프롹씨 **procurator** ·프라큐뤠이터 **representative** ·뤠프뤼·젠터티'ㅂ **agent** ·에이젼ㅌ

2363

forensic 퍼·뤤식

과학수사의, 법의학의	
법정의	**legal** ·리글

2364

unfettered 언·'페터-ㄷ

구속을 벗어난	

2365 **custody** ·커스터디

구류, 감금	**detention**디·텐션 **confinement**컨·'파인먼ㅌ **commitment**커·밑먼ㅌ
보관, 보호	**safekeeping**·세이'프·키핑 **deposit**디·롸젤

2366 **detain** 디·테인

감금하다	**confine**컨·'파인 **imprison**·임·프뤼즌

2367 **accuse** 어·큐즈

accusation·애큐·제이션 고발, 비난
accusatory어·큐저퉈뤼 고발의, 비난하는

고발하다, 고소하다	**sue**·쑤 **accuse**어·큐즈 **prosecute**·프라서·큐ㅌ **claim**클레임
비난하다	**criticize**·크뤼티싸이즈 **condemn**컨·뎀 **censure**·센슈어 **blame**·블레임 **deprecate**·데프러·케잍 **denounce**디·skdnst

2368 **sue** ·쑤

고소하다	**accuse**어·큐즈 **prosecute**·프라서·큐ㅌ **claim**·클레임
청하다	**ask**·애스ㅋ **request**뤼·퀘스ㅌ **demand**·디·맨ㄷ

2369 **plaintiff** ·플레인티'프

고소인	**accuser**어·큐저-
원고	

2370 **outrage** ·아웉·뤠이쥐

불법(행위 하다)	
격분시키다	**be enraged**비·엔·뤠이쥐ㄷ
폭행(하다)	

2371 **illicit** ·일·리싵

불법적인	**illegal**·일·리글 **unlawful**언·러'플 **illegitimate**·일리·쥐·티멭
금지된	**forbidden**풔·비든 **outlawed**·아웉·라ㄷ

2372 **breach** ·브뤼취

위반, 침해	**violation**바이얼·레이션 **infringement**·인·'프륀쥐먼ㅌ **offense**어·'펜스
틈	**crack**·크뢕 **gap**·괖 **crevice**·크뤠버스 **aperture**·애퍼-처- **rift**·뤼'프ㅌ **chink**·칭ㅋ

2373 infringe ·인·'프륀쥐

위반[침해]하다　**break**·브뤠이ㅋ **violate**·'바이얼레이ㅌ **contravene**·칸트뤄'빈 **infract**인'프뤡ㅌ

2374 criminal ·크뤼미늘

crime 크롸임 죄, 범죄

범죄자　**offender**어·'펜더 **culprit**·컬프륕 **accomplice** *공범어·캄플레ㅅ
범법적인

2375 robbery ·롸버뤼

rob 롸ㅂ 강탈하다, 약탈하다

강도(질)　**burglar**·버-글러 **looting**·루팅 **mugging**·머깅

2376 burglary ·버-글러뤼

주거침입(죄)　**housebreaking**·하우스·브뤠이킹
강도　**robbery**·롸버뤼

2377 predator ·프뤠데터-

약탈자　**plunderer**·플런더러 **looter**·룾어 **marauder**머·롸더 **freebooter**·'프뤼부터-
육식 동물

2378 despoil 디·스풔일

약탈하다　**plunder**·플런더 **pillage**·필리쥐 **loot**·룾
파괴하다　**destroy**디스트뤄이 **ravage**·뤠'비쥐

2379 deprive 디·프라이'ㅂ

빼앗다　**take away**·테일 어·웨이 **usurp**·유·써-ㅍ **plunder**·플런더 **snatch**·스내취 **rob**·롸ㅂ

2380 bully ·불리

깡패, 폭력배　**gangster**·갱스터- **hooligan**·훌리건 **mobster**·맙스터-
괴롭히다　**distress**·디·스트뤠ㅅ **pester**·페스터 **bother**·바허 **persecute**·퍼-서·큐ㅌ **anguish**·앵귀쉬

2381 mischievous ·미스쳐버스

짖궂은, 말썽쟁이의

2382 abduct
앱·닥트

abduction애브·덕션 유괴, 납치

유괴하다, 납치하다   kidnap키드·냅 carry off캐뤼·어ㅍ snatch스내치

2383 ransom
·랜섬

몸값(을 요구하다)

2384 guilt
·길ㅌ

guilty길티 유죄의

죄(가 있음), 범죄   crime크롸임 perpetration퍼·피·트뤠이션

2385 culpable
·컬퍼블

죄가 있는   guilty길티 sinful신'펄

2386 misdemeanor
·미스디·미너

경범죄   minor offense마이너- 어·'펜ㅅ
비행   misdeed미·스디드 misconduct미·스칸덕ㅌ wrongdoing륑두잉 malpractice맬·프뢕티ㅅ
irregularity이·뤠규·레뤼티

2387 sin
·신

(도덕적) 죄(악)   crime크롸임
과실, 잘못   fault'풜ㅌ mistake미·스테익 blunder블런더 error에뤄-

2388 foul
·'파울

반칙   violation바이얼·레이션 irregularity이·뤠규·레뤼티
더러운, 불결한   dirty·디-티 sordid소어-디드 filthy·'필θ이
상스러운   vulgar'벌거- indecent인·디슨ㅌ

2389 convict
·칸'빅ㅌ

conviction컨·'빅션 유죄 판결

죄수   prisoner프뤼저너 captive캡티'ㅂ jailbird재일버-ㄷ inmate인·메이ㅌ
유죄를 선고하다   penalize페널·라이즈

2390 vice ·'바이스

vicious·'비셔ㅅ 나쁜, 악의, 악의 있는

악(덕)	**crime**·크롸임 **immorality**·이머·럴러티 **corruption**·커·렆션
[직책] 부~, 보조	**sub**·썹

2391 impeccable ·임·페커블

죄가 없는	**guiltless**·길트리ㅅ **unoffending**·언어·'펜딩 **innocent**·이너쎈ㅌ **blameless**·블레임레ㅅ **faultless**·'풜틀레ㅅ **sinless**·신레ㅅ
결점 없는	**immaculate**·이·매큘렡 **spotless**·스퐈틀레ㅅ **pure**·퓨어 **clean**·클린 **faultless**·'풜틀레ㅅ

2392 acquit 어·쿠잍

무죄로 하다, 무죄 방면하다	**absolve**엡·'잘'ㅂ **exonerate**이그·자너·뤠이트

2393 defraud 디·'프뤄ㄷ

사기치다 횡령하다	**cheat**·최ㅌ **swindle**·스윈들

2394 crook ·크루-ㅋ

사기꾼	**swindler**·스윈들러- **impostor**·임·파스터-
구부리다	**bend**·벤ㄷ **stoop**·스퉆 **flex**·'플렉ㅅ
갈고리	**hook**·후ㅋ

2395 penalty ·페널티

penal·핀을 형벌의

형벌, 처벌, 징계	**punishment**·퍼니쉬먼ㅌ
불이익	**disadvantage**·디스에드·'밴티지 **handicap**·핸디·캪
벌칙, 벌금	**fine**·'퐈인

2396 sanction ·쌩션

제재, 처벌	**restraint**·뤼·스트뤠인ㅌ **punishment**·퍼니쉬먼ㅌ **discipline**·디서플런 **chastisement**채·스타이즈먼ㅌ
허가, 인가	**approval**어·프루-'블 **grant**·그뢘ㅌ **clearance**·클리런ㅅ **approbation**·애프뤄·베이션

2397 chasten ·쵀이슨

처벌하다	**punish**·퍼니쉬 **discipline**·디서플런 **penalize**·페널·라이ㅈ

106. 정치, 외교, 행정, 계급

2398

political
펄·리티클

politics·팔러·틱人 정치, 정치학

정치적인, 정치의

2399

policy
·팔레시

politic·팔러·틱 현명한, 신중한

정책
방침   course·코어人 plan·플랜

2400

government
·거'번먼ㅌ

govern·거'번 통치하다, 다스리다

정부   the administration·히 애드·미너·스트뤠이션
통치   rule·룰 reign·뤠인 administration·애드·미너·스트뤠이션

2401

republic / Rep.
뤼·퍼블릭

republican·뤼·퍼블리컨 공화당의, 공화국의, 공화주의자
republicanism·뤼·퍼블리커·니즘 공화제

공화국   commonwealth·카먼·웰θ

2402

democracy
·디·마크러씨

democratize·디·마크뤄타이ㅈ 민주화하다
democratic·데머·크래틱 민주주의의

민주주의

2403

president
·프뤠저던ㅌ

대통령
회장   chairman·체어맨

2404

election
일·렉션

elect·일·렉ㅌ 선거하다

선거

2405

liberal
·리버뤌

liberate·리버뤠ㅌ 자유롭게 하다
liberty·리버티 자유
liberally·리버뤌리 자유롭게

자유주의의
진보적인, 진보주의의   progressive·프러·그레시'ㅂ forward-looking·루킹
아끼지 않는, 후한   tolerant·탈러뤈ㅌ generous·재너뤄人 lenient·린이언ㅌ lavish·래'비쉬
자유주의자   libertarian·리버·테뤼언 liberalist·리버뤌리스ㅌ

2406

senator
·쎄네터-

상원의원

2407 council
·카운슬

의회, 협의
협의회, 평의회

2408 congress
·캉그리스

Congressional·컨·그뤠셔널 의회의

회의 　**conference**·칸'퍼런ㅅ **meeting**·밑잉 **assembly**어·셈블리 **convention**컨·'벤션 **congress**·캉그뤼스
　　　council·카운슬
국회 　**parliament**·팔러멘ㅌ **assembly**어·셈블리

2409 subcommittee
·써브커·미티

소위원회

2410 mayor
·메이어

시장, 구청장

2411 vote
보우ㅌ

votable보우·터블 투표할 수 있는, 투표권이 있는

투표(하다) 　**ballot**·밸럳 **poll**포울

2412 referendum
·뤠'퍼·뤤덤

국민 투표
총선거

2413 ballot
·밸럳

투표(용지)
(비밀)투표하다

2414 tyranny
·티레니

tsarist쟈뤼스ㅌ 전제군주제(의)

독재[전제]정치 　**absolutism**·앱설·루·티즘 **autocracy**어·타크뤄씨 **despotism**·데스퍼티즘
폭정 　**despotism**·데스퍼티즘

2415 dictator
딕·테이터

dictatorial·딕터·퉈뤼얼 독재적인

독재자 　**autocrat**·어터크뤹 **monocrat**·모우노우크뤹

2416 autocratic
·어터·크래틱

독재의, 독재적인   **autocratical**·오-터·크래티클 **despotic**·디·스파틱

2417 arbitrary
·아-비트뤠뤼

arbitrarily·아-비트뤠럴리 변덕스럽게, 독단적으로

독단적인   **dogmatic**다그·매틱 **assertive**어·써-티'ㅂ **pragmatic**프래그·매틱
임의의, 제멋대로인   **willful**윌'펄

2418 exclusive
·익·스클루시'ㅂ

exclusion익·스클루즌 배제, 추방
exclude익·스클루ㄷ 배제하다

독점적인   **monopolistic**머나펄·리스틱
유일한   **sole**소울 **only**오운리 **unique**유·닉 **solitary**쌀리·테뤼

2419 realm
·뤨름

왕국   **kingdom**킹덤 **regality**뤼·갤리티 **empire**엠파이어-
범위, 영역, 분야   **domain**도우·메인 **sphere**스·'피어 **field**'필ㄷ **province**프라빈스

2420 royal
·롸이얼

royalty롸이얼티 왕권, 왕위

왕의, 왕실의   **regal**뤼걸
당당한, 장엄한   **dignified**디그너·'파이ㄷ **grand**그랜ㄷ **imperial**임·피뤼얼 **majestic**머·재스틱 **noble**노우블 **stately**·스테이틀리

2421 monarch
·마·나-ㅋ

monarchy·마나-키 군주제, 왕정국

군주, 주권자, 제왕   **ruler**·룰러- **emperor**엠퍼러- **king**킹 **sovereign**·싸'버런 **dynast**·다이네스ㅌ

2422 aristocracy
·에뤼·스타크뤄씨

aristocrat어·뤼스터크뤹 귀족
aristocratic어뤼스터·크래틱 귀족층의, 지배계급의

귀족정치
귀족, 상류층   **nobility**노우·빌리티 **peerage**·피뤼쥐 **blue blood**블루 블레ㄷ **patriciate**페트뤼식-에이ㅌ **noble**·노우블
aristocrat어·뤼스터크뤹

2423 diplomatic
·디플러·매틱

diplomatically·디플러·매티클리 외교적으로

외교적인   **diplomatical**·디플러·매티컬

2424 envoy
·엔'붜이

사절   **emissary**·에머세뤼 **delegate**·델리겥 **mission**·미션 **ambassador** *대사, 특사앰·배세더-
외교관   **diplomat**·디플러매ㅌ **diplomatist**디·플로우머티스ㅌ

2425 treaty
·트뤼티

조약, 협정　convention컨·'벤션 agreement어·그뤼먼ㅌ pact팩ㅌ

2426 management
·매네쥐먼ㅌ

manage·매네쥐 가까스로~하다

관리, 경영, 운영　administration애드·미너·스트뤠이션 direction디·뤡션

2427 operation
·아퍼·뤠이션

operate아퍼퉤잍 작동하다, 가동하다
operative아퍼뤠이티'ㅂ 가동되는, 작용되는, 유효한

운영　administration애드·미너·스트뤠이션 management·매네쥐먼ㅌ
수술　surgery·써-져뤼
작전, 작동

2428 county
·카운티

자치주, 행정구역

2429 autonomous
어·타너머스

autonomy어·타너미 자치(권, 국가)

자주적인, 자치의　self-governing쎌'프·가버닝 sovereign·싸'버런
(사람이) 자율적인　independent·인디·펜던ㅌ self-directed·쎌'프디·뤡티드 self-reliant·쎌'프 륄·라이언ㅌ
self-determining·쎌'ㅍ 디·터-미닝

2430 minister
·미니스터-

장관　chancellor·챈슬러-
성직자　churchman·쳐-최멘 clergy·클러-쥐- cleric·클레어잌 pastor·패스터-
봉사하다, 섬기다　serve·써-'ㅂ attend on어·텐ㄷ 안 wait on·웨이ㅌ 안

2431 magistrate
·매져·스트뤠ㅌ

행정장관
하급 판사

2432 hierarchy
·하이어롸키

hierarchical·하이·롸키클 계층의

계급제
계층　echelon·에셜란 class·클래ㅅ

2433 caste
·캐스트

카스트 제도 *인도의
계급제도

2434 grade
·그뤠이드

등급	**class**·클래ㅅ **rank**·뤵ㅋ **magnitude**·매그너·투ㄷ
성적	
~학년	**form**·퓜

2435 echelon
·에셜란

| 계층, 단계 | **class**·클래ㅅ **hierarchy**·하이어롸키 |
| 사다리꼴 편성 | |

2436 bourgeois
부르·주와

중산층(의)
버조이스 활자

2437 subordinate
서·보어디넽

| 하급의, 하위의 | **low-class**·로우·클래ㅅ **inferior**·인·'피뤼어- **puisne**·퓨니 |
| 하급자 | |

2438 steward
·스튜어ㄷ

| 집사 | **butler**·버틀러- **manager**·매네져- |
| 남자 승무원 | |

2439 slavery
슬·레이버뤼

slave슬·레이'ㅂ 노예(의)
antislavery앤티슬·레이버뤼 노예제도 반대(의)

| 노예 | **bondage**·반디지 **servitude**·써-'비투ㄷ |
| 노예 제도 | |

2440 menial
·미니얼

| 하인(의) | **servant**·써-번ㅌ **domestic**더·메스틱 |
| 비천한 | **modest**·마디스ㅌ **humble**·험블 **futile**'퓨틀 |

107. 대중, 군중, 개인

2441
media
·미디어
매체
매개물

2442
populist
·퐈퓰레ㅅㅌ
대중영합주의자

populism ·퐈퓰리즘 대중영합주의

2443
community
커·뮤니티
공동체, 지역사회

2444
utility
유·틸리티
유용(성)
공익사업, 공익시설
유용품

utilize ·유틸라이ㅈ 이용하다
utilitarian 유·틸러·테뤼언 공리주의자, 공리적인, 실용적인
usefulness ·유스'펄네ㅅ avail 어·'베일

2445
forum
·'풔럼
공공광장
공개토론(장)

2446
lobby
·라비
공용 현관, 로비

2447
recruit
뤼·크루-ㅌ
모집하다, 소집하다

recruitment 뤼·크루-트먼ㅌ 신병 모집, 신규 모집

draft ·드뢔'프ㅌ enlist 인·리스ㅌ enroll 인·롸울 muster ·머스터-

2448
herd
·허-ㄷ
떼
군중

crowd ·크롸우ㄷ mob ·맙 troop ·트룹 cluster ·클러스터-

2449
gregarious
그뤼·게뤼어ㅅ
떼지어 사는

2450 crowd
·크롸우ㄷ

군중, 다수	**masses**·매서ㅈ **multitude**·멀티투ㄷ **throng**·θ룅 **mob**·맙 **swarm**·스웜 **flock**·플락
떼짓다	**flock**·플락 **throng**·θ룅 **swarm**·스웜

2451 assembly
어·셈블리

assemble·어·셈블 모으다, 조립하다

집회	**meeting**·밑잉 **gathering**·개허륑 **congregation**·캉그뤼·게이션
국회	**Congress**·캉그뤼ㅅ **Parliament**·팔러멘ㅌ
조립	**assembling**·어·셈블링

2452 riot
·롸이어ㅌ

폭동	**uprising**·어·프롸이징 **rebellion**·뤼·벨리언 **revolt**·뤼·보울ㅌ **disturbance**·디·스터·번ㅅ

2453 mob
·맙

폭도	**rioter**·롸이어터– **insurgent**·인·써–젼ㅌ
떼를 짓다	**troop**·트룹 **herd**·허–ㄷ **crowd**·크롸우ㄷ **bunch**·번치

2454 campaign
캠·페인

캠페인	
사회운동	**social movement**·소우셜·무'브먼ㅌ

2455 protest
프러·테스ㅌ

protestation·프라터·스테이션 항의, 이의
protestant·프라티스턴ㅌ 개신교도

항의, 반대, 시위	**objection**·업·젝션 **remonstrance**·뤼·먼스트런ㅅ **demonstration**·데먼·스트뤠이션
반대하다	**dispute**·디·스퓨ㅌ **oppose**·어·포우ㅈ **object**·압젝ㅌ

2456 rally
·뢜리

시위하다	
집회	
모이다	**congregate**·캉그뤼게이ㅌ

2457 turmoil
·터––·뭐일

소란	**noise**·노이ㅈ **disturbance**·디·스터–번ㅅ **tumult**·투멀ㅌ
혼란, 소동	**commotion**·커·모우션 **disturbance**·디·스터–번ㅅ **disorder**·디·소어–더 **fuss**·퍼ㅅ **tumult**·투멀ㅌ

2458 individual
·인디·'비쥬얼

individualize·인디·'비쥴라이즈 개별화하다
individuality·인·디'비쥬·앨러티 개성, 특성

개인의	private·프라이'베이ㅌ personal·퍼-써늘
각각의	respective·뤼·스펙티'ㅂ
독특한	unique·유·닉 peculiar·퍼·큘리어 special·스페셜 exclusive·익·스클루시'ㅂ idiosyncratic·이디오·씬·크래틱

2459 private
·프라이'베이ㅌ

privacy·프라이'버씨 사생활, 비밀
privately·프라이'버틀리 몰래, 개인적으로

| 사적인, 사립의 은밀한, 비밀의 | clandestine·클랜·데스틴 covert·코우버ㅌ secret·씨크릿 backstage·백·스테이지 furtive·퍼-티'ㅂ surreptitious·써뤱·티셔ㅅ |
| 병사 | soldier·소울져 |

108. 대리, 권한, 선택

2460 represent
·뤠프뤼·젠 ㅌ

representation 뤠프루젠·테이션 대표, 표시, 연출, 상연
representative 뤠프뤼·젠터티'ㅂ 대표, 대리인

대표하다	**stand for** 스탠드 '풔 **sit for** 씰 '풔 **act for** 액ㅌ '풔
표현하다, 묘사하다	**illustrate** 일러스트뤠이ㅌ **depict** 디·픽ㅌ **portray** 포-·트뤠이 **describe** 디·스크라이ㅂ **characterize** 케뤽터롸이즈
의미하다, 상징하다	**symbolize** 심벌라이즈

2461 delegation
·델러·게이션

위임, 대표 임명

2462 proxy
·프롹씨

대리(위임)	**surrogate** 써뤄게이ㅌ **representation** 뤠프루젠·테이션 **stead** 스테ㄷ
대리인	**representative** 뤠프뤼·젠터티'ㅂ **agent** 에이젼ㅌ

2463 commitment
·커·밑먼 ㅌ

commit 커·밑 저지르다, 범하다, 맡기다
commission 커·미션 대리 수수료, 위임장

위탁, 위임	**commission** 커·미션 **consignment** 컨·싸인먼ㅌ **trust** 트뤄스트
공약	**pledge** 플레쥐

2464 undertake
·언더·테익

떠맡다	**be charged with** 비 ·챠-쥐드 위θ **take over** 테익 ·오우'버 **take on** 테익 안 **assume** 어·쑴 **shoulder** 쇼울더
착수하다	**begin** 비·긴 **set about** 셑 어·바우ㅌ

2465 entrust
인·트라스ㅌ

맡기다, 위임하다	**delegate** 델리겥 **commission** 커·미션

2466 agent
·에이젼ㅌ

agency 에이전씨 대리점, 대행사, 단체

대리인	**substitute** 썹스티투ㅌ **representative** 뤠프뤼·젠터티'ㅂ **proxy** 프롹씨 **procurator** 프라큐뤠이터 **attorney** 어·터-니
수사관, 요원	**investigator** 인·'베스티게이터-

2467 candidate
·캔디데이ㅌ

candidacy 캔디데씨 입후보, 선거출마

후보자	**applicant** 애플리컨ㅌ **possible** 파서블

2468 nomination
·나미·네이션

nominate 나미네이ㅌ 지명하다, 추천하다

지명, 임명	**appointment** 어퍼인트먼ㅌ **designation** 데지그·네이션
추천	**recommendation** 뤠커먼·데이션

2469 designate
·데지그·네이ㅌ

지정[임명]하다 · **assign**어·싸인 **appoint**어퍼인ㅌ **name**·네임 **nominate**·나미네이ㅌ
나타내다 · **indicate**·인디케이ㅌ **express**잌·스프뤠스 **demonstrate**·데먼·스트뤠잍 **evince**이·'빈ㅅ

2470 authority
어·θ워뤼티

authorize·어어러롸이ㅈ 재가하다, 권한을 부여하다
authoritative어·θ워뤼테티'ㅂ 권위 있는, 믿을 만한

권한 · **power**·파우어 **jurisdiction**·주뤼·스딕션
권력, 권위 · **power**·파우어
당국, 관계자(-ies) · **official quarters**어·피셜·쿠어·터-

2471 patent
·패튼ㅌ

특허 · **faculty**'패컬티 **charter**·챠-터-

2472 license
·라이슨ㅅ

면허(증), 허가 · **licence**·라이슨ㅅ **permit**퍼-·밑

2473 entitle
엔·타이틀

entitlement인·타이틀먼ㅌ 권리부여, 자격부여

자격[권한]를 주다 · **empower**임·파우어- **qualify**·콸러·파이 **authorize**·어어러롸이ㅈ **enable**이·네이블

2474 privilege
·프뤼'빌리지

특권(을 주다) · **franchise**'프뢘·챠이ㅈ **favors**·'페이버-ㅈ
혜택 · **benefit**·베네·'핕 **benefaction**·베니·'팩션 **favor**·'페이버-

2475 eligible
·엘리지블

자격이 있는 · **competent**·캄퍼텐ㅌ **capable**·케이퍼블
적절한 · **apt**·앺ㅌ **felicitous**필·리서터ㅅ **suitable**·수터블 **pertinent**·퍼-티넌ㅌ **proper**·프라퍼 **apposite**·애퍼짙
germane저-·메인 **congenial**컨·지니얼

2476 selection
·쎌·렉션

select·쎌·렉ㅌ 선발하다, 선택하다

선택, 선발 · **choice**·춰이ㅅ **picking out**·피킹·아웉 **option**·앞션

2477 opt
·앞ㅌ

선택하다
선택적 거부권

2478 either

·이더어-

어느 한쪽의
양쪽 각각의

2479 whether

·웨더어-

~인지 어떤지
~인지 아닌지　**or**오어 **if**이'프

2480 eclectic

이·클렉틱

절충적인, 취사선택하는

2481 adopt

어·닾ㅌ

adoption어·닾션 입양, 채택

채용하다, 채택하다　**choose**츄즈 **assume**어·쏨 **select**쎌·렉ㅌ **embrace**엠·브뤠이ㅅ
입양하다

2482 alternative

얼·터-너티'ㅂ

alternate·알터넽 교대시키다, 교체하다, 교대의
alternatively얼·터-너티'블리 번갈아, 교대로

대안(의)　**optional**앞셔널
양자택일

2483 instead

·인·스테ㄷ

대신에　**in place of**인·플레이ㅅ 어'ㅂ **on behalf of**안 비·해'프 어'ㅂ **in substitute for**인·썹스터투ㅌ '풔

2484 fungible

'펀져블

대체 가능한　**alternative**얼·터-너티'ㅂ
대체물　**substitute**·썹ㅅ터투ㅌ

2485 replace

·뤼·플레이ㅅ

replacement뤼·플레이스먼ㅌ 대체, 교체
replaceable·뤼·플레이서블 대체 가능한
irreplaceable이뤼·플레이서블 대체할 수 없는

교체하다, 대신하다　**substitute**·썹ㅅ터투ㅌ **change**·채인쥐 **shift**쉬-'프ㅌ

2486 relay

·륄·레이

교대하다　**rotate**롸우·테이ㅌ **alternate**·알터넽

109. 승리, 경쟁, 투쟁

2487

triumph
·트라이엄'프

승리	**victory** 빅터뤼 **win** 윈
성공하다	**succeed** 썹·씨 ㄷ **prosper** 프라스퍼-

2488

beat
·빝

beatable 빝·어블 이길만한
beaten 빝은 패배한, 두들겨 맞은

이기다	**overcome** 오우·버·컴 **vanquish** '뱅퀴시 **conquer** 캉커- **triumph** 트라이엄'프 **win** 윈
때리다	**strike** 스트라잌 **hit** 힡

2489

defeat
디·'핕

패배시키다	**beat** 빝
패배	**beating** 빝잉

2490

overcome
·오우'버·컴

극복하다, 정복하다	**vanquish** '뱅퀴시 **conquer** 캉커-
이기다	**vanquish** '뱅퀴시 **conquer** 캉커- **triumph** 트라이엄'프 **win** 윈

2491

champion
·챔피언

우승자	**winner** 윈어 **victor** ·'브잌터- **champ** 챔ㅍ

2492

competition
·캄퍼·티션

compete 컴·핕 경쟁하다
competitive 컴·페티티·ㅂ 경쟁의, 경쟁적인

경쟁	**rivalry** 라이'블뤼 **contest** 칸테스ㅌ **emulation** 에뮬·레이션
시합	**tournament** 토너먼ㅌ **contest** 칸테스ㅌ

2493

vie
·'바이

경쟁하다	**compete** 컴·핕
겨루다	

2494

tournament
·토너먼ㅌ

토너먼트 *승자진출전

2495

vs. / versus
·'붜서ㅅ

~대
~에 비교하여   **in comparison**인 컴·페뤼슨

2496

conflict
·칸'플릭ㅌ
     conflictful·칸'플릭트·'풀 분쟁이 많은

갈등, 충돌   **disagreement**·디서·그뤼먼ㅌ **dissent**·디·센ㅌ **quarrel**·쿼럴 **clash**·클래싀
상충하다   **disagree**·디서·그뤼 **collide**컬·라이드 **clash**·클래싀

2497

strife
·스트라이'프

투쟁   **conflict**·칸'플릭ㅌ **struggle**·스트뤄글 **combat**·캄뱉 **campaign**캠·페인

2498

defy
디·'파이
     defiant디·'파이언ㅌ 도전적인, 반대하는
     defiance디·'파이언ㅅ 반항, 저항

반항하다   **resist**뤠·지스ㅌ **oppose**어·포우즈 **disobey**·디서·베이 **rebel**·뤠블
도전하다   **challenge**·챌린쥐 **dare**·데어

2499

treacherous
·트뤠쳐-어ㅅ

배반하는   **traitorous**·트뤠이터러ㅅ
위험한   **dangerous**·데인져-어ㅅ **perilous**·페뤼레ㅅ **unsafe**언·세이'프 **risky**·뤼스키

2500

betrayal
비·트뤠이얼
     betray비·트뤠이 배신하다, 누설하다

배신   **perfidy**·퍼-'퍼디 **treachery**·트뤠쳐뤼

2501

rebel
·뤠블

반역자   **betrayer**비·트뤠이어- **traitor**·트뤠이터
반역하다   **revolt**뤼·'보울ㅌ

2502

rebellion
뤼·벨리언
     rebel·뤠블 반역자, 반란을 일으키다
     rebellious뤼·벨리어ㅅ 반역하는, 반항적인

반란, 폭동   **mutiny**·뮤터니 **revolt**뤼·'보울ㅌ **uprising**어·프라이징 **insurrection**·인서·뤡션 **riot**·라이어ㅌ **rioting**·라이어팅

110. 힘, 강한, 격렬

2503 astute 어·스투ㅌ
기민한 · agile 애절 alert 얼러-ㅌ
교활한 · insidious 인·씨디어ㅅ crafty 크레'프티 cunning 커닝 sly 슬·라이 tricky 트뤼ㅋ이

2504 rapidly ·뤠피들리
rapid 뤠핕 빠른, 급한
신속히 · quickly 쿠잌리 prompt 프람프ㅌ speedily 스피들리 apace 어·페이ㅅ
급격히, 갑자기 · suddenly 써든리 abruptly 어·브뤞틀리 unexpectedly 언익·스펙티들리

2505 strong ·스트롱
strengthen 스트뤵θ은 강하게 하다
strength 스트뤵θ 힘
힘센 · forceful '풔ㅅ'펄 spirited 스피뤼-티ㄷ sinewy 씬유이 forcible '풔서블 vigorous '비거뤄ㅅ
튼튼한 · hardy ·하-디 lusty 러스티 tough 터'ㅍ

2506 strength ·스트뤵θ
strengthen 스트뤵θ은 강하게 하다
strong 스트롱 강한, 건장한, 단단한
힘 · impetus 임페투ㅅ might 마잍 force '풔ㅅ vigor '비거- power 파우어 prowess 프롸우어ㅅ

2507 force ·'풔ㅅ
힘, 기력 · vigor '비거- energy ·에너-쥐-
강요하다 · impose 임·포우ㅈ compel 컴·펠 coerce 코우·어ㅅ

2508 pep ·펲
활기 · vigor '비거- vitality 바이·탤리티 activity 액·티비티
힘

2509 vigorously ·'비거뤄슬리
vigorous '비거뤄ㅅ 활발한, 정력적인
힘차게 · forcibly '풔세블리 lively 라이'블리 mightily 마잍얼리 pithily 피θ일리
발랄하게 · vividly '비'비들리 youthfully ·유θ'펄리

2510 animatedly ·애니메이티들리
animated 앤어메티ㄷ 활기찬, 활발한
활발하게 · briskly 브뤼스클리 livelily 라이'블릴리

2511 dynamic 다이·내믹

dynamically다이·내믹을리 정력적으로, 동력학적으로

역동적인	**kinetic**커·네틱
활동적인	**active**·액티·ㅂ **kinetic**커·네틱
역학의	

2512 tough ·터'ㅍ

toughness ·터'프네스 단단함, 억셈

| 강한 | **intensive**·인·텐서·ㅂ **strong**·스트뤙 **powerful**·파우어'펄 |

2513 radical ·뢔디클

radix롸딕ㅅ 근원, 어근
radicalism·뢔디컬·리즘 급진주의
radically·뢔딕을리 원래는, 근본적으로

| 과격한, 극단적인 | **extreme**익·스트륌 **excessive**익·세시'ㅂ |
| 과격론자, 극단론자 | **extremist**익·스트뤼미스ㅌ |

2514 drastic ·드래스틱

drastically ·드래스디클리 철저하게, 혹독하게

격렬한, 맹렬한	**fierce**·피어ㅅ **harsh**·하-쉬 **violent**·바이얼런ㅌ **exquisite**익·스퀴짙 **intense**·인·텐ㅅ **acute**어·큐ㅌ
	strenuous·스트뤤유어ㅅ **turbulent**·터-뷸런ㅌ **vehement**·비어먼ㅌ **impetuous**임·페츄어ㅅ
과감한, 대담한	**bold**보울ㄷ **audacious**아·데이셔ㅅ **daring**데어잉 **fearless**·피얼리ㅅ
철저한	**thorough**θ어-오우

2515 doggedly ·더게·들리

| 거세게 | **roughly**·뤄'플리 **violently**·바이얼런틀리 **wildly**·와일들리 |
| 끈질기게 | **tenaciously**터·네이셔슬리 |

2516 rough ·뤄'ㅍ

roughly ·뤄'플리 대략, 거의

| 거친 | **tough**·터'ㅍ **harsh**·하-쉬 **turbulent**·터-뷸런ㅌ **crude**·크루-ㄷ **coarse**·코어ㅅ |
| 대충의 | |

111. 충돌, 폭력, 공격, 파괴, 황폐

2517 crash
·크래시

(충돌)사고, 추락	bump·범ㅍ smash·스매시 collision·컬·리즌 hit·힡
충돌하다	collide·컬·라이ㄷ dash·대시 hit·힡 smash·스매시 bump·범ㅍ
"쿵!", "쾅!"	bang·뱅 bump·범ㅍ slam·슬·램 thud·θ에ㄷ

2518 impact
·임·팩ㅌ

충격	shock·샥 percussion·퍼-·커션
충돌	collision·컬·리즌 clash·클래시 hit·힡 bump·범ㅍ
영향	influence·인·플루언ㅅ effect·이·'펙ㅌ affection·어·'펙션

2519 bump
·범ㅍ

충돌	collision·컬·리즌 clash·클래시 impact·임·팩ㅌ hit·힡
충돌하다	collide·컬·라이ㄷ clash·클래시 hit·힡
"쾅!"	boom·붐

2520 Armageddon
·아-·머·게든

대충돌, 종말전쟁

2521 plummet
·플러밑

추락하다	fall·'뭘 drop·드랖 plunge·플런즤
무게추	plumb·플럼

2522 violence
·'바이얼런ㅅ

violent·'바이얼런ㅌ 격렬한, 난폭한

폭력	force·'풔ㅅ
격렬함	harshness·하-쉬네ㅅ vehemence·비히먼ㅅ fierceness·'피어스네ㅅ

2523 hurt
·허-ㅌ

다치게 하다	injure·인져-

2524 abuse
어·뷰ㅅ

abuser 어·뷰저- 남용하는 사람, 학대자
abusive 어·뷰시'ㅂ 모욕적인, 욕하는, 학대하는

학대	ill-treatment 일·트릳먼ㅌ maltreatment 맬·트릳먼ㅌ mistreatment 미·스트릳먼ㅌ hardship 하-ㄷ·싶
남용, 오용	misuse 미·스유ㅈ misappropriate 미서·프라웊뤼에이ㅌ misapplication 미·스애플리·케이션
	perversion 퍼-·'붤젼
남용하다, 오용하다	misappropriate 미서·프라웊뤼에이ㅌ misapply 미서·플라이 pervert 퍼-버-ㅌ
학대하다	ill-treat 일·트맅 maltreat 맬·트맅 mistreat 미·스트맅 ill-use 일·유ㅈ

2525 persecute
·퍼-서·큐ㅌ

persecution 퍼-서·큐션 박해, 학대
persecutor 풔세·큐터- 박해자, 적, 원수
persecutive 퍼-서·큐티'ㅂ 괴롭히는, 박해하는

| 박해하다, 괴롭히다 | oppress 어·프뤠ㅅ suppress 서·프뤠ㅅ torment 토-·멘ㅌ harass 허·뢔ㅅ torture 토어쳐- afflict 어·'플릭ㅌ |
| | harass 허·뢔ㅅ |

2526 bother
·바ð어

괴롭히다, 귀찮게 하다	pester 페스터- bother 바ð어 annoy 어노이 tease 티ㅈ harry 헤뤼 torment 토-·멘ㅌ harass 허·뢔ㅅ
	afflict 어·'플릭ㅌ haunt 헌ㅌ
신경쓰다, 애쓰다	worry 워뤼

2527 irksome
·얼썸

| 귀찮게하는, 짜증나게 하는 | annoying 어노잉 irritating 이뤼테이팅 bothersome 바ð어섬 tiresome 타이어-섬 troublesome 트뤄블썸 |

2528 excruciate
익·스크루-쇠-·에이ㅌ

| 고문하다 | torture 토어쳐- rack 뢕 wrack 뢕 |

2529 blow
·블로우

타격	hit 힡 crusher 크러셔 stinger 스팅어 shock 샥 strike 스트라익 stroke 스트로우ㅋ
(바람)불다	
울리다	

2530 stroke
스트로우ㅋ

때리다, 치다	strike 스트라익 hit 힡 knock 낙 beat 빝
쓰다듬다, 어루만지다	pat 패ㅌ
뇌졸증	

2531 pound
·파운ㄷ

두드리다	beat 빝 strike 스트라익 tap 탶 pat 패ㅌ
파운드 (453g)	
파운드화 (영국의 화폐 £)	

2532 tap
·탭

살살 두드리다 **pat**·패ㅌ **rap**·뢮
수도꼭지 **faucet**·풔시ㅌ

2533 scratch
·스크뢔치

할퀴다 **claw**·클러 **maul**·멀

2534 flog
·'플라ㄱ

채찍질하다 **whip**·윕 **lash**·래쉬

2535 confront
컨·'프런ㅌ

confrontation 칸'프런·테이션 대치, 대립

맞서다, 직면하다 **face**·페이ㅅ

2536 quarrel
·쿼럴

quarrelsome·쿼럴썸 싸움[논쟁]을 좋아하는

싸우다, 말다툼하다 **combat**·캄뱉 **fight**·'파잍 **strive**·스트라이'ㅂ
불평(하다) **grumble**·그럼블 **complaint**·컴·플레인ㅌ **dissatisfaction**·디새티스·'팩션 **discontent**·디스컨·텐ㅌ
언쟁, 싸움

2537 pugnacious
퍼그·내셔ㅅ

싸우기 좋아하는, 호전적인 **contentious**·컨·텐셔ㅅ **quarrelsome**·쿼럴썸 **warlike**·워-·라잌 **bellicose**·벨리코우ㅅ **battleful**·배틀'풀
combative·컴·배티'ㅂ **hawkish**·허키쉬 **martial**·마-셜 **militant**·밀리턴ㅌ

2538 aggressive
어·그뤠시'ㅂ

aggress·어·그뤠ㅅ 공격하다, 침입하다
aggression·어·그뤠션 침략, 공격, 침해
aggressively·어·그뤠시'블리 공격적으로

공격적인 **offensive**·어·'펜시'ㅂ **assaultive**·어·썰티'ㅂ
적극적인 **positive**·퐈저티'ㅂ **active**·액티'ㅂ

2539 onslaught
·언슬·러ㅌ

맹공격

2540 vulnerable
·'벌너러블

vulnerability·'벌너러·빌러티 상처받기 쉬움, 취약성
vulnerably·'벌너러블리 취약하게, 저항력 없이

취약한 **defenseless**·디·'펜슬리ㅅ **exposed**·잌·스포우즈ㄷ **unprotected**·언프뤄·텍티ㄷ

2541 fragile
·'프뢔절

부서지기[깨지기] 쉬운 **brittle**·브뤼틀 **frangible**·'프뢘져블 **crumbly**·그럼블리
쉽게 영향을 받는

2542	**spoil** ·스풔일	**spoiler**·스풔일러- 스포일러, 망치는 사람
	망치다 못쓰게 만들다 상하다	**ruin**·루인 **mar**·마- **frustrate**·프뤄스트뤠잍 **make a muddle[mess] of**·메이ㅋ 어 ·머들[·메스] 어'ㅂ **be damaged**비 ·대미쥐ㄷ **be hurt**비 ·허-ㅌ
2543	**destroy** 디스트뤄이	**destruction**디·스트럭션 파괴, 파멸 **destructive**디·스트럭티'ㅂ 파괴적인
	파괴하다	**demolish**디·말리쉬 **subvert**섭·'붜ㅌ **unbuild**언·빌ㄷ **break**·브뤠이ㅋ **crash**·크래쉬 **shatter**·샤-터- **ravage**·뢔'비쥐
2544	**subversive** 써-·'붜시'ㅂ	
	파괴적인	**destructive**디·스트럭티'ㅂ **devastating**·데버스테팅
2545	**smash** ·스매쉬	
	박살(내다) 실패	
2546	**ruin** ·루인	
	폐허(로 만들다) 파멸(시키다) 손해, 피해(-s)	**remains**뤼·메인ㅈ **destruction**디·스트럭션 **wreck**·뤡 **damage**·대미쥐 **harm**·하-암 **injury**·인져뤼
2547	**vandalism** ·'밴딜리즘	
	반달리즘 *문화재를 파괴하는 행위	
2548	**rupture** ·뤞쳐-	
	파열(시키다) 불화	**burst**·버-스ㅌ **break**·브뤠이ㅋ **fracture**·프뢕쳐 **discord**·디스코-어ㄷ **dissension**디·센션 **differences**·디'퍼뤈스ㅈ **trouble**·트뤄블 **disunion**·디스유니언 **dissonance**·디서넌스 **disagreement**·디서·그뤼먼ㅌ
2549	**impair** ·임·페어	**impairment**·임·페어먼ㅌ 손상, 훼손, 장애
	손상시키다, 악화시키다	**damage**·대미쥐 **harm**·하-암 **injure**·인져- **hurt**·허-ㅌ **undermine**·언더·마인
2550	**deprivation** ·데프뤼·'베이션	
	박탈	**divestment**다이·'베스트먼ㅌ **dispossession**·디스퍼·제션

2551 shatter
·샤-터-

산산조각 나다   **smash**·스매쉬

2552 crush
·크러쉬

으스러뜨리다   **squash**·스쿠아쉬 **squeeze**·스퀴즈 **compress**·캄프뤠스
밀어 넣다, 쑤셔 넣다   **cram**·크램 **fill**·필 **pack**·팩
(행복을) 짓밟다
혼잡, 군중

2553 abolish
어·벌·리쉬
       abolition·애벌·리션 폐지

폐지하다   **abrogate**·아브뤄·게잍 **disestablish**·디씨·스태블리쉬

2554 infliction
·인·'플릭션

(폐, 피해, 벌) 가함
고통   **pain**·페인 **pang**·팽
형벌   **punishment**·퍼니쉬먼트 **penalty**·페널티

2555 devastate
·데'버스테이트
      devastation·데'버·스테이션 황폐화, 폐허화
      devastative·데'버스테티'브 유린하는, 황폐시키는

황폐시키다   **ruin**·루인 **waste**·웨이스트 **be laid waste**·비 ·레이드 ·웨이스트
파괴하다   **wreck**·뤡 **destroy**·디스트뤄이 **break**·브뤠이ㅋ **demolish**·디·말리쉬 **unbuild**·언·빌ㄷ **shatter**·샤-터- **crash**·크뢔쉬
    ravage·뢔'비쥐

2556 dilapidated
딜·래퍼데이티ㄷ

황폐한   **waste**·웨이스트 **wild**·와일ㄷ **ruinous**·루이너스
낙후된

2557 collapse
컬·랲ㅅ

붕괴되다, 무너지다   **fall in**·'풜 인 **break down**·브뤠이ㅋ ·다운 **disintegrate**·디·신터그뤠ㅌ **crash**·크뢔쉬
쓰러지다   **break down**·브뤠이ㅋ ·다운 **topple**·타플
붕괴, 실패

2558 parched
·퐈-취ㅌ

건조한   **dried**·드롸이드 **arid**·애뤼ㄷ
목마른   **thirsty**·θ어-스티

2559 **drought** ·드롸우ㅌ
가뭄　　　　　**dry**·드롸이

2560 **blight** ·블라이ㅌ
말라죽다[죽게 하다]　**wither**·위ㅎ어~
마름병
황폐

2561 **barren** ·배뤈
메마른, 불모의, 불임의　**sterile**·스테럴

2562 **desert** ·데저ㅌ
사막
버리다, 유기하다　**abandon**어·밴던 **forsake**풔·세이ㅋ **leave**·리'ㅂ **give up**·기'ㅂ 엎 **quit**·쿠잍

112. 침략, 침식

2563	**invader** ·인·'베이더	**invade**·인·'베이드 침입하다, 침략하다 **invasion**·인·'베이즌 침입, 침략 **invasive**·인·'베이시ㅂ 침입하는, 침략적인
	침입자, 약탈자	**raider**·뤠이더 **intruder**·인·트루더 **plunderer**·플런더어 **looter**·루어

2564	**encroach** 인·크롸우취	
	침범하다 잠식하다	**invade**·인·'베이드 **affect**어·'펙ㅌ **attack**어·택

2565	**impervious** ·임·퍼-'비어ㅅ	
	불침투성의	**impermeable**임·퍼-미어블

2566	**erode** 이·롸우드	**erodent**이·롸우던ㅌ 침식성의, 부식성의
	침식하다, 부식하다	**sculpture**·스컬프쳐- **abrade**어·브뤠이드 **encroach**인·크롸우취

2567	**caustic** ·카스틱	
	부식성의 신랄한	**corrosive**커·롸우시'ㅂ **erosive**이·롸우시'ㅂ **keen**·킨 **corrosive**커·롸우시'ㅂ **vitriolic**·비트뤼·얼릭 **acidulous**어·씨듈레ㅅ **acrimonious**·애크뤼·모우니어ㅅ

2568	**permeate** ·퍼-미·에이ㅌ	**permeation**·퍼-미·에이션 침투, 삼투
	스며들다 퍼지다, 보급되다	**soak**소우ㅋ **sink**·싱ㅋ **interpenetrate**인터-페니·트뤠이ㅌ **seep** *스며나오다·씹 **spread out**·스프뤠드 ·아웉 **get abroad**겥 어·브뤄드 **prevail**프뤼·'베일 **diffuse**디·'퓨ㅅ **expand**익·스팬드

2569	**absorb** 엡·즈오-어ㅂ	**absorption**엡·즈오-옆션 흡수
	흡수하다 열중시키다	**suck in**·썩 인 **imbibe**·임·바이ㅂ **sorb**소어-ㅂ **take up**·테익 엎 **enthuse**엔·θ우ㅈ **engross**인·그롸우ㅅ **involve**·인·'발'ㅂ **immerse**·이·머-ㅅ

2570	**inroad** ·인뢰우드	
	침해(하다) 침략(하다)	**infringement**·인·'프륀쥐먼ㅌ **violation**바이얼·레이션 **encroachment**인·크롸우취먼ㅌ **trespass**·트뤠·스패ㅅ **disturbance**·디·스터-번ㅅ

2571	**entrench** 엔·트뤤취	
	침해하다 참호로 둘러싸다	**infringe on**·인·'프륀쥐 안 **disturb**·디·스터-ㅂ **poach**포우취

113. 보안, 보호, 방해, 장애

2572

guard
·가-ㄷ

guardless·가-들·레ㅅ 무방비의

경비원
보호하다   **protect**프러·텍ㅌ **defend**디·'펜ㄷ **watch over**와취 ·오우'버

2573

scout
·스카웉

정찰병, 정찰(하다)   **patrol**퍼·트롸울

2574

security
씨·큐리티

secure씨·큐어 안전한, 확보하다

보안, 경비   **protection**프러·텍션
안전   **safety**·세이·프티
보장   **guarantee**·게뤈·티

2575

sheriff
·셰뤼'ㅍ

보안관

2576

garrison
·개리슨

수비대
주둔군

2577

preserve
프리·저-'ㅂ

preservation·프뤠저-·'베이션 보존, 저장, 보호
preservative프뤼·저·버티'ㅂ 방부제, 예방

보호하다   **protect**프러·텍ㅌ **defend**디·'펜ㄷ **watch over**와취 ·오우'버 **guard**·가-ㄷ **conserve**컨·써-'ㅂ **shield**·쉴ㄷ
유지하다   **support**써·포어ㅌ **maintain**멘·테인 **reserve**뤼·저-'ㅂ **retain**뤼·테인 **conserve**컨·써-'ㅂ **sustain**서·스테인

2578

defense
디·'펜ㅅ

defend디·'펜ㄷ 방어하다
defensive디·'펜시'ㅂ 방어의
defensively디·'펜시'블리 방어적으로

방어   **protection**프러·텍션
변호, 변명   **vindication**·'빈디·케이션 **justification**·져스티'피·케이션 **explanation**·엑스플러·네이션

2579

disrupt
·디스·뢉ㅌ

disruption·디스·뢉션 붕괴, 혼란

방해하다   **interrupt**·인터·뢉ㅌ **disturb**·디·스터-ㅂ **interrupt**·인터·뢉ㅌ **interfere**·인터-·'피어 **encumber**엔·컴버-
     hamper·햄퍼 **thwart**·θ워-ㅌ **retard**뤼·타-ㄷ
혼란시키다   **embrangle**엠·브뢩걸 **muddle**·머들 **embroil**엠·브뤄일 **upheave**엎·히-'ㅂ

2580 impediment
·임·페디먼ㅌ

방해(물)
신체 장애
hamper·햄퍼

2581 interfere
·인터–·'피어

interference·인터–·'피어런ㅅ 간섭, 참견

간섭하다 **meddle**·메들 **intermeddle**·인·터–·메들 **intervene**·인터–·'빈 **intrude**·인·트루ㄷ **break in**·브뤠이킨
tamper·탬퍼–
방해하다 **impede**·임·피ㄷ **interrupt**·인터·뤞ㅌ **disturb**·디·스터–ㅂ **obstruct**·엡·스트럭ㅌ **hinder**·힌더 **intrude**·인·트루ㄷ

2582 fence
·'펜ㅅ

fencing·'펜싱 검술, 울타리

울타리
장애물
barricade·배뤼케이ㄷ **fence**·'펜ㅅ **obstruction**·엡·스트럭션 **obstacle**·압스티클 **blockage**·블라키쥐
hindrance·힌드런ㅅ **impediment**·임·페디먼ㅌ

울타리를 치다
펜싱을 하다

2583 barrier
·배뤼어–

barricade·배뤼케이ㄷ 장애물

장벽, 장애물 **barricade**·배뤼케이ㄷ **obstruction**·엡·스트럭션 **obstacle**·압스티클 **blockage**·블라키쥐 **hindrance**·힌드런ㅅ
impediment·임·페디먼ㅌ **fence**·'펜ㅅ

2584 nuisance
·뉴썬ㅅ

민폐
성가심

2585 obstacle
·압스티클

장애(물), 방해물 **barrier**·배뤼어– **block**·블락 **hindrance**·힌드런ㅅ **deterrent**·디·터·런ㅌ **hurdle**·허–들

2586 lesion
·리즌

장애 **handicap**·핸디·꺞 **impediment**·임·페디먼ㅌ **block**·블락 **barrier**·배뤼어–
손상 **injury**·인져뤼 **wound**·운–ㄷ **damage**·대미지 **harm**·하–암 **hurt**·허–ㅌ

2587 cripple
·크뤼플

불구(로 만들다)
무능하게 하다
disable·디·서블

114. 군

2588

troop
·트룹

군대 병력	**army** *육군·아-·미 **navy** *해군·네이'비 **air force** *공군·에어·'풔ㅅ
떼(를 짓다)	**crowd**·크롸우ㄷ **mob**·맙 **herd**·허-ㄷ

2589

military
·밀리테뤼

군대의
군용의
육군의

2590

marshal
·마-셜

[군대] 원수, 사령관

2591

admiral
·애드머뤌

[해군] 제독

2592

lieutenant
루·테넌ㅌ

[군대] 중위, 부관

2593

veteran
·'베터란

퇴역군인 노련한(사람)	**experienced**잌·스피뤼언스ㅌ **expert**·엑스퍼-ㅌ

2594

skirmish
·스커-미싀

소규모 접전
사소한 충돌

115. 죽음, 생존

2595

suicide
·수이싸이드

suicidal ·수이·싸이들 자살의, 자멸적인

자살   self-destruction ·쎌'프디스·트뤽션
자살하다   kill oneself ·킬 원·쎌'ㅍ

2596

euthanasia
·유·θ어·네이져

안락사   mercy killing ·머·씨 ·킬링

2597

slayer
슬·레이어

slay 슬·레이 죽이다, 살해하다

살인자   murderer ·머·더러 killer ·킬러- cutthroat ·컽·θ로우ㅌ assassinator *암살자 어·새서네이터

2598

murder
·머-더

murderer ·머-더러 살인자
murderous ·머-더어ㅅ 살인의, 잔인한

살인   homicide ·함어싸이ㄷ manslaughter ·맨슬·러터-
살해하다   kill ·킬 slay 슬·레이 slaughter 슬·러터- assassinate *암살하다 어·새서·네이ㅌ

2599

cutthroat
·컽·θ로우ㅌ

살인의   murderous ·머-더러ㅅ homicidal ·함어·싸이들

2600

carnage
·카-니쥐

대학살

2601

decimate
·데서·메이ㅌ

10분의 1을 죽이다

2602

posthumous
·파스츄머ㅅ

사후의   after death ·애'프터 ·데θ
죽은   dead ·데ㄷ defunct ·디·펑크ㅌ departed 디·파-티ㄷ deceased 디·씨스ㅌ

2603 demise
·디·마이ㅈ

사망, 서거   **death**·데θ **passing**·패싱

2604 fatal
·'페이틀

fatality페이·탤리티 사망자, 치사율, 참사, 재앙
fate·페이ㅌ 운명, 운

치명적인   **lethal**·리θ을 **mortal**·모어틀 **vital**·'바이틀 **deadly**·데들리

2605 mortality
모어·탤리티

mortal·모어틀 인간, 사람, 죽음의, 치명적인
mortally·모어틀리 죽을 정도로, 몹시

죽을 운명   **fatality**페이·탤리티
사망률   **death rate**·데θ·뤠이ㅌ

2606 fate
·'페이ㅌ

fatal·페이틀 치명적인, 결정적인
fateful·페이ㅌ'펄 운명적인

운명   **destiny**·데스티니 **fortune**·'풔쳔 **kismet**·키즈메이ㅌ **luck**·럭

2607 extinction
익·스팅션

extinct익·스팅ㅌ 멸종된
extinctive익·스팅티'ㅂ 소멸적인

멸종
(불의)소화   **extinguishing**익·스팅귀싱

2608 shroud
·슈롸우ㄷ

수의(를 입히다)
가리다

2609 drown
·드롸운

익사하다[시키다]
잊다

2610 scaffold
·스캐'포울ㄷ

처형대
발판

2611 funeral ·'퓨네럴

장례식　　obsequies·엡씨퀴ㅈ

2612 grave ·그뤠이'ㅂ

무덤　　tomb·툼
중대한　　important·임·포어턴트 serious·씨뤼어ㅅ crucial·크루-셜 decisive디·싸이시'ㅂ solemn·쌀럼
조각하다　　sculpture·스컬프쳐-

2613 mummy ·머미

미이라
엄마

2614 subsistence 셉·씨스턴ㅅ

생존　　existence익·지스턴ㅅ being·비잉 life·라이'ㅍ survival서-'바이'블
존재, 실재　　existence익·지스턴ㅅ being·비잉

2615 viability 바이어·빌러티

viable·'바이어블 생존[실행]가능한

생존 능력
실행 가능성

2616 exist 익·지스트

existence익·지스턴ㅅ 존재
existent익·지스턴트 존재하는, 현존하는

존재하다, 있다　　subsist셉·씨스트 be비 reside뤼·자이ㄷ lie·라이 there is / are헤어- 이ㅈ / 아-

2617 compatible 컴·패터블

compatibility컴·패티·빌러티 적합성, 일치성
compatibly컴·패터블리 모순 없이, 양립할 수 있게
incompatible·인컴·패터블 양립할 수 없는

양립할 수 있는　　harmonious하-·모우니어ㅅ
조화로운, 호환되는　　harmonious하-·모우니어ㅅ

116. 종교

2618

religion
릴·리젼

religious릴·리져ㅅ 종교의, 독실한
religiously릴·리져슬리 종교적으로, 신앙적으로

| 종교 | |
| 신앙 | **faith**·페이θ **belief**빌·리'프 |

2619

deity
·디어티

| 신 | **divinity**디·'비니티 **god**갇 **providence**·프롸'버던ㅅ **goddess** *여신·가데ㅅ |
| 하느님 | **God**갇 **the Lord**ð어·로어ㄷ **the Almighty**ð이 얼·마이티 **Providence**·프롸'버던ㅅ |

2620

sacred
·세이크뤼ㄷ

| 신성한, 성스러운 | **holy**·호울리 **divine**디·'바인 **religious**릴·리져ㅅ |

2621

temple
·템플

신전, 성당, 절, 사원

2622

angel
·에인졀

천사

2623

seraphic
세·롸'픽

| 천사 같은 | **angelic**앤·젤릭 |

2624

profanity
프뤄·'패니티

| (신성)모독 | **desecration**데서·크뤠이션 |

2625

saint
·세인ㅌ

| 성인, 성자 | **sage**·세이쥐 **St.** *saint의 줄임·쎄인ㅌ |

2626 Pope
포웊

교황

2627 cardinal
·카-디늘

추기경
주요한   **chief**·에이블 **staple**·스테이플 **principal**·프린서플 **capital**·캐피틀 **major**·메이져- **fundamental**·펀더·멘틀

prime·프라임

진홍색(의)   **scarlet**·스카-맅

2628 clergy
·클러-쥐-

성직자들

2629 priest
·프뤼스ㅌ

성직자   **cleric**·클레어잌 **minister**·미니스터-

2630 monk
·멍ㅋ

수도승

2631 palmer
·퐈머-

성지 순례자

2632 pray
·프뤠이

prayer 프뤠어 기도, 기도자

기도하다
간청하다

2633 baptize
뱊·타이ㅈ

세례하다
세례명을 붙이다

2634 benediction ·베네·딕션

축복, 은총　　**blessing**·블레싱 **grace**·그뤠이ㅅ

2635 bless ·블레ㅅ

blessing·블레싱 은총, 축복

축복하다

2636 carol ·캐뤌

축가
지저귀다　　**twitter**·트윌어- **chatter**·채터-

2637 ritual ·뤼츄얼

ritually·뤼츄얼리 관습적으로, 의식적으로

종교의식　　**rite**·롸잍
종교의식의

2638 ceremony ·세뤄모우니

의식　　**rite** *종교의식·롸잍 **ritual** *종교의식·뤼츄얼
의례　　**formality**·풔·맬러티

2639 altar ·얼터-

제단
분향소

2640 doctrine ·닥트린

doctrinal·닥트리늘 교리의, 신조의

교리　　**creed**·크뤼ㄷ **tenet**·테너ㅌ
원칙　　**principle**·프륀서플

2641 principle ·프륀서플

원리, 원칙　　**fundamentals**·풘더·멘틀ㅈ **doctrine**·닥트린 **tenet**·테너ㅌ

providence
·프롸'버던ㅅ

섭리, 신의 뜻
신   **deity**·디어티 **divinity**디·'비니티 **god**·갇 **goddess** *여신·가데ㅅ

Quaker
·퀘이커

퀘이커 교도 *개신교
의 일파

Christian
·크뤼스쳔

그리스도의, 기독교
신자

catholic
·캐θ얼릭

가톨릭교(의)
보편적인

heretic
·헤뤠틱

이교도, 이단

atheist
·에이θ이어스ㅌ   **atheistic**·에이θ이·이스틱 무신론의

무신론자   **infidel**·인'피·델

agnostic
애그·나스틱   **agnosticism**애그·너스터·씨즘 불가지론 *인간은 신을 알 수 없음

불가지론의, 불가지론자(의)

117. 공상, 환상, 전설, 기이

2649

dream
·드림

fanciful·팬서·펄 상상의, 기상천외한

꿈(꾸다)

2650

nap
·냅

낮잠

낮잠 자다 siesta씨·에스터

잠깐 졸다 doze도우즈 drowse드라우즈 snooze·스누즈

2651

drowsiness
·드라우지너ㅅ

졸음 sleepiness슬·리핀어ㅅ

피곤 tiredness·타이어-드네ㅅ weariness·위륀어ㅅ fatigue퍼·티ㄱ exhaustion익·져스쳔

2652

fancy
·'팬씨

공상, 상상, 환상 imagination·이·매져·네이션 vision·'비즌 daydream·데이·드림 fantasy·'팬터씨 illusion·일·루즌

장식적인 ornamental·오·너·멘틀

변덕 whim·윔 caprice커·프뤼ㅅ fad·패ㄷ

2653

envision
엔·'비즌

상상하다 imagine·이·매젼 fantasize·'팬터싸이ㅈ suppose써·포우ㅈ fancy·'팬씨 picture·필쳐– figure·피규어

2654

conceive
컨·시'ㅂ

conceit컨·씰 자만, 자만심
conception컨·셉션 구상, 개념, 신념

품다, 상상하다 imagine·이·매젼 envisage엔·'비짓이 think·θ잉ㅋ suppose써·포우ㅈ fancy·'팬씨

임신하다 be[get] pregnant비[겥]·프뤠그넌ㅌ

이해하다 understand·언더·스탠ㄷ comprehend·캄프뤼·헨ㄷ catch·캐치 make out·메이ㅋ·아웉

2655

imaginative
·이·매져네티'ㅂ

상상의, 가공의 fanciful·'팬서·펄 romantic뤄우·맨틱 imagined·이·매젼ㄷ

상상력이 풍부한

2656

illusion
·일·루즌

illusive·일·루시'ㅂ 환상적인, 가공의, 가짜의
illusionary·일·루져네뤼 환영의, 착각의

환상 fantasy·'팬터씨 hallucination헐루서·네이션 daydream·데이·드림 pipe dream·파이ㅍ·드림 delusion딜·루즌

착각 hallucination헐루서·네이션 misunderstanding·미스언더·스탠딩

2657 fantastic
'팬·태스틱

fantasy '팬터씨 공상, 상상, 공상하다
fantastically 팬·태스티클리 환상적으로

환상적인 **incredible** 인·크뤠더블 **dreamy** 드뤼미
상상의 **imaginary** 이·매져·네뤼 **fanciful** '팬서'펄

2658 Utopian
유·토우피언

Utopia 유·토우피어 유토피아, 이상향

유토피아의
이상적인 **ideal** 아이·디얼

2659 hallucinogenic
헐루서너·쟤닉

환각성의
환각제

2660 hypnotize
·히프너·타이ㅈ

최면을 걸다
매혹하다 **fascinate** '패서·네이ㅌ **attract** 어·트뢕ㅌ **enchant** 엔·최앤ㅌ **captivate** ·캡티·'베이ㅌ **charm** ·챠암 **enthrall** 인·θ얼

2661 mysterious
·미·스티뤼어ㅅ

mystery ·미스테뤼 신비, 비밀, 수수께끼
mysteriously ·미·스티뤼어슬리 신비롭게, 이상하게

신비한 **occult** 어·컬ㅌ **oracular** 어·뢔큘러
불가사의한, 수수께끼의 **enigmatic** ·에니그·매틱 **weird** 위어ㄷ **strange** ·스트뤠인쥐 **inscrutable** ·인·스크루-터블

2662 novelty
·나블티

novel 나'블 새로운, 신기한

신기함, 새로움

2663 myth
·미θ

mythical ·미θ이클 신화의, 근거 없는
mythic ·미θ익 신화적인, 허구의

신화 **mythology** 머·θ알러쥐-
미신 **superstition** ·쑤퍼·-·스티션

2664 legend
·레젼ㄷ

전설, 신화 **tradition** 트뤄·디션 **myth** ·미θ

2665
superstition
·쑤퍼-·스티션
미신　　　　**myth**·미θ

2666
alchemy
·앨커미
　　　　alchemist·앨커미스트 연금술사
연금술

2667
witch
·위치
　　　　witchcraft·위치·크래'프트 마법
마녀(의)　　**sorceress**·소어-서뤼스
마법을 쓰다　**conjure**·칸져-
매혹하다, 유혹하다　**fascinate**·패서·네이트 **enchant**·엔·치앤ᴛ **tempt**·템프ᴛ **lure**·루어

2668
fairy
·'페뤼
요정　　　　**elf**·엘'ㅍ **nymph**·님'ㅍ
요정의

2669
vampire
·'뱀파이어
흡혈귀　　　**bloodsucker**·블러드·서커- **leech**·리취

2670
phoenix
·'피닉ㅅ
불사조

2671
extraordinary
익·스트로-어디네뤼
　　　　extraordinarily익·스트로-어디·네럴리 비상하게, 엄청나게
기이한, 이상한　**strange**·스트뤠인쥐 **odd**·아ᴅ **peculiar**퍼·큘리어 **unfamiliar**·언'풰·밀리어 **eccentric**익·센트륍 **queer**·퀴어
　　　　idiosyncratic·이디오·씬·크래틱
특별한　　　**exceptional**익·셉셔널 **special**·스페셜 **especial**이·스페셜 **extra**·엑스트라 **particular**퍼-·티큘러-
　　　　extraordinary익·스트로-어디네뤼
임시의　　　**occasional**어·케이져널 **false**·'펄ㅅ **temporary**·템퍼뤠뤼 **provisional**프러·'비져널 **transitory**·트뢴저퉈뤼
　　　　temporal·템퍼럴

2672
eccentric
익·센트륍
기이한(일)
괴짜　　　　**geek**·긱

2673 strange ·스트뤠인쥐

strangely ·스트뤠인질리 이상하게

이상한	**odd** ·아ㄷ **weird** ·위어ㄷ **curious** ·큐뤼어ㅅ **extraordinary** 익·스트로-어디네뤼 **aberrant** 애·베어런ㅌ **whimsical** ·윔지클 **extraordinary** 익·스트로-어디네뤼
익숙하지 않은	**unused** 언유즈ㄷ

2674 wonder ·원더

이상하게 여기다 ~이 아닐까 생각하다	**marvel** ·마-'블
놀라다	**marvel** ·마-'블 **astonish** 어·스타니쉬 **surprise** 서-·프롸이ㅈ **amaze** 어·메이ㅈ
경이(로운)	**marvel** ·마-'블

2675 geek ·긱

geeky ·기키 괴짜같은

괴짜	**oddball** ·아드·벌

2676 perverse 퍼-·'붜ㅅ

괴팍한, 별난	

2677 miraculous 머·뢔큘레ㅅ

miracle ·미러클 기적(적인), 놀라운

기적적인 초자연적인	**preternatural** ·프뤼터·내치럴

118. 사건, 우연, 운

2678 affair
어·'페어

사건, 일	incident·인씨던ㅌ event이·'벤ㅌ matter·매터-
업무	business·비즈니ㅅ service·써-비ㅅ
정사	romance뤄우·맨ㅅ

2679 accident
·액씨덴ㅌ

accidental·액씨·덴틀 우연한, 기대하지 않은

사고	incident·인씨던ㅌ mishap·미스·햅 trouble·트뤄블
우연	fortuity·뭐·투이티 chance·챈ㅅ coincidence코우·인씨던ㅅ
재난	catastrophe커·태스트뤄'피 mishap·미스·햅 disaster·디·재스터- calamity컬·래머티

2680 accidental
·액씨·덴틀

accident·액씨덴ㅌ 사고, 재난, 우연

우연한	chance·챈ㅅ haphazard햅·해저-ㄷ random·랜덤 casual·캐쥬얼 unexpected·언익·스펙티ㄷ
	adventitious·애드'벤·티셔ㅅ fortuitous뭐·투어터ㅅ contingent·컨·틴젼ㅌ incidental·인서·덴틀

2681 contingency
컨·틴젼씨

우발 사건, 뜻밖의 사고	accident·액씨덴ㅌ happening·햎으닝
우연, 가능성	chance·챈ㅅ accident·액씨덴ㅌ fortuity뭐·투이티 hap·햅 possibility·퐈서·빌러티 potential퍼·텐셜

2682 encounter
인·카운터-

(우연히)만나다	come across컴 어·크뤄어ㅅ meet·밑
충돌하다	collide컬·라이ㄷ strike·스트라익 clash·클래쉬 conflict·칸'플릭ㅌ dash·대쉬

2683 opportunity
·아퍼-·투너티

기회	chance·챈ㅅ occasion어·케이즌

2684 bet
·벹

내기	betting·베팅 wager·웨이져-
내기[도박]하다	wager·웨이져- gamble·갬블

2685 fortune
·'풔쳔

fortunate·'풔쳐넽 운이 좋은, 다행한

행운, 운	luck·럭 chance·챈ㅅ
재산	property·프라퍼티 estate에·스테이ㅌ assets·애·쎄ㅊ possession퍼·제션 belongings빌·렁잉ㅈ capital·캐피틀
	wealth·웰θ

2686 adversity
애드·'붜씨티

불운	misfortune·미스·'풔쳔 infelicity인·'펄·리씨티
불행	misfortune·미스·'풔쳔 unhappiness언·햎인어ㅅ infelicity인·'펄·리씨티 misery·미저뤼
역경	

2687 ambiguous
앰·비규어ㅅ

ambiguity·앰비·규이티 애매함
ambiguously앰·비규어슬리 애매하게

모호한	vague·'베이ㄱ dubious·두비어ㅅ uncertain언·써-튼 equivocal이·퀴버클

2688 precarious
프뤼·케뤼어ㅅ

precariously프뤼·케뤼어슬리 불안정하게

불확실한	uncertain언·써-튼 doubtful·다우트'펄 ambiguous앰·비규어ㅅ unsure언·슈어- shaky·셰이키
	equivocal이·퀴버클
위험한	dangerous·데인져-어ㅅ perilous·페뤼레ㅅ risky·뤼스키 parlous·팔레ㅅ unsafe언·세이'프 hazardous·해저-더ㅅ

2689 obscure
엡·스큐어

obscurity엡·스큐리티 모호함, 무명
obscurely엡·스큐얼리 애매하게

불분명한, 흐릿한	dim·딤 fuzzy·'풔지 faint·'페인ㅌ hazy·헤이지 vague·'베이ㄱ unclear언·클리어 blurred·블러-ㄷ
어두운, 침침한	dark·다-ㅋ dim·딤 gloomy·글루미 somber·썸버-
무명의, 눈에 띄지 않는	unknown언·노운 innominate·인·나미넽

2690 subtle
·써틀

subtlety·써틀티 미묘함, 교묘함
subtly·써틀리 교묘하게

미묘한	delicate·델리켙 ethereal어·θ이뤼얼
섬세한, 민감한	delicate·델리켙 sensitive·센서티'ㅂ

2691 faint
·'페인ㅌ

희미한	feeble·'피블
어지러운	
기절하다	swoon·스운

2692 exception
익·셒션

except익·셒ㅌ 제외하다, ~을 제외하고
exceptional익·셒셔널 예외적인, 뛰어난

예외	
제외	exclusion익·스클루즌 exemption익·젬프션

119. 가죽, 직물, 의복

2693 strap
·스트랩

가죽 끈
혁대

2694 fabric
·'패브릭

fabricate ·'프앱뤼케이트 만들다, 짜맞추다, 위조하다

직물, 천   **textile** ·텍·스타일 **cloth** ·클러θ
구조, 체제, 조직, 구성   **organization** ·오거너·제이션 **structure** ·스트뤽쳐– **constitution** ·칸스터·투션

2695 knit
·니트

니트(뜨다)

2696 linen
·리넨

리넨천(의)

2697 arras
·애러ㅅ

아라스 직물

2698 cotton
·카튼

목화, 솜, 면화
면직물

2699 fluffy
·'플러'피

솜털 같은
폭신한

2700 loom
·룸

베틀 *직물 짜는 기계
나타나다

2701 weave
·위'ㅂ

(실) 뜨다, 엮다

2702 fiber
·'파이버-

섬유　　strand·스트뤤ㄷ　textiles·텍·스타일ㅈ

2703 dye
·다이

염색(하다)
물감

2704 collar
·칼러

옷깃　　neckband·넥밴ㄷ
개 목걸이

2705 wardrobe
·워드뤄웁

옷장

2706 closet
·클라젵

벽장
은밀한, 비밀의　　clandestine·클랜·데스틴　covert·코우버ㅌ　secret·씨크맅　backstage·백·스테이쥐　furtive·'퍼-티'ㅂ
surreptitious·써뤮·티셔ㅅ

2707 attire
어·타이어-

의복, 옷　　garment·가-먼ㅌ　clothes·클로우ㅈ　apparel·어·페럴
옷 차림

2708 pajamas
퍼·쥐아머ㅈ

잠옷

120. 미, 장식, 털, 껍질

2709

aesthetic
에스·θ에틱

aesthetics에스·θ에틱ㅅ 미학

미의, 심미적인 esthetic에스·θ에틱

2710

pretty
·프뤼티

prettily·프뤼틸리 예쁘장하게, 귀엽게

예쁜, 귀여운   **beautiful**·뷰티·프를 **lovely**·러·블리 **cute**·큐·ㅌ **beloved**빌·러'브ㄷ **precious**·프뤠셔ㅅ **adorable**어·도-어블
꽤, 매우, 아주   **fairly**·'페얼리 **quite**·콰잍 **rather**·뤠ðㅓ **considerably**컨·씨더뤠블리 **very**·'베뤼 **so**·소우

2711

cosmetic
카즈·메틱

화장용의
미용의   **aesthetic** *미적인에스·θ에틱
화장품(-s)   **makeup**·메이ㅋ엎 **beautifier**·뷰티·'파이어 **beauty aids**·뷰티·에읻ㅈ

2712

perm
펌-

파마(하다)

2713

grace
·그뤠이ㅅ

gracious·그뤠이셔ㅅ 공손한, 예의바른
graceful·그뤠이스'펄 우아한, 아름다운

우아함   **elegance**·엘레강ㅅ **elegancy**·엘라강시 **delicacy**·델리커씨
은총   **blessing**·블레싱 **favor**·'페이버-
유예   **extension**잌·스텐션 **delay**딜·레이 **deferment**디·'퍼-먼ㅌ

2714

flamboyant
플램·보어이언ㅌ

화려한   **splendid**·스플렌디ㄷ **gorgeous**·고어-져ㅅ **gaudy**·거디 **colorful**·컬러'펄 **vivid**·'비'비ㄷ **dazzling**·대즐링
타는 듯한   **flaming**·'플레이밍 **ablaze**어·블레이ㅈ **blazing**·블레이징
눈부신   **dazzling**·대즐링 **blinding**·블라인딩 **shiny**·샤이니

2715

vivid
·'비'비ㄷ

vividly·'비'비들리 생생하게, 선명하게

생생한   **lively**·라이'블리 **fresh**·'프뤠쉬 **colorful**·컬러'펄
발랄한   **youthful**·유θ'펄
눈부신   **glaring**·글레어잉 **splendid**·스플렌디ㄷ **blinding**·블라인딩 **flamboyant**플램·보어이언ㅌ

2716

ennoble
이·노우블

고상하게 하다
귀족에 봉하다   **sublime**서·블라임

2717 dignity ·디그너티
dignify ·디그너·'파이 위엄있게 하다
위엄　majesty ·매져스티

2718 majestic 머·쟈스틱
위엄 있는　dignified ·디그너·'파이ㄷ　stately ·스테이틀리　grand ·그랜ㄷ　elegant ·엘레강ㅌ　magnificent 매그·니·'퍼슨ㅌ

2719 decorate ·데커·뤠ㅌ
장식하다　ornament ·오-너먼ㅌ　garnish ·가-니쉬　adorn 어·도-언

2720 ornamental ·오-너·멘틀
ornamentals ·오-너·멘틀ㅅ 장식물
장식적인　fancy ·'팬씨

2721 cabinet ·캐비닡
장식장
내각(의)　Government ·거'번먼ㅌ the Council of Ministers 더 ·카운슬 어'ㅂ ·미니스터-ㅈ
기밀의

2722 badge ·배-쥐
배지(달다)
증표

2723 fur ·'퍼-
furred 퍼-ㄷ 털로 덮인, 모피의
동물의 털, 모피　pelt 펠ㅌ

2724 molt 모울ㅌ
털갈이(하다)
탈피(하다)

2725	**feather** ·'페더	**feathering** ·'페더어링 깃(털) **feathered** ·'페더어-ㄷ 깃털이 있는
	깃털 깃털로 덮다[을 달다]	**plume** ·플룸

2726	**fledge** ·'플레쥐	
	깃털이 다 자라다 키우다	

2727	**surface** ·써-'피ㅅ	**superficial** ·쑤퍼-·'피셜 표면상의, 피상적인
	표면 나타나다, 드러나다	**face** ·'페이ㅅ **periphery** 퍼·'뤼'퍼뤼 **emerge** ·이·머-쥐 **come up** 컴 엎 **appear** 어·피어

2728	**preen** ·프륀	
	몸단장하다 털을 고르다	

2729	**shell** ·셸	
	(조개) 껍데기 포탄	

121. 맛, 식사, 향

2730 palate ·팰럳

미각
입천장

2731 flavor ·'플레이버-

flavored ·'플레이버-ㄷ ~맛[향]의, 양념이 된

맛, 풍미   **taste**·테이스ㅌ **savor**·세이버- **relish**·뤨리쉬
조미료, 양념   **relish**·뤨리쉬 **condiment**·칸디먼ㅌ **seasoning**·씨즈닝 **spice**·스파이ㅅ
맛을 더하다
조미료를 치다

2732 delicious 딜·리셔ㅅ

deliciously 딜·리셔슬리 맛있게, 재미나게

맛있는   **tasty**·테이스티 **yummy**·야미 **delectable** 딜·렉터블
상쾌한, 즐거운   **refreshing** 뤼·'프뤠싱 **bracing**·브뤠이싱 **delectable** 딜·렉터블

2733 palatable ·팰러테블

맛 좋은   **savory**·세이버뤼
즐거운   **joyful**·줘이'펄 **gladsome**·글래드섬 **jolly**·쟐리 **blissful**·블리스'펄

2734 meal ·밀

식사
음식   **food**·'푸ㄷ **foodstuffs**·'푸ㄷ·스터'프ㅅ **refreshments** 뤼·'프뤠쉬먼ㅊ **grub**·그뤕

2735 diet ·다이얼

식습관
식이 요법
음식물

2736 appetite ·앺어타잍

식욕
욕구   **desire** 디·자이어- **craving**·크뤠이'빙 **aspiration**·애스퍼·뤠이션 **want**·완ㅌ

2737 cannibalism ·캐니벌리즘

식인 풍습

2738 supper
·써퍼-

저녁 식사
만찬

2739 recipe
·뤠서피

조리법, 요리법   **cuisine**·퀴·진 **cookery**·쿠커뤼
처방전   **prescription**프리·스크륍션

2740 dough
·도우

반죽
덩어리

2741 paste
·페이스트

밀가루 반죽
풀(칠하다)
붙이다

2742 beverage
·베버뤼지

음료   **drink**·드륑ㅋ

2743 stew
·스튜

스튜(요리)
약한 불로 끓이다

2744 rotisserie
로우·티서뤼

회전식 오븐, 불고기집

2745 potluck
·퐈·틀럭

각출 음식
소찬

2746 intake
·인·테이크

섭취(량)	**ingestion**·인·재스쳔
흡입	**inhalation**·인헐·레이션

2747 feed
·'피 ㄷ

feeding·피딩 먹이는, 급수[공급]하는

먹이를 주다, 먹다	**nourish**·너뤼쉬 **eat**·잍
공급하다, 주다	**supply**·써-플라이 **serve**·써-'ㅂ **give**·기'ㅂ
(아기의) 우유, (동물) 먹이	**food**·'푸ㄷ

2748 prey
·프뤠이

먹이, 사냥감	**feed**·'피ㄷ **game**·게임
희생자, 피해자	**victim**·'브잌텀 **underdog**·언더·덕 **sufferer**·써'퍼뤄

2749 forage
·'풔이쥐

(먹이를) 찾다, 뒤지며 찾다	**seek after**·싴 ·애'프터 **search for**·써-취 '풔 **rummage**·뤄미쥐 **ransack**·뢘·섁 **scavenge**·스캐빈쥐

2750 chew
·츄

chewable·츄·어블 씹을 수 있는

씹다	**bite**·바잍

2751 crunch
·크런취

오독오독 씹다

2752 munch
·먼취

우적우적 먹다
간식

2753 swallow
·스왈로우

삼키다	**gulp**·걸ㅍ
제비	

2754 digestion
다이·쟤스쳔

digest다이·쟤스ㅌ 소화하다, 간추리다, 터득하다
digestive다이·쟤스티'ㅂ 소화를 돕는, 소화력 있는

소화

2755 lick
·릭

핥다　　　suck·썩 lap·랲

2756 suck
·썩

suction·썩션 빨기, 흡입

빨다, 빨아 먹다　　absorb엡·즈오-어ㅂ soak up소우ㅋ 엎 drink드륑ㅋ

2757 straw
·스트롸

빨대
짚
지푸라기

2758 carnivorous
카-·니붜러ㅅ

herbivorous허-·비붜러ㅅ 초식성의
omnivorous암·니붜러ㅅ 잡식성의

육식성의

2759 chef
·셰'프

주방장　　head cook·헤ㄷ ·쿡
요리사　　cook·쿡

2760 culinary
·컬리네뤼

주방의
요리의

2761 cafeteria
·캐'피·티뤼어

구내식당　　refectory뤼·'펙터뤼 dining hall·다이닝 ·헐

2762 grocery
·그롸우서뤼

식료품점

groceries ·그뤄우서리ㅅ 식료품류
market ·마-커ㅌ

2763 countertop
·카운터-·탚

조리대

cabinet ·캐비닡

2764 condiments
·칸디먼ㅊ

조미료, 양념

seasoning ·씨즈닝 condiment ·칸디먼ㅌ flavoring ·'플레이버륑 dressing ·드뤠싱 spices ·스파이서ㅈ

2765 spice
·스파이ㅅ

양념, 향신료
향신료를 넣다

spicy ·스파이씨 양념한, 짜릿한
seasoning ·씨즈닝 flavor ·'플레이버-

2766 balmy
·바미

향유의
향기로운
온화한

fragrant ·'프뤠이그뤈ㅌ aromatic ·에뤄·매틱 odorous ·오우더어ㅅ
gentle ·좬틀 benign 비·나인 genial ·쥐니얼 clement ·클레먼ㅌ

2767 scent
·센ㅌ

향기
냄새
향수

aroma 어·롸우머 fragrance ·'프뤠이그런ㅅ perfume 퍼-·'퓸
smell ·스멜 odor ·오우더 stench ·스텐치 stink ·스팅ㅋ
perfume 퍼-·'퓸

2768 fragrant
·'프뤠이그뤈ㅌ

향기로운

balmy ·바미 aromatic ·에뤄·매틱 odorous ·오우더어ㅅ

2769 odor
·오우더

냄새

odorless ·오우덜리ㅅ 무취의
odour ·오우더 snuff ·스너'프 scent ·센ㅌ smell ·스멜 stench *악취 ·스텐치 stink *악취 ·스팅ㅋ

2770 sniff
·스니'ㅍ

킁킁(거리다)
냄새(맡다)

scent ·센ㅌ smell ·스멜

122. 체류, 거주

2771 occupy
·아큐파이

occupation ·아큐·페이션 직업, 점령, 거주

점령하다	**seize** 씨ㅈ
살다, 거주하다	**reside** 뤼·자이ㄷ **dwell** ·드웰 **inhabit** ·인·해빝 **live** ·라이'ㅂ **abidance** 어·바이든ㅅ

2772 sojourn
·쏘져-은

묵다, 체류하다	**stay** ·스테이 **stop** ·스탚 **visit** ·비지ㅌ

2773 abide
어·바이ㄷ

머무르다, 살다	**dwell** ·드웰 **reside** 뤼·자이ㄷ **live** ·라이'ㅂ **inhabit** ·인·해빝 **stay** ·스테이
참다	**endure** 엔·듀어 **bear** ·베어 **tolerate** ·탈러·뤠ㅌ **accept** 액·셒ㅌ **put up with** ·풀 엎 위θ **stand** ·스탠ㄷ **withstand** 위ㅎ·스탠ㄷ
지속하다, 남다	**remain** 뤼·메인

2774 resident
·뤠제던ㅌ

reside 뤼·자이ㄷ 살다, 거주하다
residence ·뤠제던ㅅ 주소, 거주지

거주민	**dweller** ·드웰러 **inhabitant** ·인·해비텐ㅌ
거주하는	**inhabited** ·인·해비티ㄷ **residing** 뤼·자이딩

2775 habitat
·해비태ㅌ

habitation ·해비·테이션 거주, 주거   **habitable** ·해비터블 주거할 수 있는
habitational ·해비태셔널 거주지의, 거주의   **habitability** ·해비터·빌러티 살 수 있음

서식지	**haunt** ·헌ㅌ
거주지	**domicile** ·다미싸일 **residence** ·뤠제던ㅅ **abode** 어·보우ㄷ **habitation** ·해비·테이션

2776 shelter
·셸터-

주거지	**dwelling** ·드웰링 **settlement** ·세틀먼ㅌ **habitat** ·해비태ㅌ **home ground** ·호움 ·그라운ㄷ
피난처	**refuge** ·뤠'퓨쥐 **haven** ·헤이'븐 **asylum** 어·싸일럼 **nest** ·네스ㅌ
보호하다	**protect** 프러·텤ㅌ **defend** 디·'펜ㄷ

2777 roost
·루스ㅌ

(새가 앉는)홰, 앉다, 쉬다	**perch** ·퍼-취

2778 haven
·헤이'븐

피난처, 안식처	**refuge** ·뤠'퓨쥐 **shelter** ·셸터-
항구	**port** ·포-ㅌ **harbor** ·하-버-

2779 enclave
·엔·클레'ㅂ

소수민족 거주지, 고립지

2780 sedentary
·세던·테뤼

정착하는, 앉아있는

2781 address
·애·드뤠ㅅ

주소	abode어·보우ㄷ dwelling·드웰링
연설(하다)	make a speech·메이ㅋ 어· 스피치 rattle off·뢔틀·어'ㅍ speechify·스피치'파이 speech·스피치
말을 걸다	accost어·커스ㅌ

2782 tenant
·테넌ㅌ

tenantable·테넌·터블 임차할 수 있는, 거주할 수 있는

세입자	renter·뤤터-
거주자	resident·뤠제던ㅌ occupier·아큐파이어- occupant·아큐펀ㅌ dweller·드웰러
소작농	

123. 주변환경, 상황, 일상

2783 background
·백·그라운ㄷ

배경(의)

2784 environment
인·'바이뤈먼ㅌ

environ인·'바이뤈 둘러싸다, 포위하다
environmental인·'바이뤈·멘을 주의의, 환경의
environmentally인·'바이뤈·멘틀리 환경적으로

(자연) 환경
(주변) 환경, 상황   **circumstance**·써-컴·스탠ㅅ   **surroundings**서·롸운딩즈   **setting**·세팅   **background**·백·그라운ㄷ
atmosphere·앨머스·'피어

2785 periphery
퍼·뤼'퍼뤼

주변, 주위   **circumference**서-·컴'프런ㅅ **surroundings**서·롸운딩즈
원주 *원의 둘레   **circumference**서-·컴'프런ㅅ

2786 situation
·씰츄·에이션

situate·씨튜·에이ㅌ (어떤 위치에) 두다

상황   **conditions**컨·디션ㅈ **circumstances**·써·컴·스탠서즈
상태   **condition**컨·디션 **state**·스테이ㅌ **situation**·씰츄·에이션
위치   **location**로우·케이션 **stand**·스탠ㄷ **position**퍼·지션 **site**·싸잍

2787 aura
·오뤄

분위기   **atmosphere**·앨머스·'피어 **ambience**·앰비언ㅅ **mood**·무ㄷ **air**·에어
기운   **nimbus**·님버ㅅ

2788 phenomenon
퍼·나머난

phenomenal페·나메늘 괴상한, 경이로운

현상, 사건   **occurrence**어·커-런ㅅ **happening**·햎으닝 **event**이·'벤ㅌ **incident**·인씨던ㅌ

2789 context
·칸텍스ㅌ

contextual컨·텍스츄얼 맥락과 관련된

맥락
전후관계

2790 scene
·씬

scenic·신잌 경치의, 풍경의

장면   **situation**·씰츄·에이션 **sight**·싸잍
현장   **site**·싸잍 **spot**·스퐈ㅌ **place**·플레이ㅅ
풍경   **view**·'뷰 **landscape**·랜드·스켚 **scenery**·씨너뤼

2791 tableau
터·블로우

광경, 장면	**spectacle**·스펙터클 **sight**·싸잍 **scene**·신
그림, 묘사	**depiction**·디·픽션

2792 common
·카먼

commonplace·카먼·플레이스 아주 흔한

흔한	**usual**·유쥬얼 **ordinary**·오-디네뤼 **general**·재네럴 **normal**·노-어믈 **so-so**·소우·소우 **regular**·뤠귤러 **incidental**·인서·덴틀
공공의, 공통의	**public**·퍼블릭

2793 ordinary
·오-디네뤼

ordinarily·오-디·네럴리 보통은, 일반적으로

일상적인, 보통의 평범한	**routine**·루-틴 **daily**·데일리 **usual**·유쥬얼 **normal**·노-어믈 **regular**·뤠귤러 **standard**·스탠더드 **run-of-the-mill**·런 어'브 ð어 밀 **mediocre**·미디·오우커 **banal**·베·낼

2794 average
·애버뤼지

평균(의)	**mean**·민
보통의	**ordinary**·오-디네뤼 **common**·카먼 **usual**·유쥬얼 **general**·재네럴 **medium**·미디엄

124. 초대, 참석

2795 **invite** ·인·'바일

invitation ·인'비·테이션 초대(장), 유인

초대하다, 초청하다　**ask ~ to** ·애스ㅋ ~ 투

2796 **host** 호우스ㅌ

주최하다
진행자
(초대한) 주인　**hostess** ·호우스티스
후원자

2797 **participant** 파-·티서펀ㅌ

participate 파-·티서·페이ㅌ 참여하다
participation 파-·티서·페이션 참여, 참가

참가자　**entrant** ·엔트런ㅌ **participator** 퐈·티씨페이터

2798 **present** ·프뤠즌ㅌ

presence ·프뤠즌ㅅ 존재, 출석
presentation ·프뤠즌·테이션 제출, 표시, 수여

참석한　**attendant** 어·텐던ㅌ
현재의　**now** ·나우 **passing** ·패싱 **current** ·커-런ㅌ **actual** ·액츄얼
선물　**gift** ·기'프ㅌ
수여하다

2799 **attend** 어·텐ㄷ

attendance 어·텐던ㅅ 출석, 참석
attention 어·텐션 주의, 주목
attendant 어·텐던ㅌ 종업원, 수행원, 간병인

참석하다　**be present at** 비 ·프뤠즌ㅌ 엩 **show oneself** ·쇼우 원쎌'ㅍ
~에 다니다
주의를 기울이다　**pay attention** ·페이 어·텐션

2800 **absence** ·앱센ㅅ

absent ·앱센ㅌ 결석하다, 부재의, 결석의

부재, 불참, 결석　**nonattendance** ·낸·어·텐던ㅅ **default** 디·'프얼ㅌ
없음, 결핍　**lack** ·랙 **scarcity** ·스케어서티 **deficiency** 디·'피션씨 **shortage** ·쑈-티쥐 **death** ·데θ

수고하셨습니다!
완벽한 영어단어 학습을 위해 최소 5회독을 권장합니다.

☐ 1회독
☐ 2회독
☐ 3회독
☐ 4회독
☐ 5회독
☐ 6회독
☐ 7회독

INDEX

a

q

r